たった一人の分析から
事業は成長する

実践 顧客起点マーケティング

西口一希

SHOEISHA
MarkeZine BOOKS

はじめに　たった一人を深掘りすることがなぜ重要か

2017年4月に、筆者はデジタルサービスのベンチャー企業であるスマートニュースに参画しました。それまでP&Gジャパンで16年、ロート製薬で8年、ロクシタンで3年、物理的な製品を顧客に販売するビジネスを手がけてきた筆者にとって、50代も目前にデジタルベンチャーに関わることは大きな挑戦でした。周囲から、どうして今さらそんなリスクをとるの？　デジタルできるの？　などと声をかけられました。

実際、初めてデジタルビジネスの現場に身を置いてみると、多くの発見がありました。皆さんも肌で感じられているかと思いますが、この数年、スマートフォンの浸透による若年層を中心としたライフスタイルや価値観の変化は凄まじいものがあります。これまでずっと続いてきた物理的な世界とは別に、多くの人が常時ネットに接続し、ネットの世界で長時間過ごすようになりました。〝新たなリアル世界〟の誕生です。物理的な旧来のリアル世界と、スマホで繋がる新しいリアル世界の2つが同時並行で存在し、まさにパラレルワールドを構成していることを実感しています。

さて、参画当時のスマートニュースは、競合のニュースアプリに押され気味で成長が鈍化していました。積極的にマーケティング投資し、約1年後の2018年6月にはアプリランキングの100位圏外からiPhone（iOS）、AndroidともにランキングNo.1を獲得しました（App Annie調査）。2019年1月には、世界で累計4000万ダウンロード、月間使用者数1000万人を突破し、日本でも最大のニュースアプリとして成長を続けています。

　スマートニュースでは、筆者の過去27年に、実務家として実行した累計800億円を超えるマーケティング投資経験から確立した「顧客ピラミッド（5セグマップ）」と「9セグマップ」という顧客分析のフレームワークを活用しました。同時に、一人ひとりの顧客に焦点を当てる「N1分析」を通し、ビジネスを成長させる「アイデア」を開発して、その効果を検証しながら投資拡大していきました。本書では、これらフレームワークの意味や作成方法を詳しく紹介し、実務に携わるマーケターの方々が実践できるようにしました。

　スマートニュースの急成長は、もちろんマーケティングだけの実績ではなく、本来持っているニュースアプリとしての優秀な機能性と、それを日々改善しているエンジニアリング、コンテンツ開発の下支えがあってこそです。これまでに勤めた会社でも、様々な社内資産やマーケティングの仲間に恵まれ、成果を重ねることができました。今ではロート製薬の代表的な商品になっている「肌ラボ」は、年間20億円から160億円まで売上拡大し、販売本数ベースで日本No.1の化粧水になりました。日本法人代表として経営に携わった、南仏発祥のコスメブランドのロクシタンは、売上の鈍化と利益縮小が4年以上続いていましたが、2年間で過去最高の売上と利益を達成しました。しかし筆者の過去の経験には、まったく鳴かず飛ばずだったブランドも数多くあります。様々な成功と失敗を踏まえて、この本で紹介する考え方やフレームワークにたどり着きました。

　このフレームワークは同時に、組織に非属人的なリーダーシップをもたらします。特定の役職者や部門が決定権や影響力を持つ、属人的なリーダーシップが働いていると、顧客の重要性が徐々に薄れていきます。「お客様が最も大事」と言いながら、実際にはマーケティングやビジネス自体が顧客起点ではない企業も多いと思います。

これを筆者も、かつてのP&Gで経験しました。2000年3月、同社の株価が一気に30%以上も暴落しました。業績見通しの下方修正発表を受けてのことです。暴落以前の数年間は、グローバル化を強化するために、組織構造とビジネスプロセスの改革を大規模に進めていました。その核となる、ブランドと地域の各部門を縦軸、横軸で交差させたマトリクス組織というコンセプト自体は素晴らしかったのですが、あまりに複雑化し、社員の意識が会社内部やプロセスに向き始め、コスト増にも関わらず成長鈍化に陥ったのです。

このP&Gの危機を立て直すために新CEOに就任したのが、A・G・ラフリー氏です。彼は着任早々、「Consumer is Boss」というメッセージを強く打ち出しました。顧客こそがボスである、言ってみれば当たり前のことです。筆者も同僚たちも、はじめはピンときていませんでした。ですが、彼は拙速に組織やプロセスを変更するのではなく、皆が社内ではなく顧客を見つめることに集中できるよう、会話の中で「顧客は誰なのか?」「顧客にとってどんな意味があるのか?」と一貫して問いかけました。ほどなく、社内での議論はすぐに「顧客」が主語になっていきました。どの部門の誰が決定権を持つのか、本社はどう言っているのかといった声は一切聞こえなくなり、皆が目の前の顧客に意識を向けるようになったのです。

結果、P&GはV字回復を遂げ、以前に増して飛躍的に成長していきました。その後、様々な組織改革も実行されましたが、複雑な組織とプロセスに縛られていた社員の思考と行動を変えたのは

「Consumer is Boss」というシンプルな価値の提示と、その実践だけだったのです。

組織や事業の規模が大きくなると、次第に意識が内向きになることは往々にして起こります。この一件は「どうすれば、事業が拡大しても顧客から離れずにいられるのか」「経営とマーケティングが常に密接に顧客に向き合うためにはどうすべきか」と、筆者が課題意識を持つきっかけになりました。

「顧客ピラミッド」や「9セグマップ」の概念はとてもシンプルで、マーケティングの専門知識は不要です。マーケティングだけでなく、商品開発や営業、販促などの部門とも共有しやすいですし、実際に筆者も部門を超えて活用してきました。同時に、経営とも共有が可能です。常に顧客に向き合い、その意識をマーケティングに活かしていくことは、すなわち顧客がリーダーシップを執っていることになります。これらのフレームワークは、組織に非属人的なリーダーシップをもたらすのです。

筆者がマーケティングにおいて最も大切にしているのは、一人の名前を持つ具体的な顧客、〝N＝1〟を徹底的に理解することです。名前の見えない複数の誰かではなく、実在する一人のお客様に会って、ブランドとの初めての出会いからこれまでの経験に丁寧に耳を傾ければ、購買行動とその行動を左右する深層心理の関係が有機的に繋がります。その深い理解と共感を通じて、ビジネスを成長させる「アイデア」が必ず見つかるのです。本書のタイトル「顧客起点マーケティング」には、そうした考えを込めています。

一人のロイヤル顧客が、なぜロイヤル顧客になったのか、どういうきっかけがあったのかを深く理解できれば、そのきっかけをまだロイヤル化していない顧客に提示することで、高い確率でロイヤル化を促すことができます。同時に、離反しそうな顧客を早期に見つけて、その深層心理を把握し、事前に対策を取れば、競合や新しいデジタルのベンチャーサービスに突然顧客を奪われるリスクを軽減できます。ただし、闇雲に顧客ヒアリングを進めるだけではビジネスの成果には繋がりません。戦略的にマーケット全体を俯瞰し、顧客特性に応じて分析し、「アイデア」と打ち手を導き出して実践するための理論とプロセスを、続く全6章で解説しています。

本書で重視したのは、単なる新しいマーケティング概念の解説でも成功事例の紹介でもなく、現場で売上と利益の責任を背負った読者の皆さんが実践できる〝使える〟本にすることです。その一環で、読者特典として本書に掲載した全図版と、枠組を活用できるExcelシートのダウンロードを用意しましたので、ぜひ活用して下さい（p239参照）。マーケティング領域には、日々、多種多様な新しい知見や手法が生まれています。本書を手に取られた方には、目先の手技手法に踊らされず、一人の顧客を大事にすることから、ビジネスの継続的成長を実現されることを願います。

CONTENTS

序章

顧客起点マーケティングの全体像

第1章

マーケティングの「アイデア」とN1の意味

第2章 【基礎編】顧客ピラミッドで基本的なマーケティング戦略を構築する

第3章

【応用編】9セグマップ分析で販売促進とブランディングを両立する

第4章

【ケーススタディ】スマートニュースのN1分析とアイデア創出

第5章 デジタル時代の顧客分析の重要性

序章　顧客起点マーケティングの全体像

「顧客から考える」とは？

本書で提案する「顧客起点マーケティング」は、一人の顧客を起点に商品やサービスの新たな可能性を見つける概念です。一人の顧客を徹底して理解することから有効な打ち手を導き出して拡大展開し、対象とする顧客セグメントの人数や構成比（％）の動きを見ることで、マーケティング投資の効果検証まで行います。自社ブランドはもちろん、競合ブランドや狙いたい商品・サービスに関して、簡単に行える調査で競合の顧客分析を実施すれば、新商品開発にも活かすことができます。また、ＢｔｏＢにも応用可能です。

たった一人の顧客の意見を聞くことを「Ｎ１分析」、これを通して見つかる、人の心を動かせる商品・サービスの魅力や訴求を「アイデア」と表しています。定量的なアンケート調査や統計分析は、仮説の絞り込みやコンセプトの検証には有効ですが、それだけでは、人の心に訴えて行動を起こしてもらうだけの強度のある「アイデア」をつかめません。

とはいえ、無作為に選んだ誰か一人に話を聞けばいいかというと、それだけでは有効な施策には繋げられません。顧客と一括りに言っても、そのステータスは様々です。そこで、まずマーケティングが投資対象とする顧客全体の人数や構成比（％）を正しく把握するために、ビジネスの対象とする顧客を５つに分解する「顧客ピラミッド」のフレームワークがあります（図１）。この、顧客を複数のセグメントに分類した図を本書では「セグマップ」と称します。顧客ピラミッドは別名「５

セグマップ」になります。さらに、ブランド選好度の軸を加えて顧客全体を9つに分解する「9セグマップ」のフレームワークがあります（図2）。

これらのフレームワークを活用して、特定の顧客セグメントから一人を抽出して「N1分析」を行い、購買行動を左右する言語化されていない深層心理のニーズをつかんで「アイデア」を開発して、定量的な検証も行って打ち手を検討します。実施したら、結果的にセグメントが狙い通りに動いたのか、各セグメントの人数や構成比（%）を確認して、評価します。顧客分析のフレームワークは、一度作成したら定期的に数字を更新し、継続的に運用していくものです。

2つのフレームワークのうち、顧客ピラミッドについて一連の流れを紹介すると、次の5ステップになります。

1. 顧客ピラミッド作成　――誰でもできる簡単な調査で顧客を5つのセグメントに分解
2. セグメント分析　――行動データと心理データから各セグメントの基本的な顧客特性を分析
3. N1分析　――セグメントごとの「一人の顧客（N＝1）」にインタビューして、認知や購買のきっかけと深層心理を分析
4. アイデア創出　――N1分析を元に、その顧客の行動と心理状態を変える「アイデア」を考案
5. アイデア検証　――「アイデア」をコンセプトに変換し、定量的調査でポテンシャルを評価して実践し、顧客ピラミッドの動きを確認

図1　顧客ピラミッド（5セグマップ）

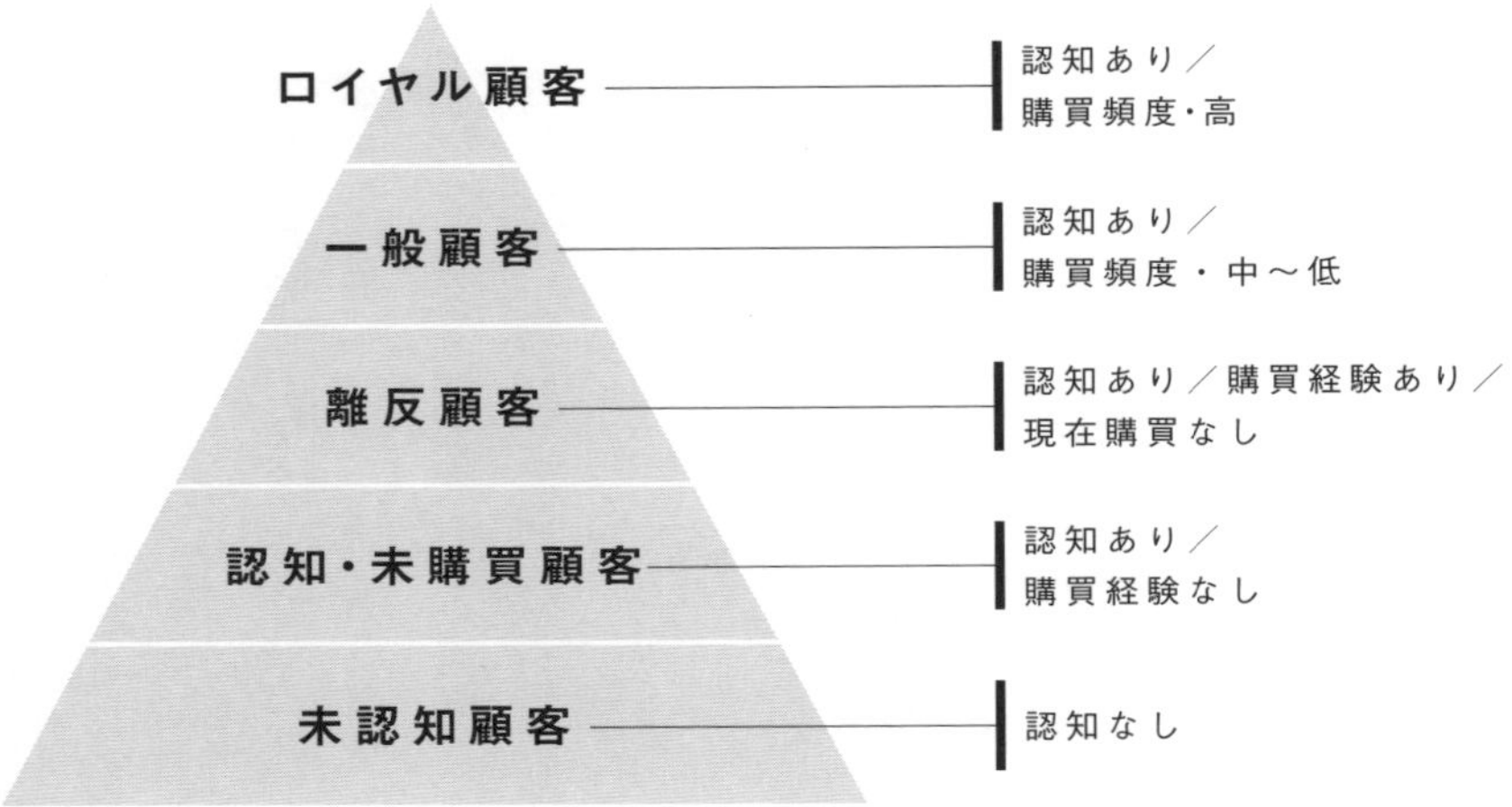

本書の第1章では、マーケティングにおける「アイデア」とは何か、N1とは何かを詳しく解説します。マーケティングにおける「アイデア」が明確に定義されていないために、売上にも利益にも結びつかない無駄な投資が行われています。そもそも「アイデア」が何なのか理解できていない状態で広告代理店にテレビCM開発も丸投げし、効果のない投資になってしまっていることが多くあります。マーケティングの4Pを考える前に、この「アイデア」を明確にすることこそが、最も重要です。

続く第2章の基礎編では、上記の顧客ピラミッド（5セグマップ）の具体的な作成方法と活用方法を解説します。基礎編のゴールは、ターゲット顧客全体（既存顧客と今後の潜在的な顧客候補のすべて）を統合、可視化、定量化、セグメント化し、マーケティングの戦略的な運用を可能にすることです。売上や利益がどの顧客層に由来しているのか

図2　9セグマップ
（5セグマップにブランド選好の軸を加えた詳細な顧客分析）

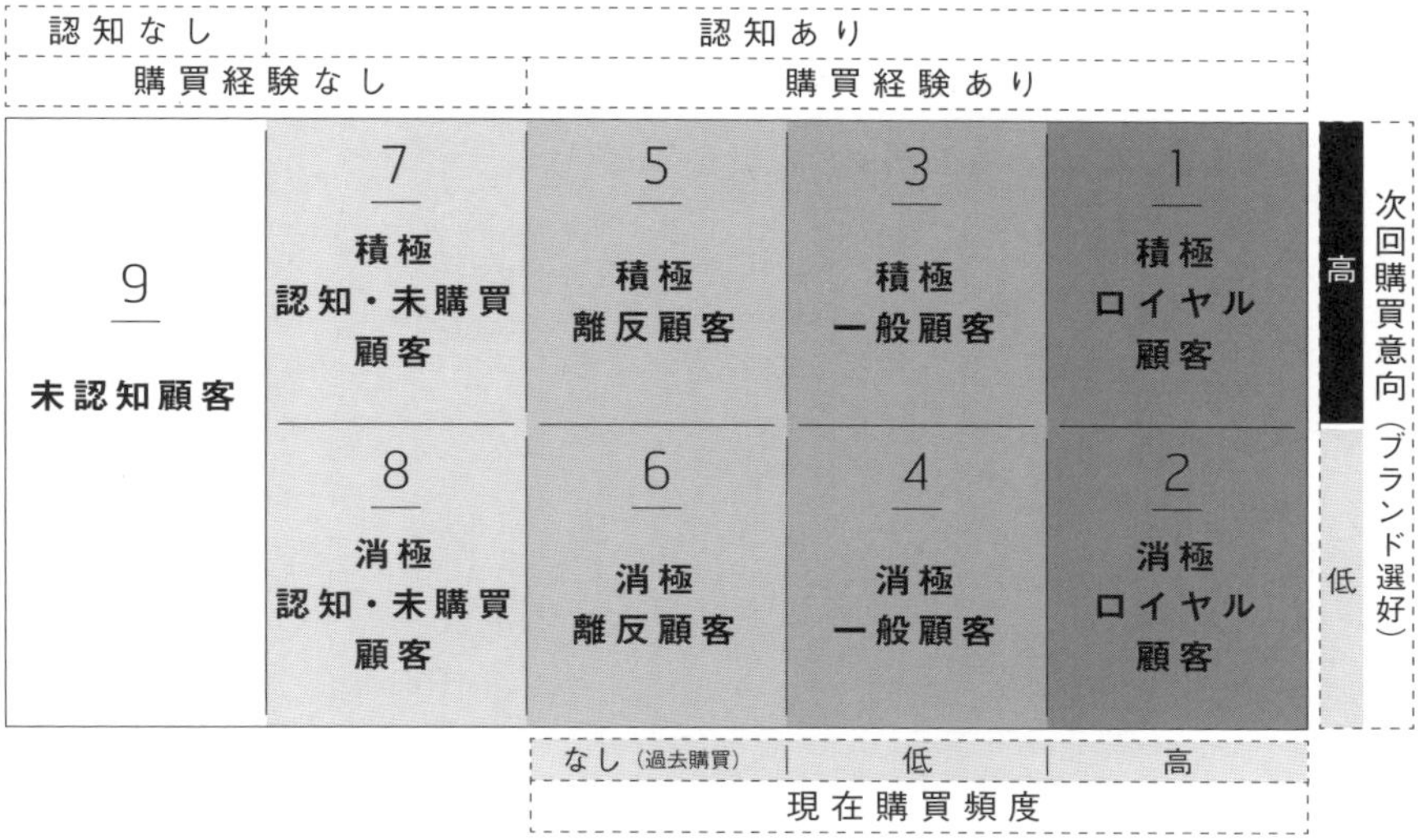

を把握せず、新規顧客の獲得に過剰に投資してしまう事態や、あるいは既存顧客にばかり目を奪われてブランドを将来的に先細りさせてしまう事態を回避します。

第3章の応用編では、第2章で解説した顧客を5つのセグメントに分ける顧客ピラミッドに対し、さらに細かく9つのセグメントに分ける「9セグマップ」を用いた分析を解説します。「そのブランドを次回も購買（使用）したいか？」というブランド選好の質問を加えて、このブランド選好が上がる活動をブランディングの成果として評価します。そうすることで、マーケティング業務にとって大きな課題であり、かつ曖昧な検証しかできなかった販売促進活動とブランディング活動の投資効果を同時に可視化、定量化し、統合的なマーケティング投資判断とその検証を可能にします。

これは、おそらく世界で初めて販売促進とブランディングを同時に可視化するものだと思います。

ブランディング投資が説明できない、販促活動とブランディング活動の議論が噛み合わないと感じているマーケターに役立てていただければと思います。

この第1－3章までは、フレームワークと概念が多いので、すぐに理解しにくい部分もあると思います。そこで第4章のケーススタディでは、実際にスマートニュースで2017年から1年半にわたって、これらフレームワークを使ってどのようにビジネスを拡大したかを詳しく紹介しますので、理解を深めていただければと思います。

基本的な顧客ピラミッド（5セグマップ）とブランディング効果を可視化する9セグマップは、ブランドの成長段階や課題に応じて、活用する時期が変わります。スマートニュースでは、時期に応じて、これらのフレームワークを段階的に活用しています。第4章を読んだ後に、再度、第1－3章を振り返ると、すぐに実践できるものだと感じていただけると考えています。もしくは、第4章を先に読んでから第1－3章を読んでいただいても良いかと思います。

最後の第5章では、この2年間、筆者がデジタルベンチャーで働く中で見えてきた、デジタルの急成長がもたらす旧来のアナログビジネスへの脅威について触れました。デジタルの浸透は、ライフスタイルを大きく変えるだけでなく、旧来のビジネスのあり方も根本から変えています。顧客の購買や心理の微細な変化をリアルタイムで捉えていないと、特定セグメントの顧客がじわじわとデジタルベンチャーの新サービスに移動している事実に気がつかず、ある日突然に大きなマイナスのインパクトを受けます。デジタル技術の進化がますます加速し、それが見えなくなっている時代だからこそ、その一つひとつを追うのではなく、顧客の変化に目を向ける理由があると考えています。

顧客を把握せずにマーケティングしている現状

そもそもマーケティングとは、平たく言うと、魅力的な商品やサービスを開発し、顧客に継続的に購買、使用していただく活動です。企業側がどれだけ「魅力的だ」と訴えても、受け手である顧客がそう感じなければ、成立しません。したがって、顧客が生活の中で何を考え、何を経験し、何を求め、何を感じているのかを知ることは、マーケティングにおいて基本中の基本です。

ですが現在、その基本が崩れてきていると危惧しています。ますます多くの人々がスマートフォンを通じてインターネットに直接繋がり、無数とも言える様々なデジタル上の情報に触れているため、一人ひとりの情報接触や感じていることや行動を把握するのは極めて難しくなってきました。新聞、雑誌、テレビ、ラジオの4マスと言われるマスメディアが、紙媒体を中心に衰退する中で、マーケターが発信した情報も伝わりにくくなっています。それを埋めるかのように、様々なデジタルマーケティングの手技手法が提案され、マーケターは「顧客が何を求めているか」を知るよりも、新しい手技手法の理解と実行に時間を取られています。

筆者が参加してきたアドテクノロジーやデジタルマーケティングのセミナーで語られる内容も、新しいデジタル技術や手法を実行したら効果が上がった、ABテストで費用対効果が良くなった、といった発表が大半であり、そのほとんどが、ブランド全体から見れば限定的な影響に過ぎない部分最適です。

なぜ、顧客が動いたのか？　その行動変化の理由である心理変化に触れないままでは、大規模なマーケティング投資でスケールさせることができません。顧客を把握しないマーケティングは必ず、部分最適の連続から縮小均衡に陥ります。見方を変えれば、拡大するデジタル世界で顧客を捉えるための新しい手技手法に囚われて、ますます顧客から遠ざかっているのです。

「アイデア」がビジネスを左右する

筆者自身、古典的なコトラーやポーターにはじまり、様々なマーケティングの主義手法や戦略構築の方法を学び、試していましたが、自分なりの納得いく手法をつかめずにいました。マーケティング戦略がどんなに論理的で洗練されているように見えても、蓋を開けてみれば成功しないのです。一方、ロジックが弱く説得性に欠けていても、人を引きつける〝何か〟があると感じられる場面は、大きな成功に繋がりました。当時、これが本書で紹介している「アイデア」だとは気づいていませんでしたが、広告関係者やクリエイティブ系の方々が語ることの多い「アイデア」らしきものは、自身の実務経験上でも確実にビジネスを大きく左右していました。

著名なマーケティング学者の書籍も数多く読みましたが、「アイデア」とは一体何なのかを形式知化・体系化した書籍には出会えませんでした。発想やひらめきという意味合いで使われる一般的な解説はあるものの、どれも曖昧で、マーケティング上の「アイデア」の定義は言語化できず、再現可能な形でつかめなかったのです。

このような悩みを抱えながら実務を続ける中で、あるとき、実際の顧客から聞いた話が、「アイデア」らしきものを固めるのに役に立つと実感したことがありました。感覚的にしか得られないように思えた「アイデア」も、具体的なプロセスを踏んで生み出すことができるのだと確信を持ちました。そこから、セグメント分類した顧客分析と、実在の顧客一人ひとりを深く理解する「N1分析」に注力し始めたのです。そこで得られた事実を新商品開発やコミュニケーションプラン開発に活かし、懸念があれば事前に量的調査で有効性を確かめながら、「アイデア」の定義と創出方法を確立していきました。

「肌ラボ」でわかったアイデア創出の方法

一人の顧客を徹底的に理解して「アイデア」を創出し、ビジネスを飛躍させる方法に汎用性があると確信したのは、2006年にロート製薬に転職して取り組んだ化粧水『肌ラボ』極潤」のマーケティングです。2004年に新発売した本商品は、ヒアルロン酸を高濃度に配合しており、しかも1000円前後と非常に安価でした。当時、筆者はP&Gで日本と韓国の小売マーケティング部門を担当し、新商品を常にチェックしていたので、この商品の登場は覚えています。

当時の基礎化粧品の市場はコモディティ化しており、資生堂、カネボウ、コーセーなどの大手メーカーが、女性タレントを使ったイメージ訴求や洗練されたパッケージのデザイン性などを打ち出して寡占していました。

顧客が求める化粧水としての浸透感を演出するために、肌にはあまり良くないはずのアルコールを配合した商品もあるような中で、成分にこだわり抜いたロート製薬の「『肌ラボ』極潤」というプロダクトは目立っていました。粒子の大きなヒアルロン酸の高濃度配合を特長としながら、そのために、肌への浸透感は高くなく、ベタつきを感じさせ、パッケージもデザイン性を無視したような文字だらけの仕上がりだったからです。訴求も、「ヒアルロン酸がたっぷり入った化粧水」「製薬会社がまじめに作った化粧水」などと典型的なメーカー視点で、決して顧客目線とは思えませんでした。

その後、ヘッドハンターから同社のマーケティング責任者としてオファーがあり、2006年に入社しましたが、「肌ラボ」は年間20億円程度の売上で伸び悩みながらも、携わっていたマーケティング部員たちは「もっとポテンシャルがある」と感じていました。同社のマーケティング部には元々、定量的な調査などに頼らず、小売店や繁華街に足を運んで顧客に直接話を聞いてマーケティングを考える独特の習慣があるのですが、そこで聞こえる声には少数ながら、商品を強く支持する意見があったのです。

そこで、商品企画部と広告制作部も共同で、実際の顧客へのインタビュー調査を行いました。すると、一人のお客様がベタつきと安さを褒めながら、笑顔で「頬が手にくっつくくらいベタベタする」と、その場で商品を使って手が頬にくっつく様子を示したのです。私たちも笑ってしまいましたが、さらに、「ベタつきは好きではないが、これが保湿されている証拠」と力説されました。実際に、ベタつくほど肌表面を保護するからこそ、保湿力が高い商品だったのです。

ここで、「アイデア」が見えました。この顧客の具体的な経験と感想が、その後に商品を化粧水No.1まで押し上げた「手に頬がくっついて離れなくなるほど〝もちもち肌〟になる化粧水」という訴求、「アイデア」に繋がりました。この「アイデア」をマーケティング訴求に変換し、小規模テストで効果検証をして、その後の5年以上にわたる大規模展開に結びつけることができたのです。この「アイデア」が見つかったことが、年間160億円の売上規模まで伸長し、アジア各国に導入するに至った最大の理由だと断言できます。

「アイデア」は具体的なN1から得られる

実際にマーケティング現場では、どうしたら売上が上がるのか？　利益が上がるのか？　どうすれば顧客が増えるのか？　と、日々マーケターが頭を悩ませています。もちろん筆者もそうです。ですが、アイデアを出すために大勢で集まってブレストやディスカッションをしても、有益な案は見つかりません。ブレストでは既視感があったり、単に奇抜なだけだったりと、商品提案としても広告訴求としても実現できないような案ばかりが多く挙がります。その理由は、ブレストで想定する顧客像に、具体性がないからです。

商品やサービスに、届けたい顧客がいる以上、マーケティング上で機能する強い「アイデア」を導き出すには、実在する一人の顧客を深堀りすることが唯一有効な方法です。その準備として、顧客分析のフレームワークで対象ターゲット全体を把握して「どのセグメントのN1顧客を深堀りし、何を知りたいのか」を設定します。具体的なN1設定をするからこそ、具体的な「アイデア」に繋げられるのです。

「アイデア」は、一部のトップマーケターやクリエイターのひらめきでしか生み出せないものではありません。手順を踏むことで、必ずその糸口をつかむことができます。一方で、「アイデア」は合理性や理論だけで創出できるものでもありません。人の行動は、合理性だけでなく、心の動き、深層心理の変化に左右されるからです。競争を抜け出し、際立った成果を上げるためのすべてのヒントは、一人の顧客の心理にあるのです。

では、次章から、ビジネスを大きく飛躍させる「アイデア」創出の考え方と「顧客起点マーケティング」の実践方法を解説していきます。

【序章のまとめ】

1 「顧客起点マーケティング」は一人の顧客を起点にビジネスを構築する

2 マーケット全体を顧客セグメントに分類し、可視化・定量化する

3 N1分析から「アイデア」を生み出し、定量的に検証して投資する

第1章

マーケティングの「アイデア」とN1の意味

この章では、マーケティング上で有効な「アイデア」の定義と、それを導くためになぜ一人の顧客に絞り込んで掘り下げていくべきか、「N1」の意味を説明します。顧客へのインタビューと分析を続け、数多くの事例を重ねた結果、有効な「アイデア」が成立する条件と、そのつかみ方がわかってきました。

1-1 マーケティング「アイデア」とは何か

四象限で定義するアイデア

本書における「アイデア」を端的に定義すると、「独自性」と「便益」の四象限で表すことができます（図1－1）。結論を先に言うと、独自性と便益を兼ね備えた「アイデア」があるかどうかが、マーケティング上で最も重要な要素です。

独自性とは、他にはない特有の個性であり、唯一無二とも言い替えられる、既視感のない特徴です。英語では、"Only-one Uniqueness"とも言えます。筆者はさらに、"Never"の要素が揃っていることと定義しています。見たことのない、聞いたことのない、触ったことのない、嗅いだことのない、経験したことのないという、五感で感知したことがない個性です。そうしたものに、人は注目します。つまり独自性の有無は、注目に値するかどうかで確認できます。

一方で、便益とは、顧客にとって都合がよく利益のあることを意味します。ベネフィットやメリットとも表されますが、それを利用することで得られる有形、無形の価値であり、「便利、得、

図1-1 独自性と便益の四象限

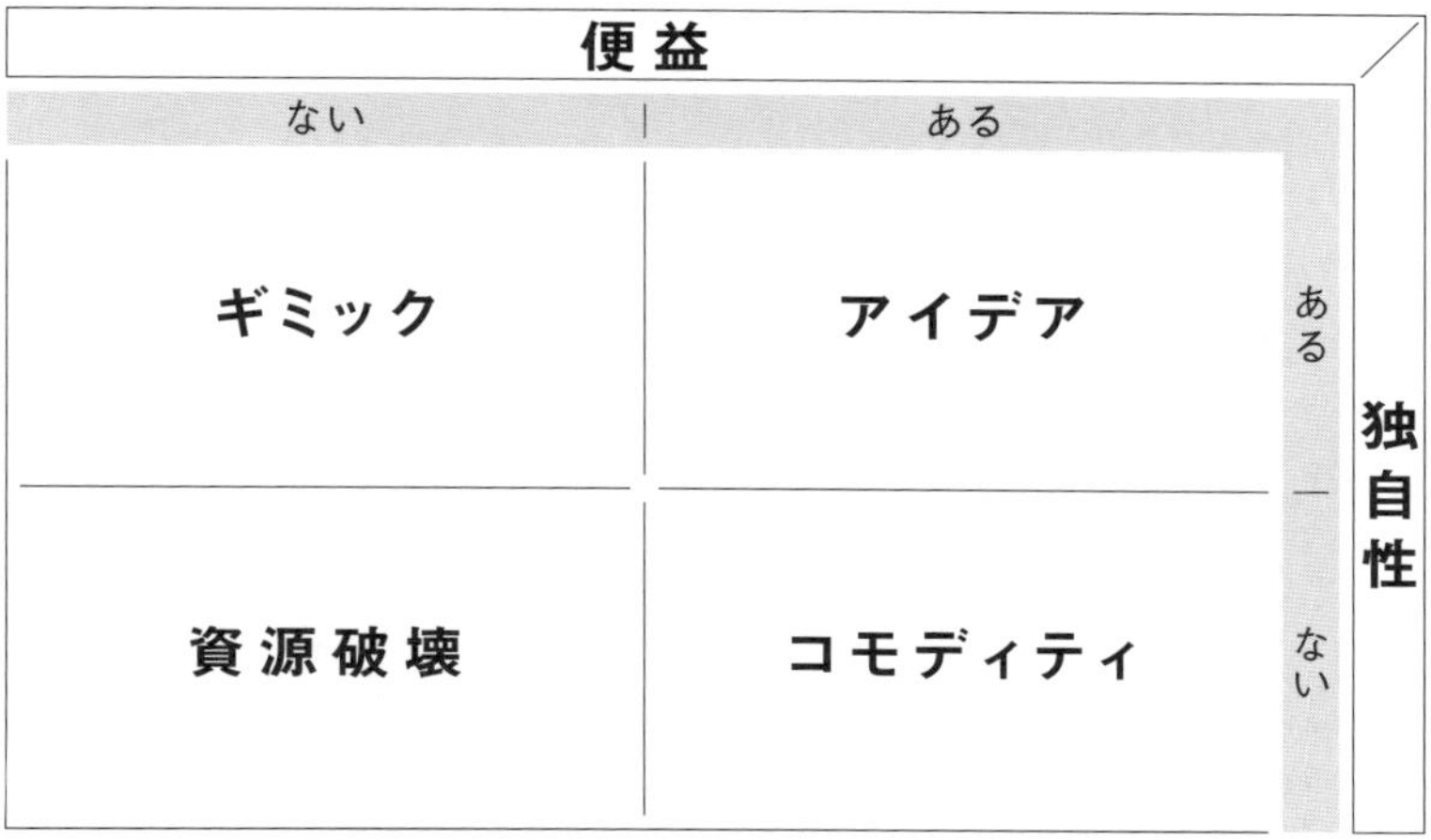

有利、快、楽」などがあります。便益は、その商品やサービスが買うに値するか、時間を使うに値するかの判断を左右します。

この組み合わせで四象限を描くと、図の右上に位置する、独自性と便益を兼ね備えたものを「アイデア」と呼ぶことができます。他の象限を考えると、その意味合いが明確になります。

他の象限から、一つずつ見ていきます。まず右下の、独自性がなく便益があるものは、いわゆる「コモディティ」です。コモディティとは、代替性がある商品やサービスで、市場においてその価値は競合と同等として扱われます。マーケティング的に言えば、差別化されていない商品やサービスのことです。

次に左上の、独自性はあるが便益がないものを考えてみると、買ったり時間を費やしたりする価値がない特徴を備えている、人目を引くためだけの「ギミック（仕掛け）」です。それ自体に価値がないので、詐欺とも言えるかもしれません。非常に独創的な特徴を、商品そのものやパッケージやテレビCMなどで提案しても、それに相応しい便益を顧客に提供しないなら、一過性のエンターテインメントに過ぎないでしょう。

最後に左下の、独自性がなく便益もないものは何でしょうか？　それは、各種のリソースを無駄遣いしている、ただの「資源破壊」です。開発にかかる時間や費用、コミュニケーションコスト、そのすべてが無駄になってしまっています。

この四象限で、独自性と便益の両方がなければ、新しい価値提案とはならず、「アイデア」ではないと考えています。

独自性を持たせることと似たような意味の言葉として、マーケティングで多用される「差別化」があります。マイケル・E・ポーターが著書『競争の戦略』（ダイヤモンド社）で使用した言葉で、本来は独自性を意図して提唱されていますが、一般的には、競合と同じ便益において「〜がより高い、強い、優しい、うるおう、清潔に……」などの比較優位性の意味だと誤解されています。独自性がなく、比較優位性のみであれば、この四象限のコモディティに近い状態で戦っていることになりますし、ポーターが提唱した元々の差別化の意味とも異なります。

本書で言う独自性は、あくまで唯一無二な、Only-one Uniquenessを意味します。独自性が弱いと、コモディティ競争に陥ってしまうのです。もちろん、コモディティ競争もマーケティングの対象ですが、圧倒的な成長を達成するには、商品やサービスの誕生時から、常に「アイデア」を生み出し、提供し続けなければなりません。

稀代のマーケターとも言われたスティーブ・ジョブズが、このような発言を残しています。

「美しい女性を口説こうと思ったとき、ライバルの男がバラの花を10本贈ったら、君は15本贈るかい？　そう思った時点で君の負けだ。ライバルが何をしようと関係ない。その女性が本当に何を望んでいるのかを、見極めることが重要なんだ」。

"When you want to have a date with a girl, are you going to send her 15 roses if you know that your rival is sending her 10 roses? If you would think so, you will be defeated on that moment. Whatever your rival does, is not what matters. What does that girl really want?"（『人生を変えるスティーブ・ジョブズスピーチ』国際文化研究室［編］、ゴマブックス）

「プロダクトアイデア」と「コミュニケーションアイデア」

ここからは、「アイデア」は独自性と便益を兼ね備えたものだということを前提に、さらに深堀りしていきます。マーケティング業務上、「アイデア」には、大きく分けて次の2つがあります（図1－2）。

1 商品やサービスそのものとなる「プロダクトアイデア」

2 商品やサービスを対象顧客に認知してもらうための手段である「コミュニケーションアイデア」

図1-2 プロダクトアイデアとコミュニケーションアイデア

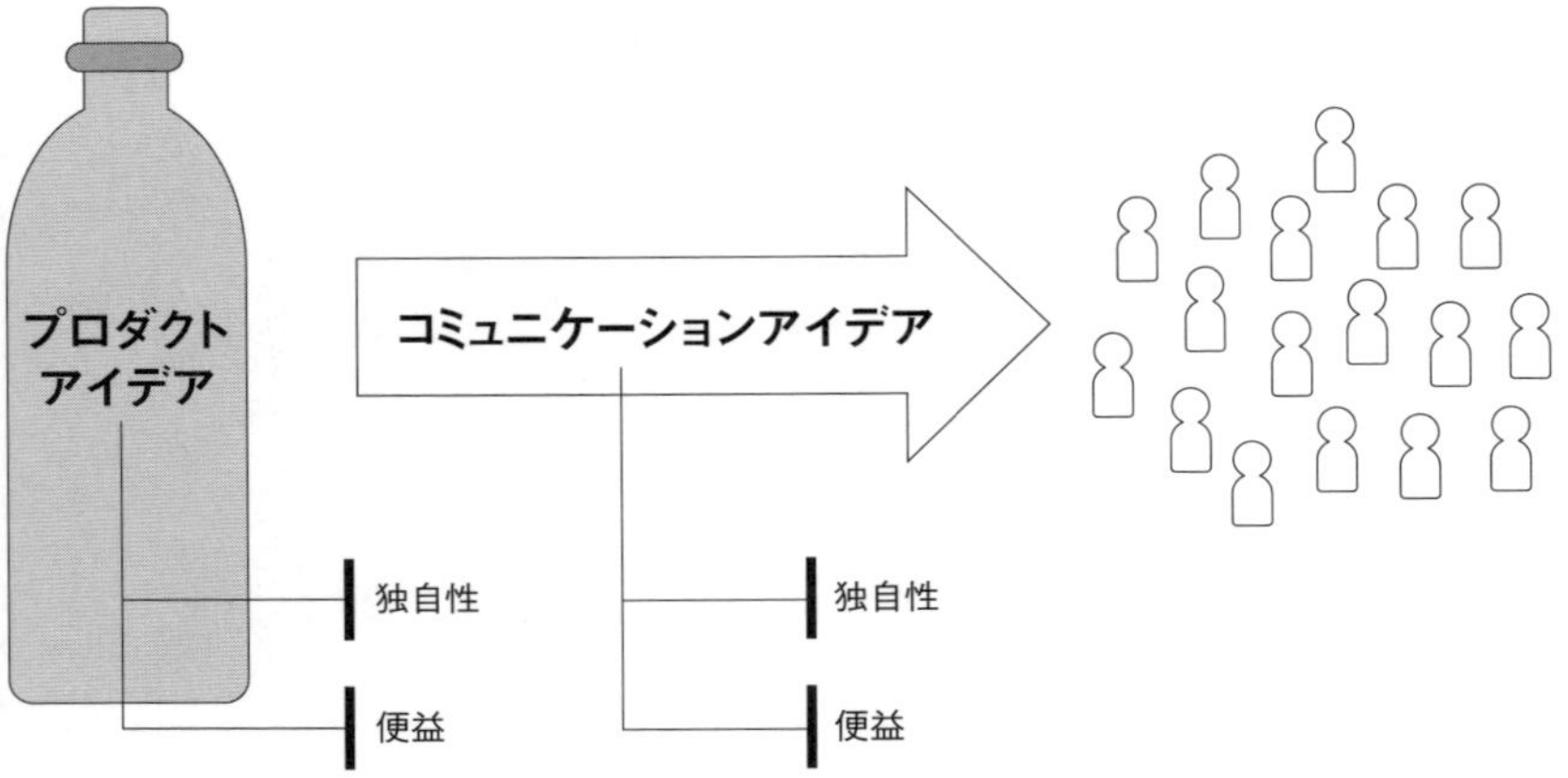

それぞれに、独自性と便益の四象限を適用することができますが、この2つには**1**が主体で**2**は従属要素であるという明確な主従があります。簡単に言うと、「プロダクトアイデア」の独自性がやや弱くても、便益があれば「コミュニケーションアイデア」で補強して売上の向上やブランド育成が可能ですが、商品やサービスそのものに便益がなかったら、「コミュニケーションアイデア」だけで中長期的な売上を獲得することは不可能です。続いて詳しく解説します。

1 プロダクトアイデア

対象顧客に対して、商品やサービスそのものに独自の機能や特徴があり、かつ具体的な便益があることです。iPhoneが登場時において、携帯電話に音楽プレーヤーのiPod機能が備わり、インターネットに繋がった唯一の携帯電話＝スマートフォンであったように、その独自性自体が便益であれば最強ですが、独自性が便益と繋がっていなければ、四象限で示したギミック・詐欺になります。

例を挙げると、波形で厚みがあるという独自性のあるポテトチップは、その独自性自体が「食べ応えがあっておいしい」という便益に繋がっていますが、星型のポテトチップはその形状がおいしさに繋がっていないので、独自の見た目の面白さで1回は購買されても、継続購買は起きにくいでしょう。過去のヒット商品番付を見れば、そのような短命の商品がたくさん見つかります。ほとんどの場合、これは偶然ではなく、商品登場時から見えていた結果なのです。もちろん、短期の売上を作るために意図的にこうした商品を発売する場合もあるでしょうが、そうでないなら、継続的な購買になり得るかどうかを、その「プロダクトアイデア」の有無で検証する必要があります。

最も理想的なのは、前述のiPhoneのように、独自性そのものが便益であることです。宿泊サービスのAirbnb（エアービーアンドビー）や移動向け配車サービスのUber（ウーバー）もそうです。筆者が関わらせていただいたブランドでも、ロート製薬の「肌ラボ」も、ロクシタンも、ニュースアプリのスマートニュースも、その誕生時において「独自性＝便益」でした。

次に理想なのは、確固たる独自性が便益を支えている場合です。例えば風邪薬で「独自の有効成分○○が入っているから効く」という場合、「○○」という独自性が、「風邪が治る」という顧客にとっての便益を支えています。Ｐ＆Ｇに"Reason to Believe（ＲＴＢ）"、信じるに足る理由という意味のマーケティング用語がありますが、この例ではＲＴＢとして「○○」があるから顧客が購入しているわけで、風邪が治るという便益自体は、どの風邪薬でも共通して謳っていることです。

もちろん、このような「プロダクトアイデア」を創出するのは簡単ではありませんが、独自性と便益を両立する「アイデア」を創出することは、マーケティング責務の一つだと思います。

一方で、「プロダクトアイデア」を伴って世の中に登場し、早々に成功を収める商品やサービスは、例外なく追随する競合商品がすぐに登場し、その独自性がコモディティ化されていきます。「肌ラボ」やスマートニュースに、現在いくつの競合があるかを考えると、自明です。

このコモディティ化競争に勝つために、便益と繋がる独自性を維持すべく「プロダクトアイデア」自体をアップグレードしていくのもマーケティングの仕事ですが、同時に必要になってくるのが、2つ目の「コミュニケーションアイデア」です。

2 コミュニケーションアイデア

これは、「プロダクトアイデア」を対象顧客に伝え、購買行動を起こしてもらうためのコミュニケーション自体の「アイデア」を意味します。コミュニケーションも、独自性と便益との組み合わせで成り立っています。

コミュニケーションの独自性とは、広告やリアルイベント、キャンペーンの仕組みなどにおけるクリエイティブの独自性を指します。理解しやすい例として広告を取り上げると、そこで使用される言葉、ビジュアル、映像、ドラマ、ストーリー、タレントなどに既視感のない独自性があるかどうか、ということです。前項で「独自性とは注目に値すること」と述べましたが、広告のクリエイティブに独自性がないと、振り向いてもらえません。

一方、コミュニケーションの便益とは、広告を受け止める対象顧客が具体的な便益を受け取れることを意味します。広告に接触すること自体が楽しい、面白い、心地良いといったプラスの要素をもたらすか、ということです。コミュニケーション自体に独自性があり、またそれに接すると便益が得られること、この2つの条件を満たすのが、「コミュニケーションアイデア」です。

有名な成功事例としてソフトバンクを取り上げると、同社は2006年にボーダフォンを買収し、広告に当時人気の高かったキャメロン・ディアスやブラッド・ピットという外国人タレントを起用し、2007年からは〝犬のお父さん〟が登場する「白戸家」シリーズなどのテレビCMを展開して、大きな飛躍を遂げました。

NTTドコモ、KDDIという巨大企業に、後発として「コミュニケーションアイデア」で強い独自性を訴求して成功した事例ですが、2008年7月からはiPhoneの独占販売を実現したことに注目しなければなりません。この後、2012年にKDDIでもiPhoneが発売されるまで、このiPhone独占販売が圧倒的な「プロダクトアイデア」として、ソフトバンクの成長を支えたと言えます。

ここで混同してはいけないのは、コミュニケーションの成功と、「プロダクトアイデア」自体の成功です。

話題になる広告には独自性があり、広告自体の面白さなどが便益として伝わっています。そうした広告はソーシャルで拡散され、評価されて広告賞を受賞したりしますが、必ずしも商品やサービス自体の購買に結びついているわけではありません。ソフトバンクは、「コミュニケーションアイデア」と「プロダクトアイデア」を見事に組み合わせて大成功しましたが、ヒットしていると言われるテレビCMの多くが、広告が購買に結びつかないという問題を抱えています。

「コミュニケーションアイデア」は、独自性で注目を集めたとしても、その便益がプロダクト自体の便益に結びついていないと機能しません。広告の面白さだけが便益として受け止められ、プロダクトの便益にひもづかず、購買に繋がらないのです。

プロダクトアイデアは不可欠

前述のように、この2つには主従があり、必ず「プロダクトアイデア」ありきです。いくら「コミュニケーションアイデア」が独自性と便益ともに優れていても、「プロダクトアイデア」が脆弱である場合は、良くて一過性の売上を確保するに留まり、事業成長にインパクトを与えることは難しいです。「プロダクトアイデア」を固めた上で、その状況によって、「コミュニケーションアイデア」の役割が決まります（図1－3）。

「プロダクトアイデア」自体が強ければ、広告上の「コミュニケーションアイデア」にクリエイティブの独自性を追求する必要はありません。プロダクト自体に注目を集める独自性も購買に値する便益もあるので、広告に携わる方々にとっては残念な話かもしれませんが、「プロダクトアイデア」の価値、つまりその独自性と便益をストレートに、できるだけ多くのターゲット顧客に伝えれば、広告は購買行動に必ず繋がります。余計なことをする必要はないのです。「プロダクトアイデア」が際立っているのに、テレビＣＭのクリエイティブに妙なひねりを入れて、一体何の商品・サービスなのかわからなくなり「プロダクトアイデア」本来の強さが伝わらないケースも非常に多

図1-3 プロダクトアイデアへのコミュニケーションアイデアの関与

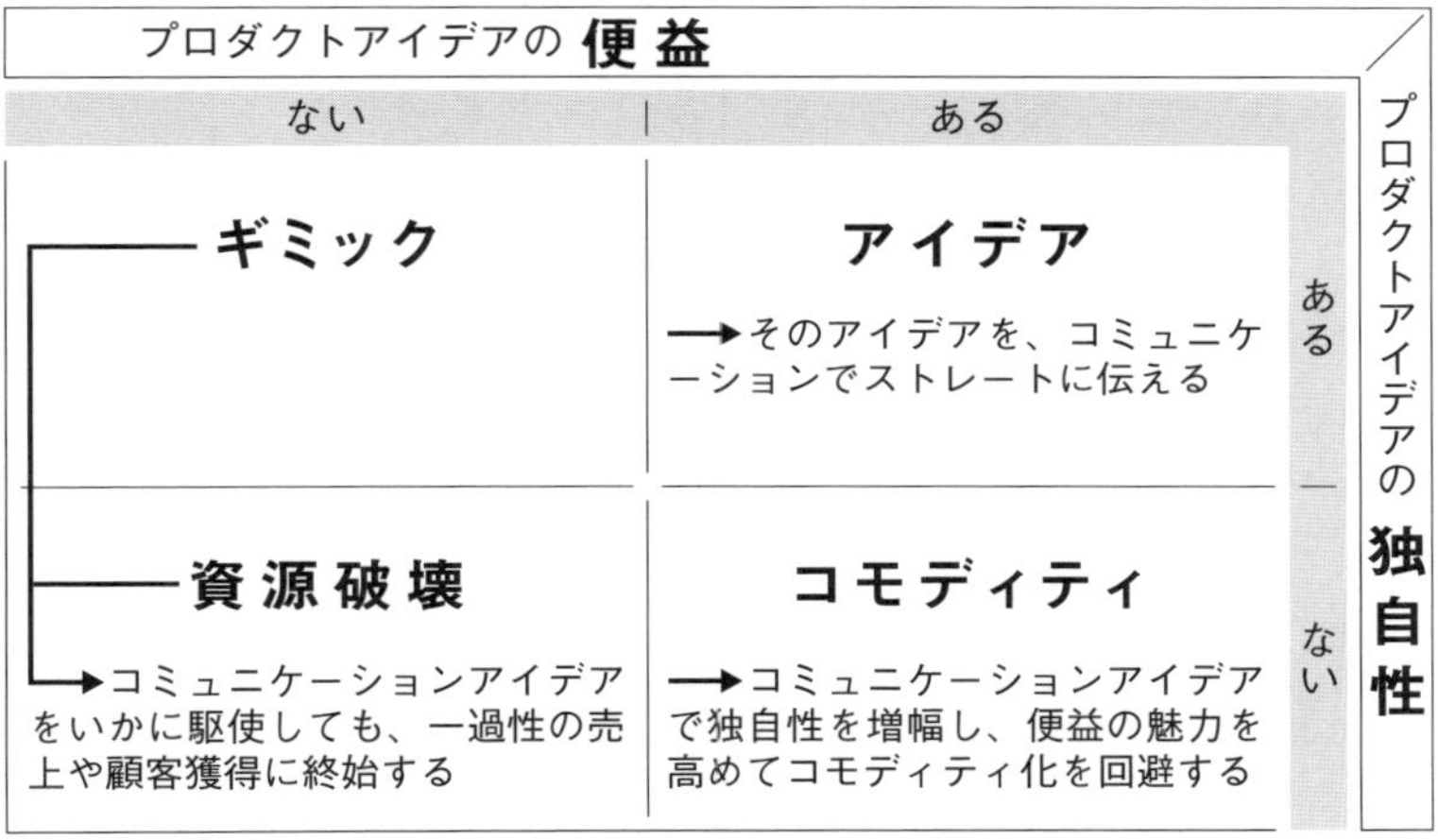

くあります。

逆に、「プロダクトアイデア」の独自性が弱くても便益が強い場合（図の四象限で「コモディティ」に近い場合）、「コミュニケーションアイデア」の独自性で補って商品やサービスの便益を強く印象づけられれば、良い結果を得られます。コミュニケーションで注目を集めて、商品やサービスの便益を知って体感してもらえばいいからです。

ただし、「プロダクトアイデア」の便益が弱ければ（四象限の「ギミック」や「資源破壊」に該当する場合）、どんなに強い「コミュニケーションアイデア」で広告しても、一過性の売上を作るだけに終わってしまいます。

また、現実には、市場導入で成功した「プロダクトアイデア」には競合がたくさん現れます。この初期の成功の時点からマーケットは拡大していきますが、同時に始まる同質化、コモディティ化と戦っていく必要があります。

最も重要な、便益と繋がる独自性を維持するために、「プロダクトアイデア」をアップグレードしながら「コミュニケーションアイデア」でコモディティ化を避け、いかに追随商品やサービスに対する「プロダクトアイデア」を強化していくか……という役割をマーケターは担うことになります。大きく言えば、「プロダクトアイデア」への理解と共感、その体験こそがブランドを創るのです。「コミュニケーションアイデア」でブランドを創るのではないのです。

コミュニケーションアイデアの限界

大規模な資本や営業力がある場合、大きな既存マーケットを見つけられれば、独自性が弱くても基本的な便益のみで勝てる可能性はあります。商品がコモディティに近くても、顧客に独自性と便益を感じてもらえる「コミュニケーションアイデア」を創出し、大規模なメディア投資と、体験と購買の場を作って勝利する方法です。認識しにくい独自性であっても、パッケージの形状やデザイン、ネーミング、テレビCM、PR、デジタル施策、小売の店頭も押さえて大規模に360度コミュニケーションを図り、ブランドを育成することは可能です。

しかし現実的には、ほとんどの企業やベンチャーにはそこまで大規模なリソースはなく、このような物量戦略の適用は難しいと思います。また、強い「コミュニケーションアイデア」の開発も簡単ではありません。マーケターとしてそれなりの試行錯誤の経験が必要になりますし、そのための人材育成も非常に難しいことです。中途採用するにしても、ニーズに合う人材が多くないのが現実です。

広告代理店に依頼する場合も、その難しさは変わりません。そもそも「プロダクトアイデア」が弱い商品に対して、何とか良いコミュニケーションを考案してくださいと広告代理店に丸投げしていては、売上の伸長に繋がりようもありません。

マーケット環境を見ても、独自性の弱い商品やサービスは、ますます通用しなくなっています。80年代、90年代、2000年代は、有名タレントを起用しただけでメディアに大きく取り上げられ、日常で話題にしてもらいやすい時代でした。ECが黎明期で流通が店舗に限られていたころは、情報の流通も4マスメディアに限られ、情報量自体も少なかったので、わずかな差（弱い独自性）がニュースとして多くの顧客に届きました。

2007年のiPhone登場を一つの契機にスマホが浸透し、情報の流通量は飛躍的に増え、情報入手のルートも広がって、そこそこの「アイデア」では注目されず、あっという間に埋もれてしまうようになりました。

ソーシャルマーケティング、インフルエンサーマーケティング、バズマーケティングなど、デジタル分野を中心に様々な新しいコミュニケーション手法が提案されていますが、強い「プロダクトアイデア」がなければ、このような手法で商品やサービスが広く拡散することはありません。投資すれば、インプレッション数や再生数自体は確かに伸び、情報自体も拡散したように見えますが、それが大きな認知形成や購買に繋がることはありません。インプレッションが2000万あった、動画が300万回再生されたと言っても、筆者が知る限り、その結果として大きな売上になったケースはあまりないのが現実です。

これらの手法が問題なのではありません。ただ、相対的な価値でしかないプロダクトの比較優位性を訴えるだけでは、戦略として不十分な時代になってしまったということです。独自性を伴った便益という「アイデア」そのものが問われる時代になったのです。

早期の認知形成の重要性

マーケティングにおいて重要な「プロダクトアイデア」と「コミュニケーションアイデア」の説明をしましたが、マーケティングが成功する上で、もう一つ重要なことがあります。それは、早期の認知形成です。

強い独自性と強い便益を伴った「プロダクトアイデア」が開発できても、模倣してきた追随者にポジションを奪われ、ニッチな類似ブランドになってしまうことは多くあります。メルカリもフリマアプリとして後発ですし、「肌ラボ」も実はヒアルロン酸系化粧水として後発でしたが、早期の認知形成を獲得し、カテゴリーNo.1となりました。

逆に、ニュースアプリとして日本初だったスマートニュースは、強い独自性と便益で世の中にデビューし受け入れられたもの、その後に登場した競合の認知形成に先を越されて、危うくニッチブランドとして停滞するところでした。

様々なカテゴリーにおいて、実はトップブランドの多くは、その「プロダクトアイデア」に関して後発商品です。この事実は、認知形成スピードの重要性を物語ります。

認知を十分に作れていないから売れていないのに、見た目の売上上昇が止まったからといって投資を止めてしまうケースがよくあります。伸びないのは「プロダクトアイデア」自体に問題があるのか、それとも認知不足なのかを冷静に見極めないと、成長機会をみずから摘んでしまうことになります。

認知形成のスピードを活用して躍進した事例としては、ソフトバンクが行っていた「タイムマシーン経営」が有名です。世界中で芽生えつつある強い「プロダクトアイデア」をいち早く探し出して、それを自社サービスとして日本で開発し、本家本元が日本に参入する前に、そのカテゴリーの認知を作ってしまうのです。

実は同じ戦略を、中国に見て取ることができます。中国には、いまだにGoogleとYouTube、Facebook、Amazon、Twitterが参入できていませんが、Baidu、AlibabaやTencentといった中国企業が同様のサービスを展開して中国国内を独占し、その圧倒的な収益力で海外企業を買収して、世界に進出しています。これは中国政府の方針として「国防上の理由でネット系サービスを海外から入れない」と徹底し、中国系企業に「タイムマシーン経営」を可能にした結果です。中国の人々にとっては、海外で見るGoogleやYouTube、Facebook、Amazon、Twitterのいずれも、中国国内で見たことがあるサービスに似たものでしかありません。

デジタル系以外においても、同様なケースはたくさん見られます。炭酸飲料市場で、コカ・コーラは圧倒的な世界Ｎｏ．1ですが、進出が遅れた中近東やアジア一部諸国では、早期に進出したペ

図1-4 マーケティングの成功に必要な3要素

1.	プロダクトアイデア
2.	コミュニケーションアイデア
3.	早期の認知形成

プシコーラが先行して認知形成し、長らくNo.1のポジションを維持してきています。ハンバーガーチェーンで圧倒的なNo.1のマクドナルドも、各国で同様な経験をしています。進出の遅れたイギリスではかつて、Wimpyというローカルのハンバーガーチェーンが圧倒的No.1でした。当時のイギリスでは、おいしいファストフードのハンバーガーはWimpyであり、マクドナルドはその進出時点において、「プロダクトアイデア」の弱い二番煎じだったのです。その後の大規模な投資とWimpyの失策で、マクドナルドは徐々に主導権を奪いましたが、初期のハンバーガーチェーンという認知形成に遅れたことで多くの投資と時間が必要になりました。

つまり、強い「プロダクトアイデア」と「コミュニケーションアイデア」に加えて「ターゲット顧客での早期の認知形成」が成功の3要素だと言えます（図1-4）。また追随者から見れば、優れた「プロダクトアイデア」を有しながらも、その認知形成に遅れている商品やサービスを見つけて、自社でプロダクト開発をして一気に認知を取れば、カテゴリーを奪うことが可能です。特許技術や政府規制などの特殊な参入障壁がない限り、顧客の視点では、本家本元かどうかは関係なく、認知をいち早く形成した競争者が〝本物〟としてカテゴリーを支配することになります。

プロダクトの最大ポテンシャルは実現されていない

「プロダクトアイデア」の認知形成の観点で見ると、世の中の商品やサービスのほとんどが、そのターゲット顧客全体で50％の認知も獲得できていないと思われます。筆者が関わってきたブランドで、ターゲット顧客全体の認知率が50％を超えていたのは、3割程度でした。ほとんどの商品はターゲット顧客の半分に存在すら知られておらず、実質的に新商品であると言えます。

逆に、自社商品を認知していない顧客層に対して、追随競合が先に認知を獲得したら、競合に一気に流れるというリスクがあります。自社商品を模倣した競合商品が登場すると、それを単なる模倣で「新しくない」から脅威ではない、と軽視しがちです。しかし、未認知顧客層にとっては、その競合商品は「新商品」として受け入れられるのです。顧客起点でマーケティングを組み立てるべき理由がここにもあります。

ポジティブに考えると、マーケットのターゲット顧客全体で50％の認知すら取っていない商品は、今実現している顧客数や売上の倍以上の成長ポテンシャルを有しており、またネガティブに捉えると、追随する競合の参入で大きくビジネスを失うリスクを抱えています。(図1－5)。

まだ実現できていない成長のポテンシャルが存在する理由を簡単に整理すると、主に次の3つが挙げられます。それぞれ、取り組むべき方向性を記しました。

図1-5 ブランドのポテンシャル＝リスクと現在の実現価値

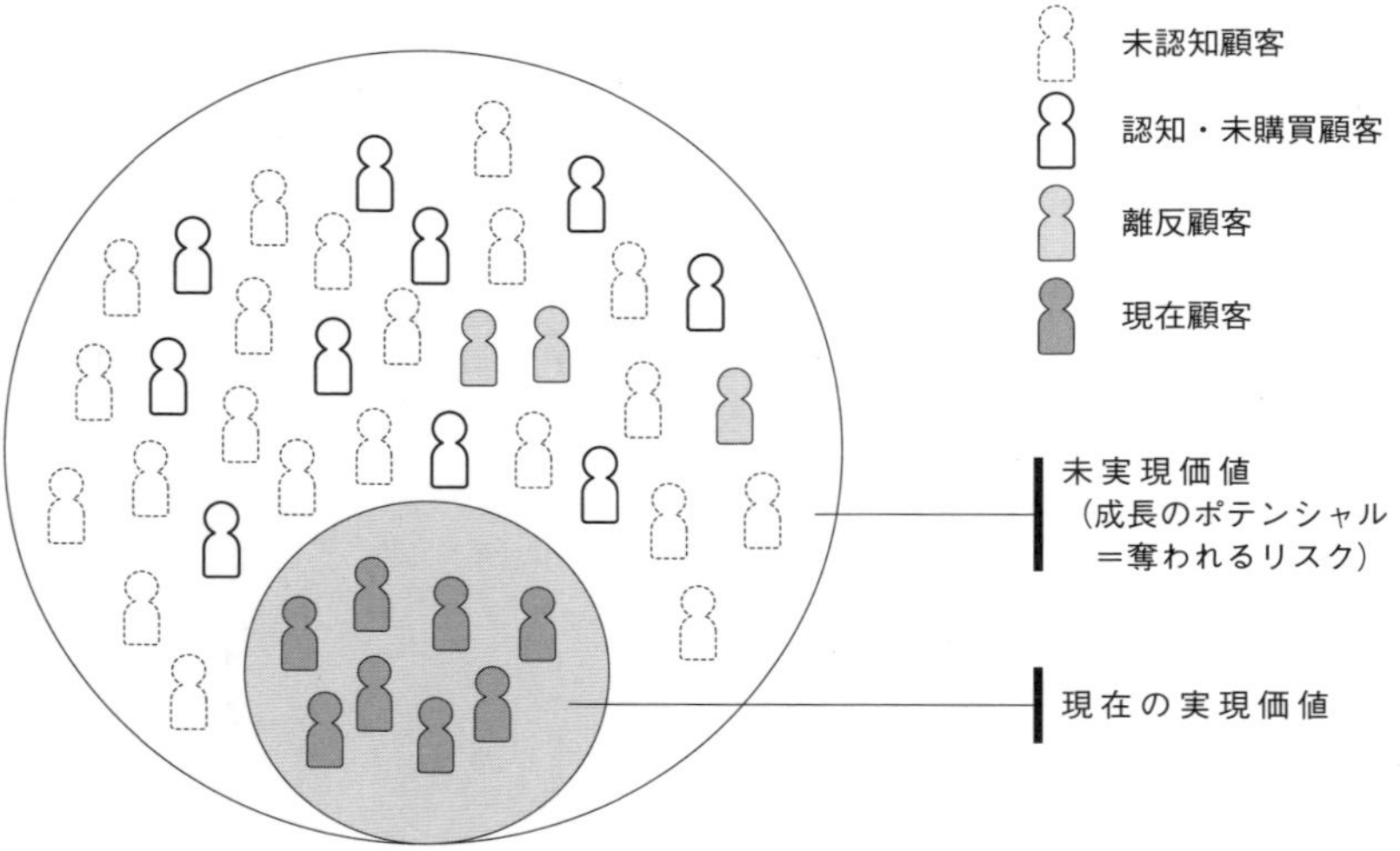

1 そもそも知らない（未認知）

↓マーケティング投資対象のターゲット顧客層と訴求内容の見直し

↓メディア戦略（選択や投資量）の見直し（特にマスメディアを使用しない場合の認知形成は限定的になりがち）

2 知っているが買う理由や動機がない（認知かつ未購買）

↓ターゲット顧客層と訴求内容の見直し（「プロダクトアイデア」の問題か、「コミュニケーションアイデア」の問題かを見極めて「アイデア」を強化する）

↓便益に対して価格が適切かどうか見直し（許容される価格を見極めて改定）

↓そもそものプロダクトアイデアの改良（独自性がないのか、便益がないのか、四象限で精査し強化する）

3 知っていて買いたいが販路がない／わからない（認知かつ未購買）
↓販路自体の拡大強化、もしくは、どこで買えるのかという販路自体の認知形成の強化

それぞれの方向性や「アイデア」は、事前にコンセプト評価やテストマーケットを行ってから実行することになります。次項から、なぜこの「アイデア」創出を、顧客一人を対象とする「N１分析」で行うことが重要かを説明します。

1-2 N1を絞り込むことを恐れない

たった一人を歓喜させるプレゼントを選ぶ

「アイデア」に続いて、なぜ顧客一人（N1）を深堀りする必要があるのか、絞り込む意義について触れたいと思います。

強いマーケティング戦略を作る上で、N1を起点とするマーケティングは、N1000として1000人を対象とするよりもはるかに重要です。例えば、誰かにクリスマスプレゼントを選ぶとき、以下の3つの選択肢の中で、いちばん喜んでいただける自信があるのはどの場合でしょうか？

1. あなたのお子様、奥様、ご主人、恋人のいずれか一人
2. あなたの同僚・同級生20人
3. 4年生大学を卒業し、現在東京都在住の、世帯年収800万以上で子どもがいる専業主婦1000人

図1-6 購買行動の背景には必ず「きっかけ」がある

自明だと思いますが、よく理解できている具体的な特定の一個人から複数人に、そして、さらに自分が直接知らない概念上の複数人になれば、何をプレゼントすれば喜んでいただけるか想像しにくくなります。

深く理解しているたった一人へのプレゼントであれば、趣味嗜好、生活態度、価値観、何を持っているか、普段何に興味があるかを考えることで、本人が想定する以上のプレゼントを選べる可能性が高くなります。2や3より1の方が明らかに、成功確率が高いのではないでしょうか。

顧客起点とは一人ひとりを見ること

購買行動の背景には、必ず何らかのきっかけがあり、それは行動を追うだけではわかりません。一人を分析する「N1分析」で重要なのは、購買行動を左右している根本的な理由を見つけることです。それは多くの場合、顧客自身も明確に意識できておらず、直接「その理由は何ですか？」と尋ねても答えられませんし、答えていただいても、おそらく真実ではありません。

購買行動に直結している理由とは、その顧客が「購入しているブランドが自分にとって特別な便益をもたらしてくれる」と心理的に認識するに至ったきっかけです。ほとんどの場合、一人の顧客の心理を変えるきっかけは一つに集約されます。

何らかのコミュニケーションや体験を通じて、そのブランド独自の魅力的な便益を認識して初めて購入した、つまり顧客化したときの重要なきっかけ、さらにロイヤル化した重要なきっかけが何だったのかを、N1分析で見つけます（図1－6）。ブランドの成否、将来の成長を最も左右するのが、このN1分析での掘り下げです。

一般的に統計学上では、その分析において有意差を出すために一定の規模の回答数（＝N数）が求められ、それは対象の母集団数と、誤差範囲±5％など必要とする有意水準で変化します。

しかし、「アイデア」創出のために有効な調査は、統計学とは違います。確かに大まかな傾向や差を知るには、一定のN数が必要ですが、大量な人数を調査するほど「アイデア」がつかめるというのは誤解です。具体的なN＝1の個人レベルまで徹底的に深堀りしなければ、マーケティングの成果は望めません。論理だけで突き詰めたマーケティングの限界です。

N1から離れると思考は浅くなる
――マス思考の問題

当たり前ですが、N＝多数の調査から得られる結果は平均値であり、最大公約数でしかありません。これでは、人の心を捉えるような商品開発もマーケティング活動も難しいと思います。誰も強く否定しないが誰も強く支持しない、当たり障りのない、既視感のある提案を繰り返すことになります。

それを何とかしようと、さらに、平均的かつ最大公約数的な戦略プランに投資を重ね、利益の出ない商品となってしまうケースが身の回りにもたくさんあるかと思います。

これを筆者は「マス思考」と呼んでいます。マスメディアを使うマスマーケティングが問題なのではなく、最大公約数を求めるような思考の問題です。

筆者自身、この「マス思考」に囚われた時代に失敗を重ねてきました。統計学的、論理的には完璧なのに、成功しない。これは、量的調査から商品企画やマーケティング計画を行ってしまったため、エッジのない、妥協とも言える提案になっていたのだと考えています。言い替えれば、有効な「アイデア」が見えていなかったのです。

マーケティングにも、プレゼント選びと同じ側面があります。成功するマーケティングは、すべてを〝個〟客ベース（N1）で考え、その生活までを深く理解することから始まります。企画やマーケティングは徹底的にN1起点で、平均や最大公約数ではない、独自性のある「プロダクトアイデア」や「コミュニケーションアイデア」を突き詰めていくことが重要です。

一方で、マーケティングがプレゼント選びと違うのは、一人を喜ばせて終わってはいけないことです。「アイデア」をつかんだら、それが他の人にも有効なのかを量的調査やテストマーケットで検証して、投資を行います。また、実地以降にはその結果もたらされる顧客の行動変化や心理変化を評価し、学びを積み上げ、継続的な事業成長を実現しなければなりません。そこで、マクロレベルで顧客の変化を捉え、チャンスとリスクを量的に算定することも大事になります。つまり、マクロと、N1というミクロの両方の視点が欠かせないのです。

「絞り込むとニッチ化する」の誤り

一人の顧客に注目することを懸念する方は少なくありません。ほとんどの人が、「ニッチ過ぎて市場が狭い」「そんなリスクは負えない」と、絞り込むことを躊躇します。ですが、私たちの生活を作ってきた様々な商品やサービスのほとんどは「特定の誰か一人を喜ばせること・幸福にすること・便利になってもらうこと」が起点になっています。その特定の誰かが、それを作った本人そのものだったりします。「自分が欲しいものを作った」というエピソードは、商品開発の舞台裏の記事などでよく目にする話です。

実際、筆者がスマートニュースと並行して行っているコンサルティング事業などで、N1起点の考え方を紹介すると、特にオーナー会社の経営者の方々を中心に多くの共感をいただきます。例外なく、いずれも「自分が欲しいものをワガママに作ってきたら、会社が大きくなった」といった経緯でここまできた方々です。

逆説的ですが、徹底的にN1に絞り込むから強い独自性と便益＝「プロダクトアイデア」を生み出せるのであって、絞り込まないから平均的で最大公約数的な提案や企画しか打てずに、鳴かず飛ばずの結果になるのです。一人に注目するからこそ、他の人にも響く可能性の高い、強い「アイデア」の手がかりが得られます。

【第1章のまとめ】

1 マーケティング上の「アイデア」は、独自性と便益の組み合わせ

2 「プロダクトアイデア」と「コミュニケーションアイデア」は異なる

3 「プロダクトアイデア」の早期認知形成が強いブランドを創る

column 1

iPhoneに見る「アイデア」の変遷

Appleの広告展開というと、皆さん一定のイメージを想像されると思います。そのときどきで、画面の大きさやカメラの画質など強調するポイントは異なりますが、一貫してプロダクトの魅力をストレートに伝えています。凝っていたとしても、テレビCMに乗せる音楽くらいでしょうか。

この一貫した広告展開を元に、「Appleは広告がうまい、ブランディングが優れている」と評価する声があります。それも否定はしませんが、1章で紹介した「アイデア」の定義をもって読み解くと、別の見方ができます。iPhoneの広告コミュニケーションは皆さんよくご存知なので、これを例に少し解説してみたいと思います。

iPhoneが登場した2007年、そのコンセプトは「電話をかけられるiPod」でした。今では電話自体がコミュニケーション手段として縮小したこともあり、iPhoneは手の平に収まるパーソナルコンピューターとして受け入れられていますが、発売当時はあくまで「電話」機能を重視していたことがわかります。WIRED.jpの記事（※）によると、当時Appleの幹部がiPodと携帯電話の両方を持ち歩く人を見て「いずれ1台になるだろう」と推測したことから、iPhoneの開発に至ったそうです。

実際、2007年1月にiPhoneが発売された際、スティーブ・ジョブズが強調した機能は、タッチ操作によるワイドスクリーンのiPodであり、革新的な携帯電話であり、そして画期的なインターネット・コミュニケーションデバイスであるという3点でした。特に、キラーアプリは電話であると強調し、その舞台で電話会議を実演したのは有名な話です。

iPod自体、市場に類のない「プロダクトアイデア」を有していましたが、iPhoneの「プロダクトアイデア」は何だったのかというと、「写真や音楽を保存・携帯ができる＝iPodの元々の独自性」かつ「電話もできる＝新たな便益」であったと読み解けます。発端は、iPodの独自性をテコにした電話の再発明だったのです。

＊

それが今では、どうでしょうか。「iPhone＝電話」だと捉えている人は、ほとんどいないと思います。3つめに挙げられたインターネット・コミュニケーションデバイスの側面がどんどん大きくなり、iPhoneは電話ではなくモバイル・コンピューティングの旗手となりました。当然ながら次々と競合が登場していますが、「iPod＋電話」から、この10年にわたって、ユーザーのニーズを捉えて常に「プロダクトアイデア」が刷新され、それをそのまま伝える「コミュニケーションアイデア」で強い支持を得てきました。

広告のフォーマットや見え方自体は、当初とほとんど変わっていません。広告自体はシンプルで魅力的ではありますが、誤解を恐れずに言えば、「コミュニケーションアイデア」自体に独自性があったり、クリエイティブかというとそうではないと思います。ひねらず、タレントも使わず、またしてプロダクトと関係のないストーリーやドラマ性も盛り込まず、ただその時点で推している「プロダクトアイデア」の一部を切り出して伝えているだけです。

広告のトーンとフォーマットが常に一定で洗練されているため、ブランディングがうまくいっていると言われますが、「アイデア」の定義から考えると、Appleは決して「コミュニケーションアイデア」が優れているからここまでの地位を築いているのではありません。そもそも「プロダクトアイデア」自体が優れていることは、誰もが納得することでしょう。プロダクト中心の開発を徹底していて、それをストレートに伝えているから響いているのです。これは1章で理想的として解説した、「プロダクトアイデア」＝独自性と便益が強いから、「コミュニケーションアイデア」でひねる必要がなかった、という状態だと読み解けます。

しかしジョブズの没後、モバイルデバイスの競争はますます激化し、同質化と低価格ブランドの登場で、Appleですら圧倒的な「プロダクトアイデア」の提供が困難になっていることは明らかです。２０１８年年末にiPhoneの販売台数減の発表で株価が下落した理由は、「プロダクトアイデア」の課題だと考えられます。ユーザーは理屈で分析せずとも「アイデア」の欠如に非常に敏感です。今後Appleがどのような新しい「アイデア」で顧客の心をつかんでいくのか、注目しています。

※WIRED.jp「関係者が振り返る『iPhoneの10年』と、ジョブズにも見えなかった未来」
https://wired.jp/2017/07/01/apple-iphone-10th-anniversary/

第2章

［基礎編］

顧客ピラミッドで基本的なマーケティング戦略を構築する

この章では、「顧客起点マーケティング」の基本的なフレームワーク「顧客ピラミッド（5セグマップ）」の作成方法と運用を紹介します。マーケティング対象である既存顧客と潜在顧客をすべて定量化し、5つに分類します。さらに「N1分析」と「アイデア」創出、打ち手の開発を通して戦略的なマーケティングを実践します。

2-1 顧客ピラミッドの作成とその意味

基本概念と作成方法

企業やブランドによって、様々な顧客分析や分類が行われています。筆者もこれまで様々なフレームワークを試してきましたが、最もシンプルかつ汎用性が高いのが、この「顧客ピラミッド」です（図2－1）。その商品やサービスの顧客層全体を、次の5つにセグメント分類する方法です。

- ロイヤル顧客
- 一般顧客
- 離反顧客
- 認知・未購買顧客
- 未認知顧客

図2-1　顧客ピラミッド

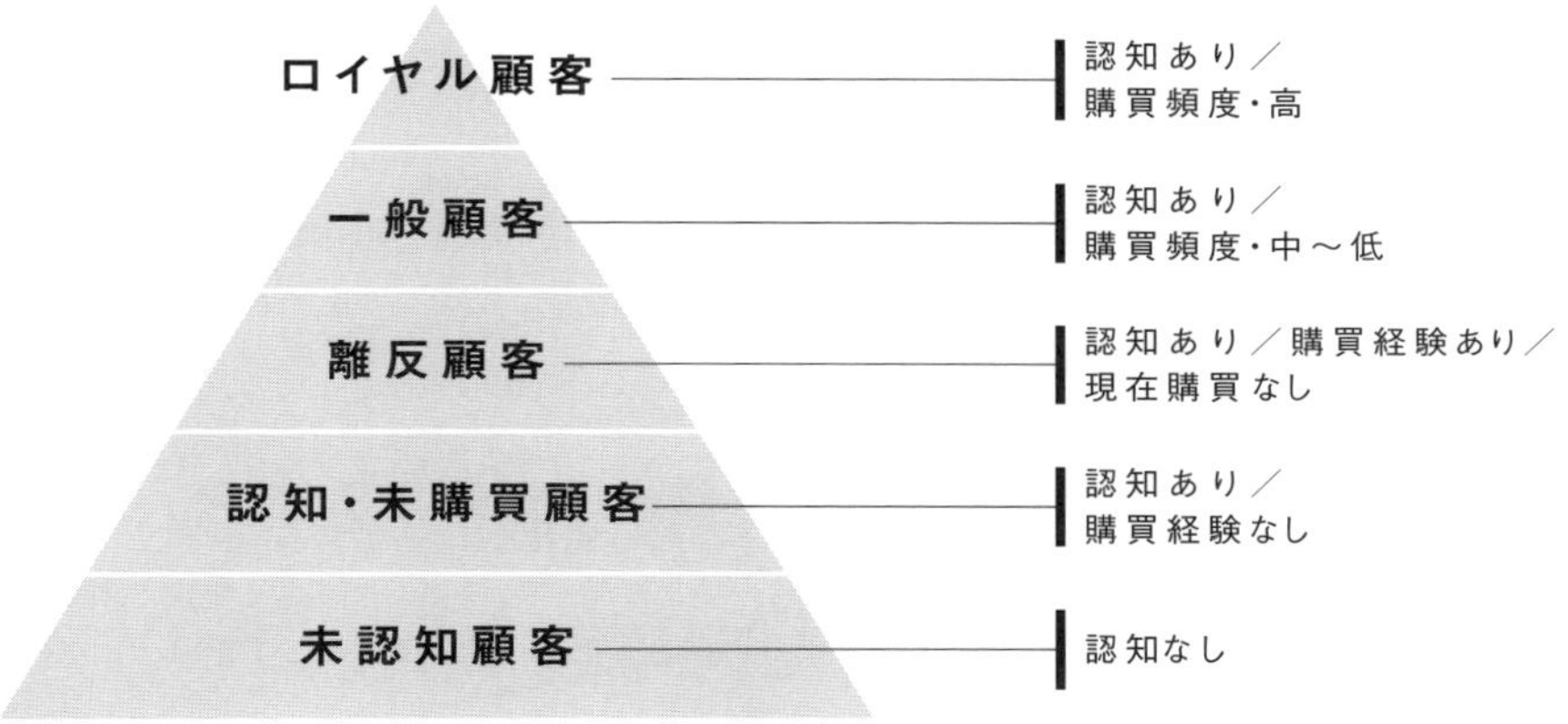

マーケティングの投資対象である潜在顧客層を含めてターゲット全体を包括的に捉えているので、現在の顧客だけでなく、離反顧客や、認知はしているものの一度も買ったことがない未購買者、またブランドの未認知者も含みます。これは、次の3つの設問による簡単な調査で作成できますので、低費用なネット調査でも可能です。

1 そのブランドを知っているかどうか（認知）
2 これまでに買ったことがあるかどうか（購買）
3 どれくらいの頻度で購買しているか（毎日、毎月、3カ月に1回、最近は買っていない……などの購買頻度）

例えば、20－40代女性を顧客ターゲットとしているブランドであれば、20－40代の女性にこの調査をし、購買頻度でロイヤル顧客と一般顧客に分けます。この頻度は、主観的に決めれば良いと思

図2-2 顧客ピラミッド作成のための調査ツリー

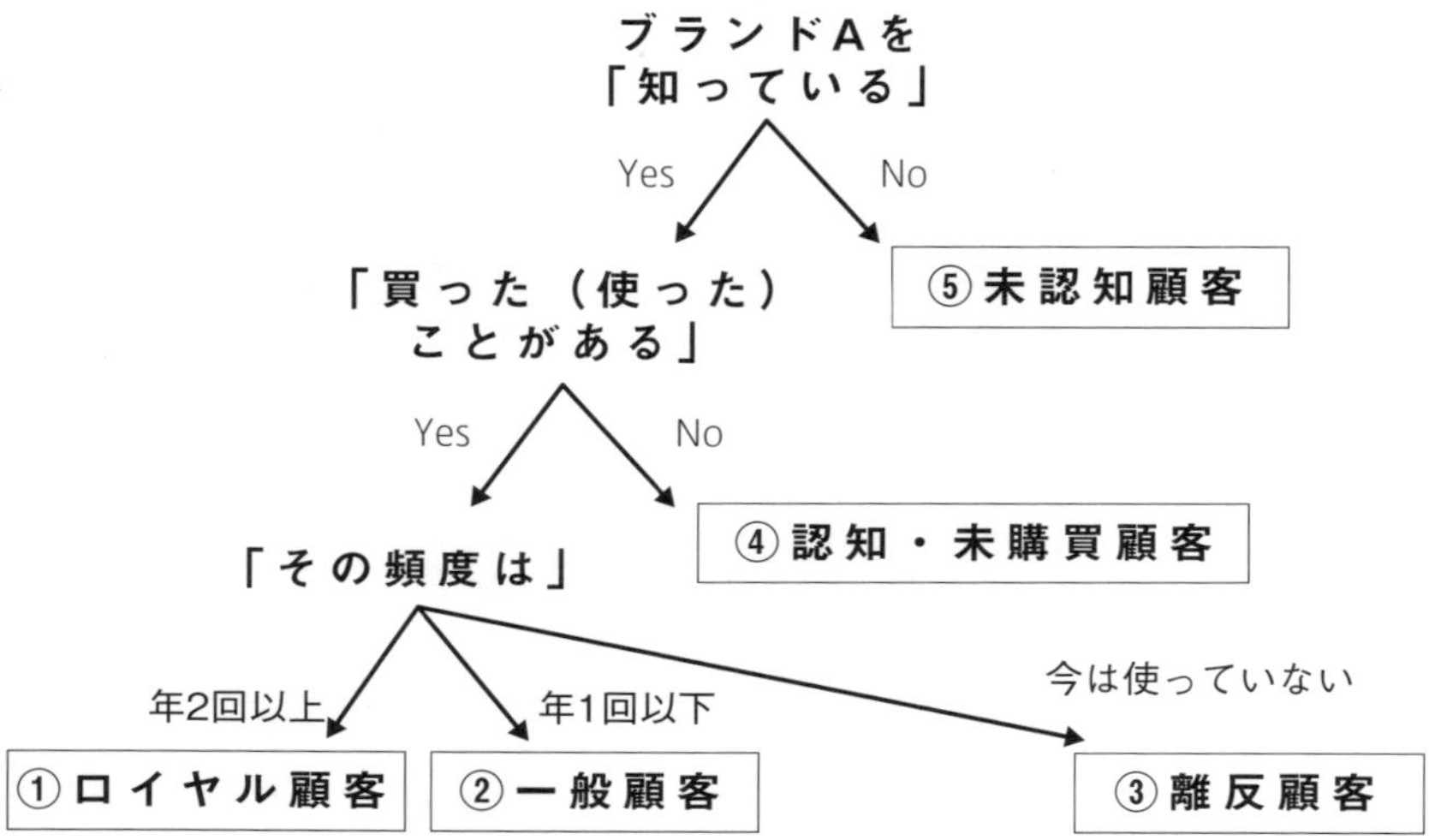

います。仮に毎日使ったときの購買頻度が2－4カ月程度のスキンケア製品の場合、年に2本以上、当該ブランドを買う方をロイヤル顧客とすると、年1本以下は一般顧客となります（図2－2）。

この割合と、対象マーケット母数として実際の20－40代女性の人口を掛け合わせれば（日本であれば、総務省統計局の人口推計）、5つの層の人数を把握することができます。スキンケア製品を使用していない人を排除したければ、スキンケア使用率を年代ごとに掛ければいいだけです。

アプリなど無料のサービスの場合、先の設問で使用経験や使用頻度を聞きます。スマートニュースのようなニュースアプリであれば、「毎日使用者」がロイヤル顧客、毎日使用者を除く「毎月使用者」が一般顧客となり、それ以下の頻度は離反顧客と分類します。対象マーケット母数は、18歳から69歳までの男女すべてです。

ここで使う認知は、ブランド名での単純認知でなく、カテゴリー便益を伴った認知を指します。アンケート調査で、「このカテゴリーに関して知っているブランド名をお答えください」という設問で確認できる認知です。スマートニュースなら、「ニュースアプリに関して知っているブランド名をお答えください」という設問に対して、競合含む対象ブランド名の選択肢を提示して選んでいただきます。

非常に単純なフレームワークですが、中長期でマーケティング投資可能な対象全体が可視化され、様々な分析を行うことができます。同時に、短期だけでなく中長期での戦略議論が可能になります。

パレート分析と「20−80の法則」

よく「上位顧客20％が全売上の80％を生み出している」などと言われ、それを「20−80の法則」と表現されることがあります。この法則は成り立たないとの指摘もありますが、それはカテゴリーの購買頻度を計算に入れずに短期で見た場合の話であって、購買サイクルを複数回カバーする中長期で見るとほとんどの商品やサービスで「20−80」あるいは「30−70」「10−90」などの上位集中になります（図2−3）。

購買サイクルが1−2カ月程度までのカテゴリーであれば、1年以上の期間で見れば（購買サイクルで6回以上）、この法則は成り立ちます。

購買サイクルが長い商材、例えば車のように6−7年の購買サイクルであれば、10年以上の単位

図2-3 複数回の購買サイクルで見ると売上は上位集中する

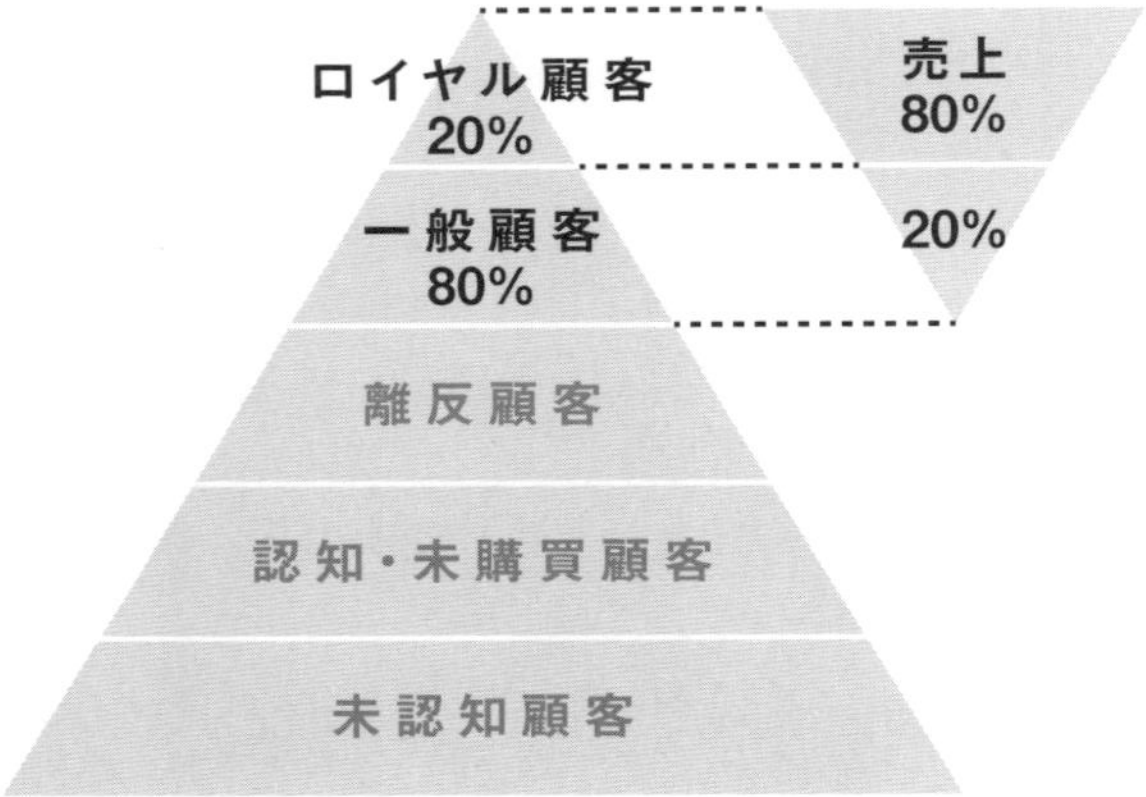

でなければこの法則は見えにくいと思います。ブランドがまだ立ち上げ時期で、購買者数自体がまだ少ない場合や、ブランド購買者数が急速に伸長したり縮小したりしている期間は、上位集中が大きく変化します。ただし、前述のように、複数回の購買サイクルをまたいだ期間でみれば、この法則は必ず見て取れます。

「20－80の法則」についてもう一つ注視したいのは、単に売上の多くをロイヤル顧客がもたらしているだけでなく、利益でみるとさらに上位集中が起きていることが多いことです。意外と見落としがちですが、この点を加味しないとマーケティング投資を正しく実行できません。

20－80と時間軸の関係

ほとんどのブランドにおいて、上位10－30％の顧客が大半の売上ないし利益に貢献していると述べましたが、かといって、下位70－90％の顧客は無視すべき存在ではありません。中長期で捉えた場合、顧客はダイナミックに動いており、それぞれの層を移動するだけでなく、競合商品や代替品への移動や併用も起こっています。ある時点では自社の一般顧客が競合のロイヤル顧客になり、その逆も起こっています。ロイヤル顧客も中長期では一定割合で離反するので、新規顧客の獲得と既存顧客のロイヤル化の両立を実現しなければ事業は縮小します。

日本の90年代前半までは、消費世代の人口そのものが拡大していたので、新規の潜在顧客が一定割合で自然増していました。だからこそ、ロイヤルティ向上のための施策やCRM中心での成長が可能でした。しかし、どんなに強いブランドであっても、一定割合でロイヤル顧客の離脱は起こっており、消費人口が減少する中では、ロイヤルティ向上だけでは顧客を100％維持することは不可能です。ロイヤル顧客増と新規顧客増は、時系列でバランスが取れるように、戦略を構築しなければいけません。

売上・費用・利益
――売上と利益は誰がもたらすか？

顧客ピラミッドを作成すると、上位2つの購買セグメントの、大まかな年間売上貢献を把握することができます。自社で把握しているロイヤル顧客と一般顧客の実購買データを元に、それぞれの顧客セグメントの平均年間購買額を出して、ピラミッドの人数に掛け算すれば、およその売上が算出できます。

さらに、この2つの現在顧客セグメントとそれ以下の3つのセグメントへの投資費用額を概算で出せば、5つのセグメントごとに費用と営業利益を出すことが可能です。

下3つの層については、現時点で売上を生み出しているわけではないので、利益も当然出ていません。プロモーションにかけた費用はすべて、上位2セグメントの顧客からの利益でまかなっていることになります（図2－4）。

それを踏まえて、全セグメントに対する費用を算出します。まず、ロイヤルカスタマープログラムやCRMであれば、上位1層か2層に対してのみの施策になるので、対象者によって1層のみ、あるいは両方に人数割りで付与します。テレビやPRのようなマス投資であれば、現在顧客以外にもリーチしていると考えて、全セグメントの人数ごとに平均的に割り振ります。仮に対象マーケット母数の1％がロイヤル顧客、60％が未認知顧客なら、テレビCMのようなマス投資の費用はロイヤル顧客へ全マス投資の1％、同様に未認知顧客への費用は60％という計算になります。

図2-4 複数回の購買サイクルで見た場合の費用

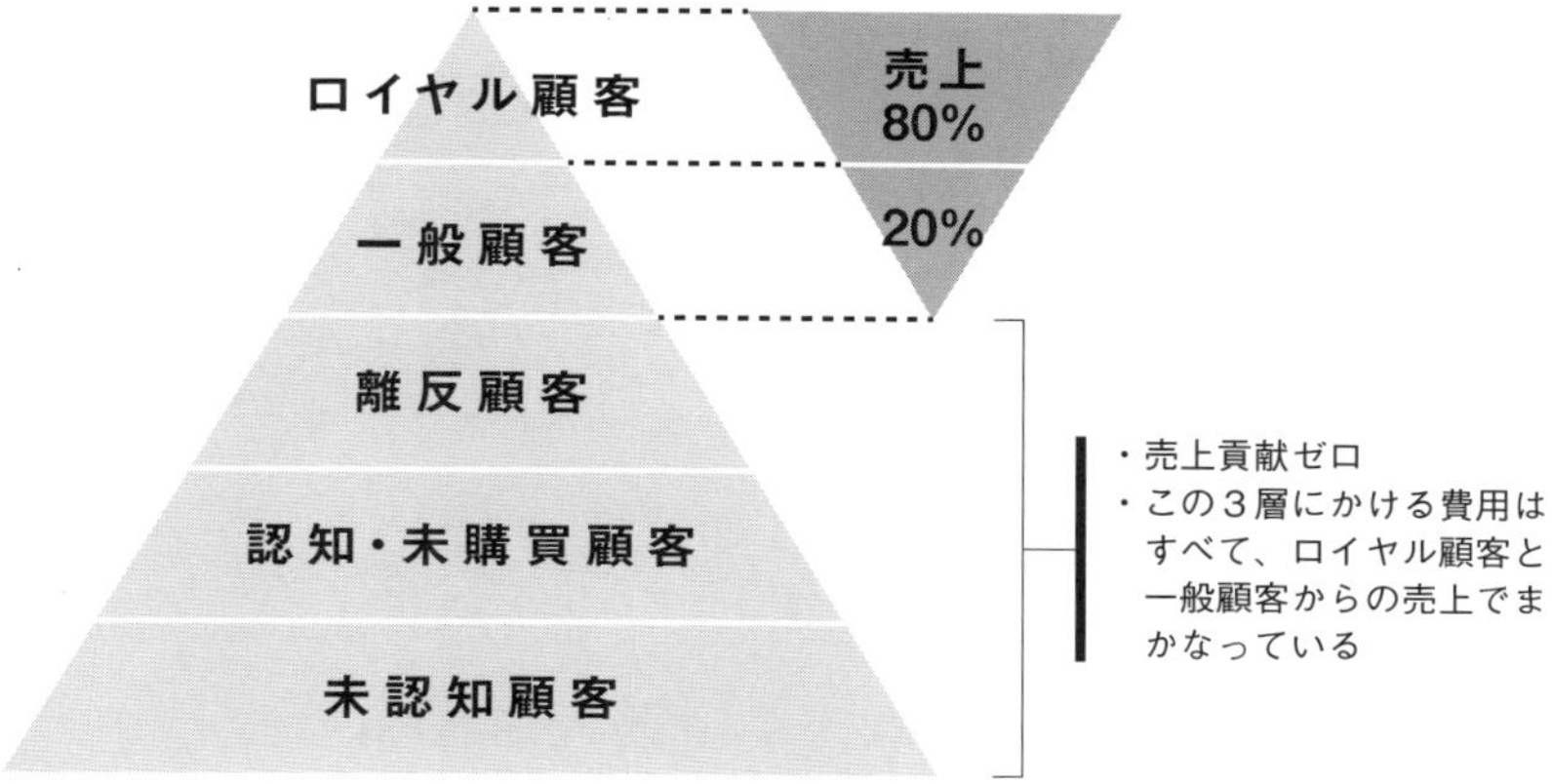

さらに、デジタル施策のようにターゲティングしていれば、それぞれの層に割り振ります。また、販売促進活動も、小売店舗の顧客数カバレッジと実購買者数との差違から、上位4セグメントに割り振ることができます（図2－5）。

こうすると、それぞれの顧客層に対してどれだけ投資し、売上を作り、その期間の利益貢献がどれだけあるかの概算がそれぞれのセグメントごとに見えます。あくまで推定値ですが、売上だけでなく費用と利益の関係を顧客ピラミッドで把握すれば、マーケティングの投資戦略に大きく活用できます。

図2-5 各セグメントに対する施策の把握（上）と費用の計算方法（下）

	さらなるロイヤル化の施策	ロイヤル化の施策	購入経験者へのリターゲティング	接触あり未購入者へのリターゲティング	マス広告	PR
ロイヤル	■				■	■
一般		■			■	■
離反			■		■	■
認知・未購買				■	■	■
未認知					■	■

※表中の濃い灰色部：横列の各施策がターゲットとしているセグメント

	★対象マーケット母数に対する割合	さらなるロイヤル化の施策	ロイヤル化の施策	購入経験者へのリターゲティング	接触あり未購入者へのリターゲティング	マス広告	PR	★合計額
★費用		A円	B円	C円	D円	E円	F円	
ロイヤル	1%	① ■				② ■	■	④
一般	3%		■			■	■	
離反	6%			■		■	■	
認知・未購買	30%				■	■	■	
未認知	60%					③ ■	■	⑤

①：A円はすべてロイヤル顧客向けなので、全額がロイヤルに当てている投資
②：E円はオールターゲットなので、（E×1%）円がロイヤルに当てている投資
③：同上、（E×60%）が未認知顧客に当てている投資
④：ロイヤル顧客への投資額 ＝ A ＋（E×1%）＋（F×1%）
⑤：未認知顧客への投資額 ＝（E×60%）＋（F×60%）

図2-6 20%の売上獲得に費用と労力の大半をかけている

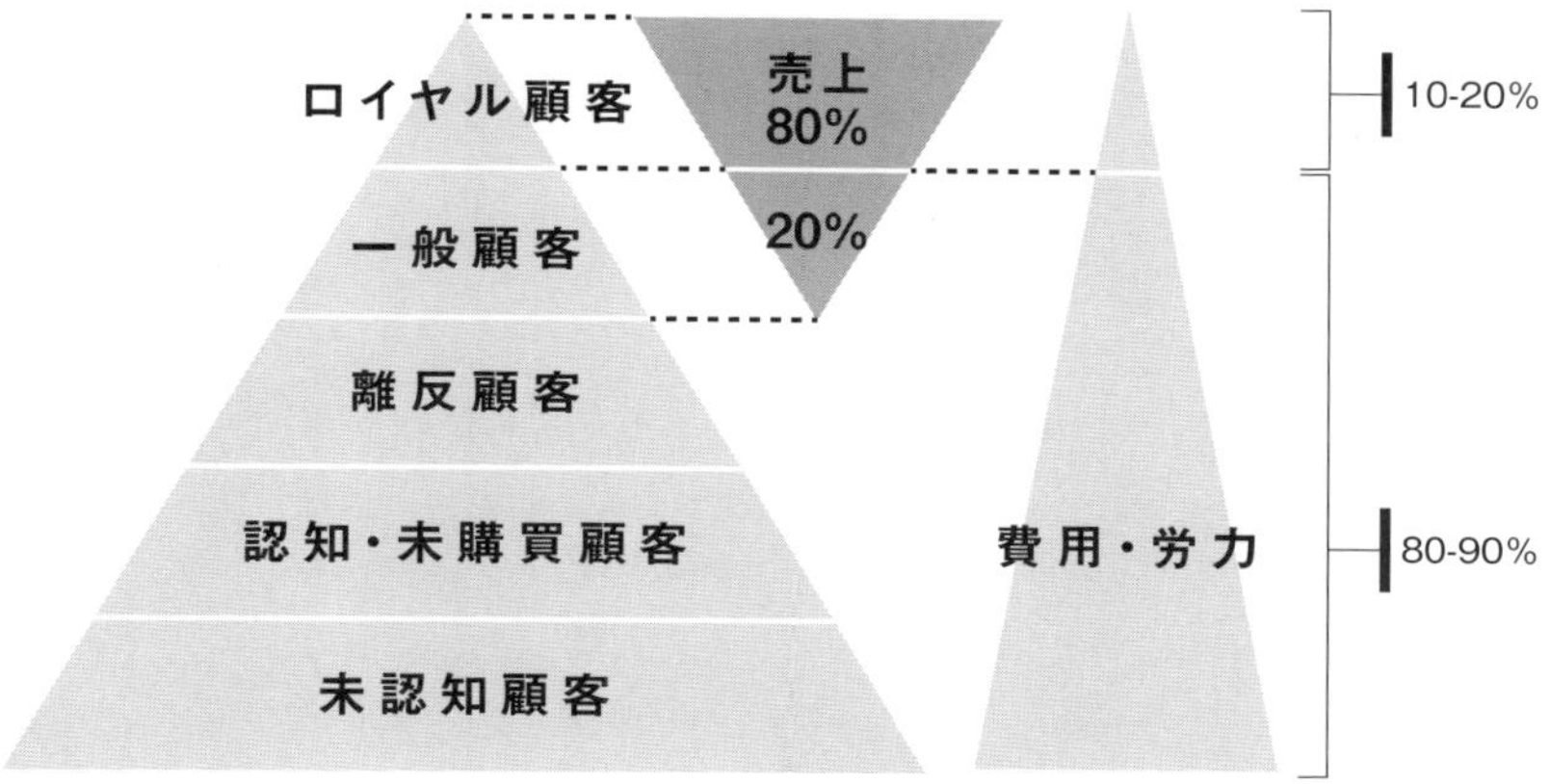

顧客から考えて戦略を立案する

これまで筆者が関わった事業では、多くの場合で売上と利益の上位集中が起こっていました。例えばロクシタンでは、店舗コストや店舗スタッフ含む販売管理費を総接客時間で割り振ると、利益貢献が上位に集中しており、1年間での購買者の上位約16%が全売上の42%と利益の100%を担っていました。つまり、ロイヤル顧客層以外への投資はすべて、ロイヤル顧客層が生み出す利益でまかなっていたということです。

上位のロイヤル顧客層以外への投資は、短期での利益貢献は低く、もしくは赤字になります（図2－6）。その事実を可視化することで、一般顧客以下にかけている投資は削除すべきか、減らすべきか、あるいは中長期のLTV（ライフタイムバリュー）で見て正当化できる投資として継続すべきかを検証する必要が明確になるのです。

中長期での投資価値の正確な検証には、財務分析やコンセプトテストなどが必要になりますが、まずは顧客ピラミッドでセグメントごとに「顧客数」「年間売上」「費用」そして「利益」を把握することで、顧客起点での投資検証が可能になります。「どの顧客セグメントをターゲットとするか」「何を目的に投資すべきか」「いつまでに何を達成すべきか」という5つの顧客セグメントごとの戦略の議論が可能になるのです。

逆に顧客ピラミッドがない状態で、売上を上げよう、利益を上げようとするだけでは、費用と労力を分散させるだけです。利益を上げるために単純な費用削減をして売上を落とす、といったダウンスパイラルを招きかねません。

顧客ピラミッドを時系列で追うと、各セグメントの顧客がどれだけ伸びているのかがわかります。すると、どこからの売上が上がっていて、利益がどこから生まれているかがおよそ把握でき、マーケターとして現在から複数年の中長期のスパンで何をしなければならないかが明確になります。

ＲＦＭ分析のメリットとデメリット

顧客分析については、購買情報を元に顧客を3つに分類する「ＲＦＭ分析」が有名です。Recency（直近でいつ購買したか）、Frequency（購買頻度）、Monetary（購買金額）の3軸で顧客セグメントを分析する方法です。あるいは年間の購買額や購買数での顧客セグメント分析が行われることも多いと思います。

これは、現在の顧客状態を知るには有効です。反面、この分析だけでは、顧客ピラミッドの2層（ロイヤル顧客と一般顧客）に思考も施策も集中しがちです。離反顧客をどうするか、認知しているが未購買の顧客をどう顧客化するか、未認知顧客の認知をどう上げるかといった、中長期の成長に欠かせない視点が欠けているのです。

その結果、既存顧客の購買頻度や購買額を上昇させる施策に陥りがちで、販売促進やCRM活動だけに傾注することになります。その単純な繰り返しだけでは、継続的な成長は難しいでしょう。

実際のマーケットには、過去に買ったことはあるが今は疎遠になっている離反顧客、また、ブランドは認知しているが未購買の顧客、認知すらしていない顧客が多く存在し、それぞれに異なるチャンスがあり、それぞれ戦略が必要です。しかし現状の購買データのRFM分析だけでは、このチャンスが視界に入らず、現在の顧客にプッシュ型の販促活動を続けてしまうのです。

本来は、どのような商品やサービスであっても、まずはそのブランドを認知し、何らかの心理的変化があって初めて行動（使用、購買）に移ります。「ゼロからブランド認知をどう作るか？」あるいは「どのような心理的変化を起こすのか？」が、マーケティング対象です。その打ち手は、既存顧客に焦点を当てたRFM分析では出てきません。

当然、それぞれの顧客セグメントに応じた戦略も投資計画も、リターンまでの見込み期間も異なります。したがって、中長期でのブランド育成のためには、各顧客セグメント増減の動向を把握することが重要です。

2-2 行動データと心理データの分析

行動データの種類

前項で、顧客を大きく5つのセグメントに分けました。これを活用して、各セグメントの詳細な顧客分析を進めます。この分析で重要なのが、顧客の「行動データ」と、その行動の理由となっている「心理データ」の両面を分析することです。

行動データは、POSデータ、ロイヤル会員カード情報、有償の外部データベースの購買情報（アイテム、バスケットサイズ、タイミング、場所・店舗、頻度）が代表です。また、インターネット上の行動も、外部のベンダーサービスやDMPなどを通じて、Eメール開封率、返信率、Webやアプリのアクセス情報、ソーシャルログ、クッキー情報、位置情報、自社ECでの購買情報などを取得できます。EC事業では、顧客ごとに、すべてのマーケティング活動やブランド接点での顧客の行動データを把握しています。

顧客のメディア接触データや、購買経路や競合ブランドの購買行動データに関しては、量的アンケートから取得することができます。

行動データは、その分析を通じて、最適なタイミングで最適なマーケティング提案を行うことで、売上や利益に貢献します。特にEC事業や単品通販業界は、顧客の行動データを詳細に分析し、リアルタイムでABテストを繰り返しながら、利益性の高いビジネスを構築しています。

しかし、行動データ分析だけではまだ不十分です。その行動を左右する「心理的理由」を深く探る必要があるからです。理由がわからなくても、ABテストを繰り返せば、より最適なマーケティングプランを打つことができるのも事実ですが、それはゴールポストが見えないままに、たくさんのシュートを打ち込むに等しい行為です。またAという施策が当たったとしても、当たった心理面の理由が理解できないままでは再現性がありませんし、投資拡大ができません。

心理データの種類

そこで、それぞれの顧客の行動の裏側にある理由を探るために、認知を含めた心理データ分析が必要になります。

心理データとは、顧客の頭の中にある認知やイメージ、態度など心理状態を対象としています。行動として見えるものに対して、見えない、心の中身の状態とも言い替えられます。

まず、量的調査でデータ分析を行います。代表的な問いは、次の5つです。

1 ブランドの認知（ブランド名を知っているかどうか）
2 ブランド選好度（そのブランドを買いたい、または使いたいと考えているか）
3 属性イメージ（形容詞や修飾語や擬人的表現で、どのように認識しているか、どのような機能イメージや便益属性を感じているか）
4 メディア接触（マスメディア、SNSなどのデジタルメディア含めて、通常のメディア接触習慣や信頼度）
5 広告の認知経路（いつ、どこで、どんなメディアや機会を通じてブランドを認知したのか、ブランドイメージを形成したのか）

2 に関しては、設問の選択肢を単一回答（シングルアンサー）にするか複数回答（マルチアンサー）にするかは、カテゴリーにおける寡占割合次第で決めます。ブランドが寡占しているなら、単一回答でいいでしょう。また 3 については、自社のブランドイメージに期待する属性だけではなく、カテゴリーにとって重要な複数の属性で評価してもらいます。

それ以外にも様々な心理データがありますし、深層心理分析の手法もありますが、前述の 1 2 3 を押さえれば、ブランドに対する心理状態を大まかに把握できます。マーケティング上のメディアプランニングには、4 と 5 で十分です（図2－7）。

図2-7 行動データと心理データ

行動データ

- 売上POS情報
- カード会員情報
- 自社顧客の購買情報
  （アイテム、金額、タイミング、場所・店舗、頻度）

インターネット上

- Eメール開封率／返信率
- Webやアプリのアクセス情報
- ソーシャルログ
- クッキー情報
- 位置情報
- 自社EC購買情報

心理データ

1）ブランドの認知

2）ブランド選好度
（そのブランドを買いたい、または使いたいと考えているか）

3）属性イメージ

4）メディア接触

5）広告の認知経路

セグメント間のギャップ分析

本章の冒頭で、顧客ピラミッドを3つの質問で作成しましたが、そこにこれらの行動データ分析、心理データ分析を付加することで、5つの顧客セグメント間のギャップがどこに生じているかを分析します。これによって、各顧客セグメント間における行動面と心理面の違いが見え、それぞれの顧客セグメント固有の課題や機会の仮説を見出すことができます。

例えば序章で触れた「肌ラボ」では（p25参照）、ロイヤル顧客へのN1分析から「このベタつきが保湿の証拠」という意識と、「安価だから毎日たっぷり使う」という行動がわかりました。一般顧客とセグメント間比較をすると、一般顧客は保湿力は評価しているものの、ベタつきにはマイナスの評価をしており、毎日は使っていませんでした。

図2-8 セグメント間の比較から顧客化の仮説を導き出す

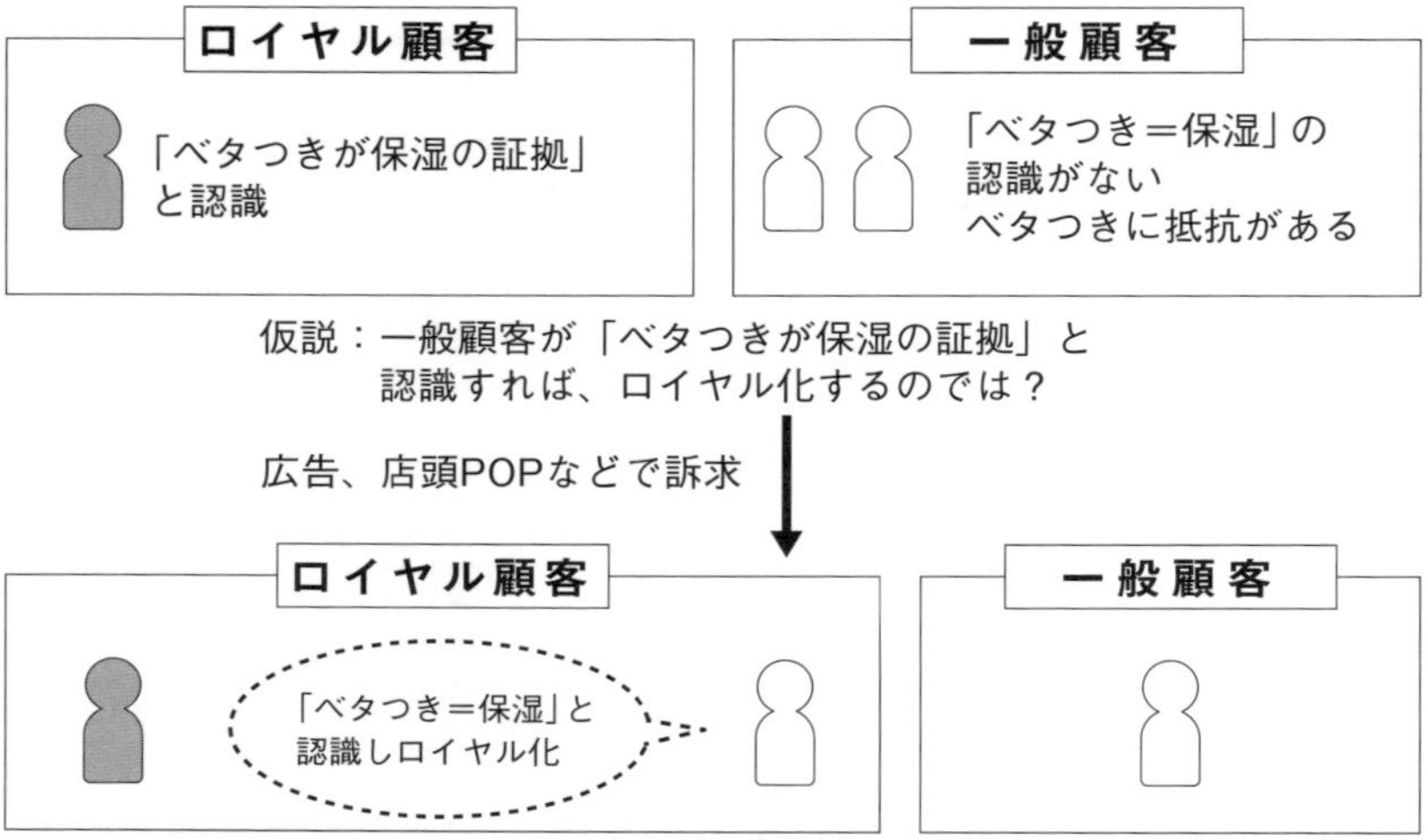

そこで、一般顧客にも「ベタつきが保湿の証拠」だと認識してもらえればロイヤル化するのでは、という仮説を立てました。ベタつきが気になる人でも、心理的に抵抗がある人は、納得できる理由があれば受け入れてくれるのではないかと考えたのです。そして、実際にPOPなどで手が頬に吸い付く様子やもちもち感を訴求したところ、予想以上に一般顧客がロイヤル化し、大きな売上増につながりました。同時に、ベタつきが生理的に嫌いな人にはこのアプローチが効かないことも見越して、ライトタイプを発売したところ、こちらも一定数の顧客に支持されました（図2－8）。

もしここで、ロイヤル顧客と一般顧客を区別しないアンケート調査などから売上向上を狙っていたら、おそらく「ベタつきが気になる」人に対してライトタイプだけを発売してプロモーションしたでしょう。ただし、ライトタイプはオリジナルより保湿力が劣るので、離脱の割合も高くなります。その中には、保湿力を訴求してロイヤル化できたはずの顧客も含まれるので、全体として現在顧客の減少を招いたと思います。

心理データ、行動データの顧客セグメント間の差には、必ず意味があります。具体的なセグメントの差異を捉え、そのセグメント顧客の心の中身を想像すれば、短時間で多数の仮説を作れます。

行動データと心理データの両方で見る重要性

行動の裏側には、そのブランドやカテゴリーに対する何らかの認知や心理状態が理由として存在しています。その心理と行動の関係、その心理が形成された理由やきっかけを理解すれば、次の新しい打ち手や戦略構築は容易です。

逆に、行動データを見ているだけでは、同じロイヤル化施策の繰り返しや、ＡＢテストをひたすら繰り返す消耗戦や価格訴求に陥りがちです。何らかのプランで行動が変わり、売上が上がったとしても、その理由である心の変化を理解しない限り、再現性と拡張性がありません。

特にデジタル系のビジネスでは、行動データ分析とその活用は徹底していても、心理データ自体を取っていないことが多く、成長機会を大きく失っています。筆者が参画しているスマートニュースでも同様でした。行動データに心理データを結びつけることで、大きく飛躍することができるのです。

量的調査による心理把握の限界

とはいえ、心理データも万能ではありません。量的調査による心理状態の把握には、限界があります。ブランド認知自体は量的調査で把握できますが、行動を左右している根本的な心理状態、深層心理にある思い込みや非論理的な感情を量的データで捉えるのは困難です。

例えばある自動車を買った顧客について、調査上では購入に至る最初のきっかけが「テレビCMを見て好感を持った」などと挙がっても、深層心理と行動を時系列で深掘りすると、実は「以前たまたま知り合いの車に乗ったときの体験に好印象を抱いていた」ことが浮かび上がったりします。

このような何気ない日常の体験はあまり明確に記憶化されませんが、大きな購買の決め手になっていることがあります。無意識下にある深層心理は、よく使われる「インサイト」とも言えます。特に購入を左右する理由は、この例のように、単純な〝快〟体験にひもづくことが多いです。

それを心理データの調査で検出できないのは、多くの場合、行動の主体である顧客自身が、その心理的な理由に気づいていない、認識していないからです。人間は、そもそも自分の行動の理由を合理的に意識していませんし、記憶もしていないことが多いのです。人間が対象だからこそ、心理分析には量的調査の限界があることを認識しておきたいです。

この心理データの限界を前提として、顧客一人ひとりのN1分析を行うことが、マーケティング上で重要になります。

2-3 N1起点のカスタマージャーニー

「N1起点の分析」とは

ここまで、顧客ピラミッドで顧客を5セグメントに分類し、売上と人数を可視化し、それぞれの行動と心理のギャップを分析して仮説を立てました。ここからは、セグメントごとに、具体的な顧客一人ひとりに焦点を当てた「N1分析」を行います。架空の想定顧客ではなく、実際にそのセグメントに属している名前のある顧客個人の生活態度、習慣、購買行動から購買に関連する認知や心理をカスタマージャーニーを想像しながら理解して、それぞれの結びつきを探っていきます。

理解したいことは、「いつ、どのようなきっかけで、ブランドを知ったのか/買ったのか/ロイヤル顧客化したのか」です。そのきっかけとなったカテゴリー体験や、商品やサービスの経験、ブランドメッセージとの出会い、何らかの特定の情報認知などが、「アイデア」を創出する大きなヒントになるのです。

例を挙げると、2015–6年のロクシタンでは、ブランド認知がありながらも未購買というセグメントが大きく、その層に最初の購買をしてもらって顧客化するマーケティング戦略が求められました。N1分析を繰り返す中で得られた、自分向け購買ではない他人向けの「ギフト」購買需要が、多くの顧客の初回購買機会になり得ると発見し、「コミュニケーションアイデア」として「誰にも喜ばれるギフト」という点を打ち出して、大きく一般顧客層の数と購買を伸ばしました。明確に「ギフト」と言い切ることが独自性であり、誰もが喜ぶ、つまり贈る側からすると「外しがないこと」が初回購買への強い便益になりました。

さらに、店長へのヒアリングを通して間接的にロイヤル顧客のN1分析を行ったところ、多くのロイヤル化のきっかけが「初めてロクシタンを買った際に、スキンケア商品を認知して、その良さを体験した」ことだったとわかりました。また、ロイヤル顧客への直接のインタビューからも、最初に購買したきっかけが「友人にあげるため＝ギフト」で、その際に店舗スタッフからもらったスキンケア商品のサンプルを気に入って自分用にも買うようになった、というN1ケースがあったのです。

そこで、ギフト利用を認知・未購買者向けに大きく打ち出す一方で、店舗では初購買に来られたギフト購買者に必ずスキンケア商品のサンプルをお渡しし、認知獲得と使用体験の徹底を戦略として打ち出しました。結果、未購買からの初顧客化と一般からロイヤル顧客化する人数自体を同時に押し上げることができました。

このようなきっかけ探しのためには、特にロイヤル顧客層のN1インタビューや調査をすれば実りが多いです。ブランドへの思い入れがそれだけ強い方や、その独自性や便益をとりわけ貴重に感じている方が多いので、ブランドへの購買意向を変えたきっかけを比較的見つけやすく、「アイデア」へのヒントも得やすいからです。

N1分析は、顧客セグメント条件に合う顧客を事前スクリーニング質問（認知、購買行動、頻度）で分類してセグメント条件の合う方にインタビュー依頼をすればいいのです。自社に顧客名簿があればメール依頼、調査会社やネット調査サービスも活用できます。直営販売店があれば、店舗スタッフ経由でお客様にお声がけすることもできます。ブランドによってはご友人やご家族でも良いのです。重要なのは、セグメント定義に合う方を探すことです。

インタビューにはインサイト発掘、カスタマージャーニー抽出が得意なリサーチャーが入るのが理想ですが、いなければマーケター自身が行うことをお勧めします。このN1分析のインタビュースキルが身につくと、マーケターとして飛躍的にパフォーマンスが上がると思います。

回数を重ねると、聞き方のコツもつかめてきます。筆者はロクシタンでは店長や店舗スタッフへのヒアリングを日常化し、ロート製薬では部下と一緒に店舗に行ってお客様や販売スタッフの話を直接うかがっていました。コンサルティングを承ったメーカーでは、販売店を訪ねてトップセールスの方からロイヤル顧客の話を何時間も聞かせていただきました。また、現職のスマートニュースはターゲット顧客が広いので、会う友人、会食で出会う方すべてに認知や使用頻度を聞いています。そして顧客ピラミッドのどのセグメント層にいるかを判断し、初めての顧客化やロイヤル化したきっかけを探して次の「アイデア」の創出を狙っています。

N1から発想する分析の実践

N1分析は、顧客セグメントに応じて理解すべき点を明確にしておけば、難しくありません。ロイヤル顧客であれば、ブランド認知・使用意向・購買意向を持ったきっかけを時系列で聞き、現在使用の実態・満足／不満足、競合ブランドへの認識、好きな点と嫌いな点、あたりを聞けば良いのです。一般顧客にも同様に聞いて、ロイヤル顧客とのギャップがどこにあるか、そのギャップが生まれた原因やきっかけを探ります。離反顧客にも同様に聞いて、どこに離反きっかけがあったのかを掘り下げます。認知・未購買顧客や未認知顧客には、まずブランドの説明をしてみて、「プロダクトアイデア」や「コミュニケーションアイデア」自体に魅力を感じてもらえないのか、単に伝わっていないだけでメディアや認知への投資の問題なのかを確認し、さらに、ロイヤル顧客が評価している商品の良さを話して反応を見れば、どこに問題があるか、どんなきっかけを提供すれば顧客化するかの可能性が見えてきます。

手始めにロイヤル顧客層で10人ほど実行すれば、なぜロイヤル化したのか、そもそもなぜ使い始めたのかのきっかけの候補が3つや4つは必ず見つかります。さらに一般顧客や認知・未購買顧客や未認知顧客のセグメントでN1分析を続けて、ロイヤル顧客層で得られたきっかけがそれ以外の層では出てこなければ、チャンスです。その事実やコミュニケーション内容を「プロダクトアイデア」として、N1インタビュー時に「こういう提案があったらどうですか」などと聞いてみて、複

図2-9 （N＝1）×10 と N=10 は違う

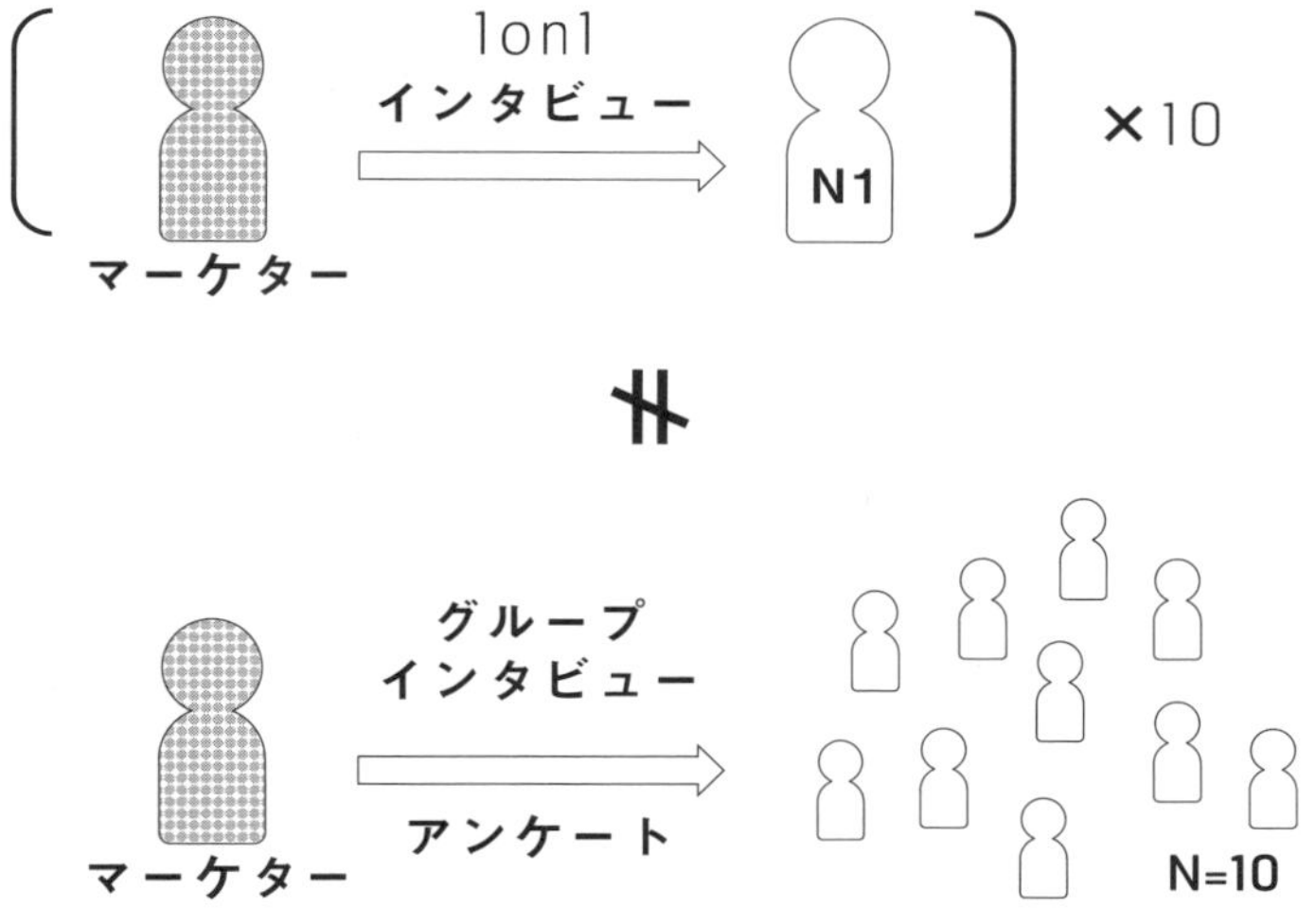

数人から好意的な反応があれば、大きなリターンが見込める可能性があります。

N＝10の平均的な発見を求めるのではなく、際立った体験や認知を見つけることが重要です。10人はあくまで「N＝1」×個別の10人であって、N＝10の一固まりではないのです（図2－9）。

カスタマージャーニーの抽出

ロイヤル顧客のN1分析をしていけば、認知から顧客化、ロイヤル化までの変遷を捉えることができます。一人ずつ個別のカスタマージャーニーを時系列で描いて、こちらの想像の範疇にない、異質な体験や認知形成を見つけ出すことが重要です（図2－10）。同時にその背景にある心理状態、どう感じたか、なぜそう感じたかを深く理解することが大切です。このときのカスタマージャーニーにおける縦軸は、感覚的なブランドへの好意

図2-10　N＝1のカスタマージャーニーを描く

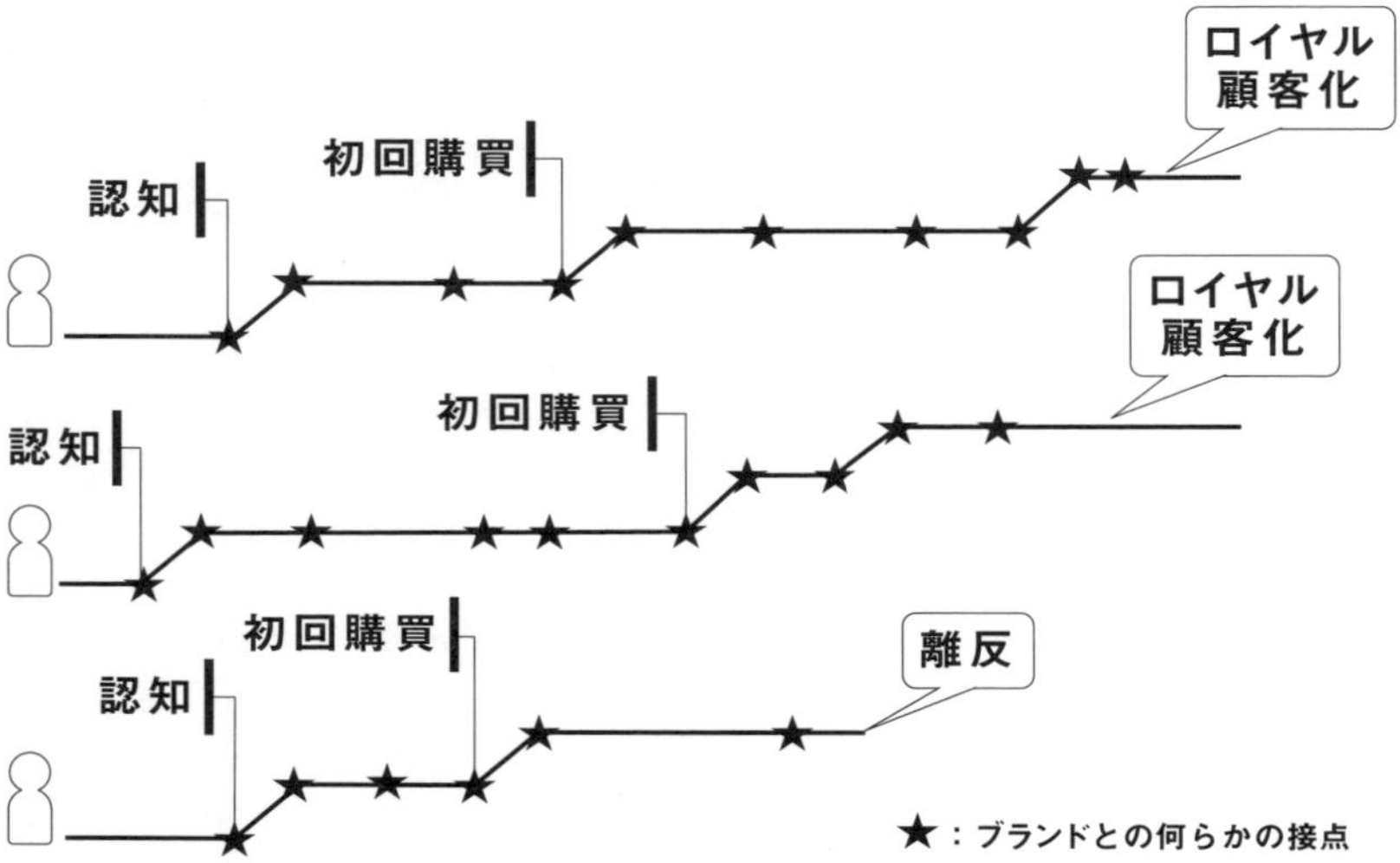

度でかまいません。

N1インタビューの際に、実際に手元で時系列のカスタマージャーニーを描きながら、顧客から「このときはこんなできごとがあった」「こんな気持ちだった」と聞き、一緒に考えていくのが有効です。

注意すべきは、昔の話が曖昧で、最初に使い始めたきっかけや理由と、今現在そのブランドを愛用しているロイヤル化の理由が混在しがちなことです。

例えばシャンプーなら、上位5位くらいまでのブランドのヘビーユーザーに「なぜ買い続けているか」と聞くと、半数以上が「髪がしっとりさらさら」と答えます。しかし、これを真剣に受けてそのまま広告で訴求しても、まったく売れません。むしろ「髪がクリスタルのように輝く」とか「朝、寝癖がない髪」のように、便益と繋がる独自性のある提案をしないと初回購買は起こりません。ロイヤル化した理由（使い続けている理由）とトライアル理由は、多くの場合で異なっているのですが、混同しがちなので気をつけたいです。

実在しない顧客のジャーニーやペルソナは無効

「カスタマージャーニー」は、現在マーケティングの現場では標準的な分析手法になっています。しかし筆者が見聞きするカスタマージャーニーの多くは〝想像〟で〝平均的〟に作られています。これでは役に立つどころか、マーケティングや経営戦略を惑わすリスクすらあります。

複数人で会議室にこもったり、合宿をしたりして、「当社のお客様はこんな方……」と作ったものの、実態としてそれは多種多様な方々の組み合わせであり、実際には存在しないカスタマージャーニーです。そんな時間を使うくらいなら、実在のロイヤル顧客さんの話を徹底的に聞いて、ご本人が自身を理解している以上にこちら側が理解するくらいのN1分析をしたいです。

同様の問題は、ペルソナ設定にもあります。この手法はブランドの戦略想定ターゲットとして社内でマーケティング企画を推進したり、代理店やコンサルタントにブリーフィングしたりする際によく使われますが、カスタマージャーニー同様に、そんなお客様は現実には存在しないのです。本当にお客様の心を捉える商品企画やコミュニケーション提案は、具体的な名前をお持ちのN1起点、N1分析で進めることこそが絶対に必要です。

2-4 「アイデア」創出と再現性の確認

きっかけから「アイデア」を創出する

ロイヤル顧客10人にN1分析を行い、一人ひとりのカスタマージャーニーを描けば、ブランドとの初めての出会い、認知、初回購買（使用）、継続購買、購買頻度の変化が十人十色で見えます。ピラミッドで言えば、下の層から上の層へどう移行していったかがわかります。

それは広告訴求だったり、ブランドの使用体験、口コミだったりするのですが、重要なのは、どんな「アイデア」＝独自性と便益を感じ取ったかです。

N1インタビューで、思わず驚く、笑ってしまう、信じがたいと思えるような事実がその手がかりです。聞いたことがあるな、想定通りだなと思えるような既視感のある話や予想の範疇に入る内容には、手がかりはありません。

「アイデア」の手がかりは、これまでに聞いたことや見たことのない、特殊だったり非常識だと思えるような使用目的や使用方法や場面、商品に関連する個人的な経験や心理状態にあります。ここから独自性を抽出し、そこで得られる便益を明示することで「アイデア」となるのです。

ロイヤル顧客から、想像していなかったような特殊なきっかけや事実を見つけられたら、それを具体的な便益との組み合わせで「アイデア」化し、一般顧客やほかのセグメントに拡大して再現することで、セグメント全体の上位への移行を促せる可能性が高いです。

その「アイデア」に再現性はあるか

「アイデア」の候補が複数見つかれば、具体的なコンセプト立案として、コンセプト受容性を見定めるための量的調査でのコンセプトテストをお勧めします。コンセプトとは、「独自性と便益（アイデア）」＋「価格と商品・サービス情報」を指します。顧客ピラミッドの各セグメントにおいて、このコンセプトに対する購買（使用）意向、独自性を感じるかを5段階評価で簡単にスクリーニングすれば、およその可能性はセグメントごとに見えてきます。

ただし注意点として、「アイデア」は端的に表現して、様々な機能や便益を詰め込まないことです。詰め込むと、調査上では高く評価されても、実際のマーケットではすべてを伝えきれず、好意的な反応が出ないというリスクが高いです。メインの媒体がテレビなら15秒で言える内容、店頭ポスターやバナーなどなら数秒見てわかる内容にすることが基本です。

また現実的な問題として、N1分析で初回購買やロイヤル顧客化のきっかけを見つけても、現時点で再現性がないこともあります。

例えば、10年前にカテゴリー初の商品として導入され、当時のセレブリティが使っていたので自分も使い始めて気に入ったから使い続けているが、今は類似品や競合品がたくさんある、といった場合です。使い続けているのは事実だけれど、そもそも購買のきっかけが当時のカテゴリーの新規性や流行に結びついていると、10年前と同じ訴求を新しい現代のセレブリティで展開しても、同じ結果は期待できません。

この判定には、同じロイヤル顧客の中でも長期の方と、最近に初回購買してロイヤル顧客化した人を調査設計の段階で抽出してN1分析を行うことで、突破口を探すことができます。

「アイデア」の再現性の確認後にある戦略変更

活用可能な「アイデア」が見つからず、次の投資ができない場合、選択肢としては同ブランドでの新規商品開発あるいは商品の改良があります。そうなれば、商品開発部や生産部門との連携や調整が必要であり、開発戦略として投資と人員の再配置が求められます。

もはや再現性も独自性もないのに、マーケティング部門だけで何とかしようと、これまでと同様の「コミュニケーションアイデア」(テレビCMのイメージのみ)で戦おうとしたりするケースがありますが、効果がない可能性が非常に大きいです。

「アイデア」の再現性の問題は、テレビCMのクリエイティブやデジタルで乗り越えられる課題ではありません。おそらく、代理店もクリエイティブディレクターも、この問題を理解した上でビジネスとして取り組んでいるだけだと思います。短絡的に動かず、顧客ピラミッド＋N1分析を基本に、効果の望める「プロダクトアイデア」と「コミュニケーションアイデア」の創出に取り組んでいただきたいです。

2-5 5W1Hのマーケティング戦略立案

マーケティングと他の要素との関係

どのようなビジネスでも顧客起点で分析すれば、マーケティング、商品開発、営業活動、企業内のすべての機能が補完的に関わってきます。あるブランドにとっては、商品開発が大きな機会として見えるはずですし、あるブランドにとっては扱い店舗数の拡大や、ＥＣ導入などの販路の拡大が必要になるかもしれません。結果として、流通との取引条件を変更する必要が出てくることもあるでしょう。

そのため、顧客ピラミッドの作成と、その顧客セグメントごとの管理は、全社で共有できるマクロなＫＰＩにもなり得ます。

目標と5つの基本戦略

マーケティングの責任は、ロイヤル顧客数および一般顧客数を拡大し、それぞれの単価と購買頻度を向上させて、掛け算としての売上を最大化し、費用対効果を高め、利益率を向上させていくことです。利益は5層のうちロイヤル顧客と一般顧客からしか上がっていないので、利益向上の構造を分解すると、次のようになります。ここでロイヤル顧客の購買頻度が上がればさらなるロイヤル化（スーパーロイヤル化）、同様に一般顧客の購買頻度が上がればロイヤル化したと捉えられます。

■ ロイヤル顧客数 × 単価 × 頻度の向上（スーパーロイヤル化）＝ロイヤル顧客層の売上（1）

（1）－費用＝利益

■ 一般顧客数 × 単価 × 頻度の向上（ロイヤル化）＝一般顧客層の売上（2）

（2）－費用＝利益

また、ロイヤル顧客数と一般顧客数への流入は、次のように表せます。

■ ロイヤル顧客数←一般顧客＋離反顧客＋認知・未購買顧客＋未認知顧客

■ 一般顧客数←離反顧客＋認知・未購買顧客＋未認知顧客＋ロイヤル顧客からのダウングレード

図2-11 顧客ピラミッドで考える5つの戦略

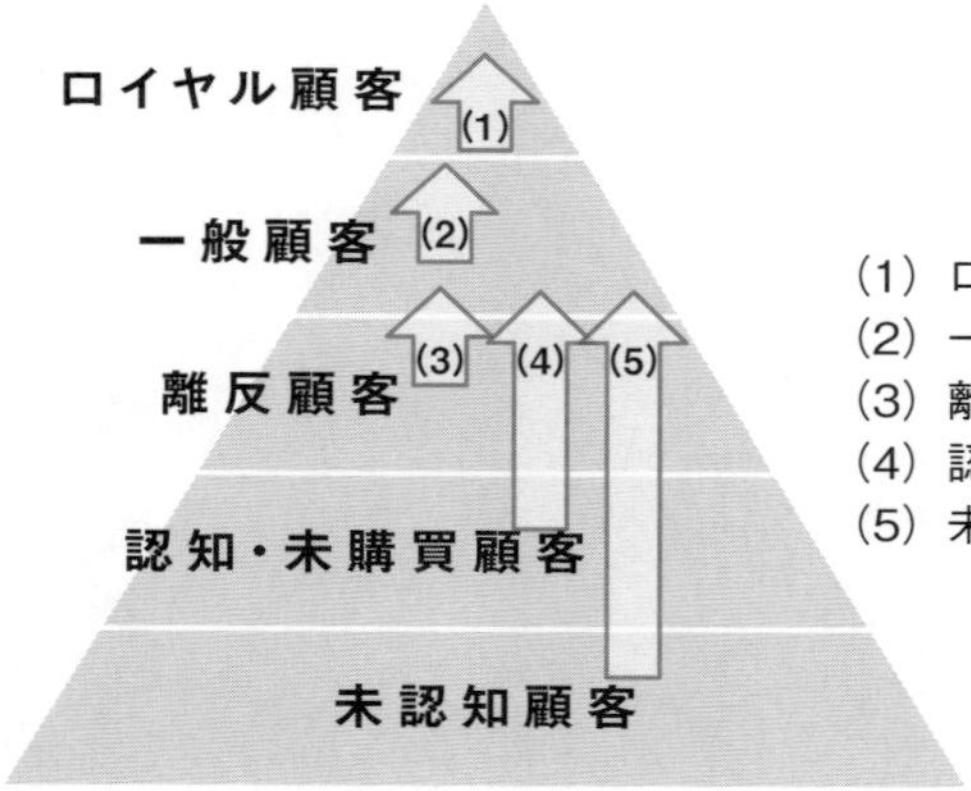

(1) ロイヤル顧客のスーパーロイヤル化
(2) 一般顧客のロイヤル化
(3) 離反顧客の復帰
(4) 認知・未購買顧客の顧客化
(5) 未認知顧客の顧客化

顧客ピラミッドで考える、戦略の選択肢は次の5つになります（図2－11）。

1 ロイヤル顧客のスーパーロイヤル化
2 一般顧客のロイヤル化
3 離反顧客の復帰
4 認知・未購買顧客の顧客化
5 未認知顧客の顧客化

上位への働きかけほどCRMを中心としたターゲット絞り込み、1対1のコミュニケーションが必要となり、下位ほどリーチが広いテレビなどのマス媒体を活用したコミュニケーションが有効になってきます。

デジタルメディアは、ターゲティング次第で、上位層にも下位層にも効果的に活用できますが、テレビCMほど短期間での広いリーチや訴求伝達力はまだありません。

5つの顧客セグメントのどこに注力すべきかは、競合環境、顧客特性、利益性などで異なります。一般的に、上位に投下するほど利益性が高まり安定するものの、同時にニッチ化を招き、規模拡大のスピードは見込めなくなることが多いです。CRMやロイヤルティプログラム偏重によって陥りがちなパターンです。

また、逆に下位層に向けてマスメディアでコミュニケーション投資をすれば、短期間での規模拡大は期待できますが、顧客獲得コストは高く利益を圧迫しがちです。しかし、このマスメディアでのマーケティング投資も、N1分析で大きく成功確率を上げることが可能です。

いずれにしても、ターゲットとする顧客セグメントと「アイデア」次第で選択肢は決まります。「デジタルか？　テレビか？」のような、ターゲット顧客不在のメディア手法の議論は無意味です。

各セグメントのマーケティング戦略からプラン企画へ

どの顧客層をターゲットとするかを決めれば、より具体的なマーケティングプランを5W1Hで企画します。マーケティングでは、P&Gの「WHO、WHAT、HOW」が有名ですが、顧客ピラミッドから組み立てると、さらに深い部分まで見通すことができます。「アイデア（独自性+便益）」=WHATが見えると、それが受け入れられるターゲット=WHO=N1も見えますし、行動データ、心理データ分析の中で、いつ（WHEN）、どこで（WHERE）、どのように（HOW）「アイデア」を届けるかも見えてきます。

繰り返しになりますが、N1の絞り込みを大胆に行いたいです。ここでN3、N10のグループインタビューになった時点で、それに基づくアイデアは弱くなります。逆に、N1設定で行うアイデア＝WHATの提案には、必ず多数の共感者が出てきます。N1起点のアイデアにどれくらいの人数の共感者が出るのかは、後にコンセプトテストで検証可能なので、恐れる必要はありません。ニッチなのではないか、特殊なのではないか、と不安になる場面こそが強い「アイデア」の手前にいると信じましょう。

N1のカスタマージャーニーを分析すると、具体的なコミュニケーション方法、情報接触ポイント、商品接触ポイント、購買接触ポイントが見えてきます。どういった状況で、どんなメッセージで訴えられたときに心が動いたのか、買おうという気持ちになったのか、ということです。これが具体的な顧客のWHEN、WHERE、HOWの設定に繋がり、さらにそこで購買意思決定を左右している心理の動き、そしてその心理を形成しているインサイトがWHYとして見えてきます。

例えばスマートニュースでは、認知度が50%を超えるまではテレビCMとオンラインメディアを主に使っていました。しかし50%を超え、新規顧客獲得数の鈍化が見えてきたとき、顧客ピラミッドの4層目にあたる「認知しているが非ダウンロード」の顧客のN1分析をしてみました。そこで、ニュースアプリの利用に保守的な地方や都心部郊外在住の方々が見えてきたので（WHOとWHERE）、その方々の利用を後押しする手段として新聞の折り込みチラシ広告や新聞広告を追加的に活用し（HOW）、新たな顧客を獲得しました。

図2-12 様々なマーケティング手法

オフライン	オンライン
・マス広告 ・イベント ・DM、ポスティング ・PR ・消費者プロモーション（サンプル、無料体験、クーポン、増量パック） ・プレミアム（懸賞、コンテスト、おまけつき製品） ・CRM、リピート推奨（ポイントプログラム、会員特典） ・小売店プロモーション（POP、店頭値引き、大量陳列、特別陳列、チラシ訴求、店頭デモ） ・流通業者へのトレードプロモーション（リベートやインセンティブ提供での店頭露出獲得）など	・リスティング ・ディスプレイ ・動画 ・ソーシャル ・アフィリエイト ・オウンドメディア ・SEO ・メルマガ ・コンテンツ ・PR ・消費者プロモーション ・CRM、リピート推奨（ポイントプログラム、会員特典） ・EC など

プラン策定の留意点
――「アイデア」を軸に企画する

5つの戦略を具体的なプランに落とし込むにあたって、留意すべき点を解説します。

マーケティングプランには様々な手法があります。オフラインだとマス広告をはじめ、イベントやDM、PR、各種販促などが主なものです。一方、オンライン（デジタル）分野では、手技手法が日々増加しています。バナー広告やリスティングをはじめ、昨今のスマートフォンの浸透によっても数えきれないほど拡大しています（図2－12）。オフラインに比べてターゲティング技術や効果計測が優れていますが、まだまだ短期間でのリーチではマス手法に及ばない事実は認識しておきたいです。

前述の5つの戦略に従って5W1Hを明確にして、マーケティングプランを選定しその企画をするわけですが、まず決めるべきは、そのプランを通じて、どんな「プロダクトアイデア」や「コミュニケーションアイデア」をターゲット顧客に伝えて体感していただくかということです。

目標は、その「アイデア（独自性＋便益）」の理解と実感を通じて、このブランドには代替物がないと確信していただき、中長期での継続購買確率を上げることです。単なる売上目的の手法としてマーケティングプランを企画すると、一過性の売上を実現するだけになります。顧客の心理や認知を変える「アイデア」がない手法では、短期の購買行動を変化させるだけです。プラン実行後に、顧客にどのような心理変化を起こすかを見据え、その結果として購買行動を向上させることを考える必要があります。

対象とするブランドやカテゴリーでセグメントごとの顧客特性は異なりますが、以下、各戦略についておよその傾向を整理します。

1 ロイヤル顧客のスーパーロイヤル化

まず重要な事実は、ロイヤル顧客であっても競合ブランドを併用している場合があることです。行動と心理の分析を通じて、競合や代替品との併用割合は理解しておきたいです。その上で、ブランドの購買頻度の向上、1回あたりの購買点数や購買額の向上促進プランが必要になります。一般的なプランとしては、追加購買へのインセンティブ提供、会員制度によるポイントプログラムでの継続購買促進がありますが、これらは実質的に貨幣価値のバリュー提案であり、中長期では「プロダクトアイデア」を毀損します。

目指したいのは、「プロダクトアイデア」を強化し、「継続使用で良い効果がある」「こうした理由があるから、競合ブランドではなくこのブランドが良い」「家族や友人と共用すると喜ばれる」など、明確な便益訴求をプランに組み込んで、ブランド需要自体を作り上げることです。

N1分析でロイヤル顧客の離脱理由を掘り下げて、その離脱率を下げることも、全体としてのスーパーロイヤル化を推進することに繋がります。

2 一般顧客のロイヤル化

一般顧客は、ロイヤル顧客に比べて競合商品を多く使っている場合が多いため、こちらのブランドを使った方が良い便益と理由を訴求し、体感していただく必要があります。

ロイヤル顧客に比べて、「プロダクトアイデア」の独自性の理解や共感が薄い場合は、その訴求や体験を強化します。また独自性は認識されながらも便益が弱ければ、その便益の優位性を理解し体感できる仕組みと訴求をプランに組み込みたいです。

競合ブランドの使用が少なく、単に、自社ブランドの使用が少ないだけであれば、1のスーパーロイヤル化と同様に需要自体を増加させる必要があるため、ブランドの使用頻度や使用場面を増加させる提案を考えます。

ロクシタンでは、自分用のブランド購買に加えて、ギフト向け購買という機会提案を「コミュニケーションアイデア」として実行し、初回購買者数を増やしましたが、同時にギフトの訴求は一般顧客のロイヤル化にも繋がりました。

3 離反顧客の復帰

ここでは「プロダクトアイデア」自体が評価されず、競合に移動している場合が多いですが、この場合は値引きのような一過性の販売促進に頼るのではなく、中長期でプロダクトそのものの強化や新商品開発を検討したいです。

もし、移動先の競合品が同じカテゴリーの競合ではなくデジタルの新サービスであれば、そのインパクトを早期に評価したいです。当面は、一部の顧客の移動かもしれませんが、中長期で自社ブランドのカテゴリー自体を置き換える破壊的イノベーションがもたらされる兆しかもしれません。紙の出版業や旅行代理店業など、多くのカテゴリーがデジタルに置き換わっていますが、初期の兆しは、この離反顧客のN1分析で発見することができます。

一方で、「コミュニケーションアイデア」が不適切で「プロダクトアイデア」自体が理解されておらず、離脱されている場合もあるので、これもN1分析でどちらに問題があるのかを見極めたいです。

また、いつも利用している店舗陳列から消えた、店舗露出が減って目立たなくなった、ライフスタイルや生活動線が変わって購買機会が減ったなど、物理的な購買機会の喪失が離反の理由になる場合も多いです。これは販売チャンネルの強化、営業強化、ＥＣ導入など購買機会の創出で対応したいです。

4 認知・未購買顧客の顧客化

認知していながら購買・使用経験がない理由は、まだ「プロダクトアイデア」の魅力を理解していないか、便益を感じながらも独自性を感じていないか、離反顧客にも見られるように購買意志があっても購買機会が不足している問題が挙げられます。

また、この層には新ブランドや新情報に対して保守的な傾向があり、「プロダクトアイデア」の独自性が先進的であればあるほど慎重になっていることがあります。そこで、世の中にどれだけ広く受け入れられ信頼されているかを示すため、売上実績や、セレブリティやロイヤル顧客からの推奨を「コミュニケーションアイデア」に組み込んで訴求することで、顧客化が進む可能性も高いです。

5 未認知顧客の顧客化

多くのブランドや商品では、この層か4の認知・未購買顧客層が最大です。この層の獲得コストは効率が悪くなりがちですが、中長期での成長のために、時間をかけて認知形成、顧客化、ロイヤル化に継続的に取り組みたいです。

単年度の売上を追いかけると、この層を切り捨てがちですが、既存顧客のロイヤル化を進めながらも一定レベルで継続的に新規顧客開拓しなければ、顧客の年齢層が上がり、中長期でジリ貧状態に陥ります。

この層に関しては、すでに認知獲得できた上位の4層とそもそも何が違うのかを見極めることから始めたいです。多くの場合、認知・未購買顧客以上に、新しいことに対して保守的で、メディア接触も限定的です。デジタルメディアとの接触が低く、ライフスタイルがオフライン中心で、テレビや新聞などのマス媒体や、日常的に訪れる特定の店頭やコミュニティでしか情報を取得しない場合が多いです。したがってこの層には、ひねりのある「コミュニケーションアイデア」ではなく、「プロダクトアイデア」の便益を明確にシンプルに、この層特有のメディアチャネルや販売機会で地道に伝えることが有効です。

マーケティング投資の実行
――「アイデア」のポテンシャル評価

顧客ピラミッドを活用し、5つの顧客セグメントにマーケティング戦略（5W1H）を設定できれば、マーケティングプランの策定を経て実行に移りたいですが、軸となる「アイデア」の正当化が必要になるかもしれません。実行に向けて、状況別に以下3つのパターンで実務を考えてみます。

1 「アイデア」の有効性を事前に証明する必要がある

突然、本書独自の概念である顧客ピラミッドやN1分析の話をしても、経営陣からサポートが得られないかもしれません。新しい施策に積極的な経営陣だとしても、投資前にその有効性の証明を求められることは多いと思います。その際に役立つ、事前のチェックと算段を紹介します。

基本的には、N1分析を元に作った複数の「アイデア（独自性+便益）」をコンセプトとしてテストしていきます。「コンセプト=プロダクトアイデア（もしくはコミュニケーションアイデア）+価格と商品情報」を明確化し、購買意向（使用意向）、独自性などを5段階評価で取ります。

図2-13　セグメントごとにコンセプトを評価する

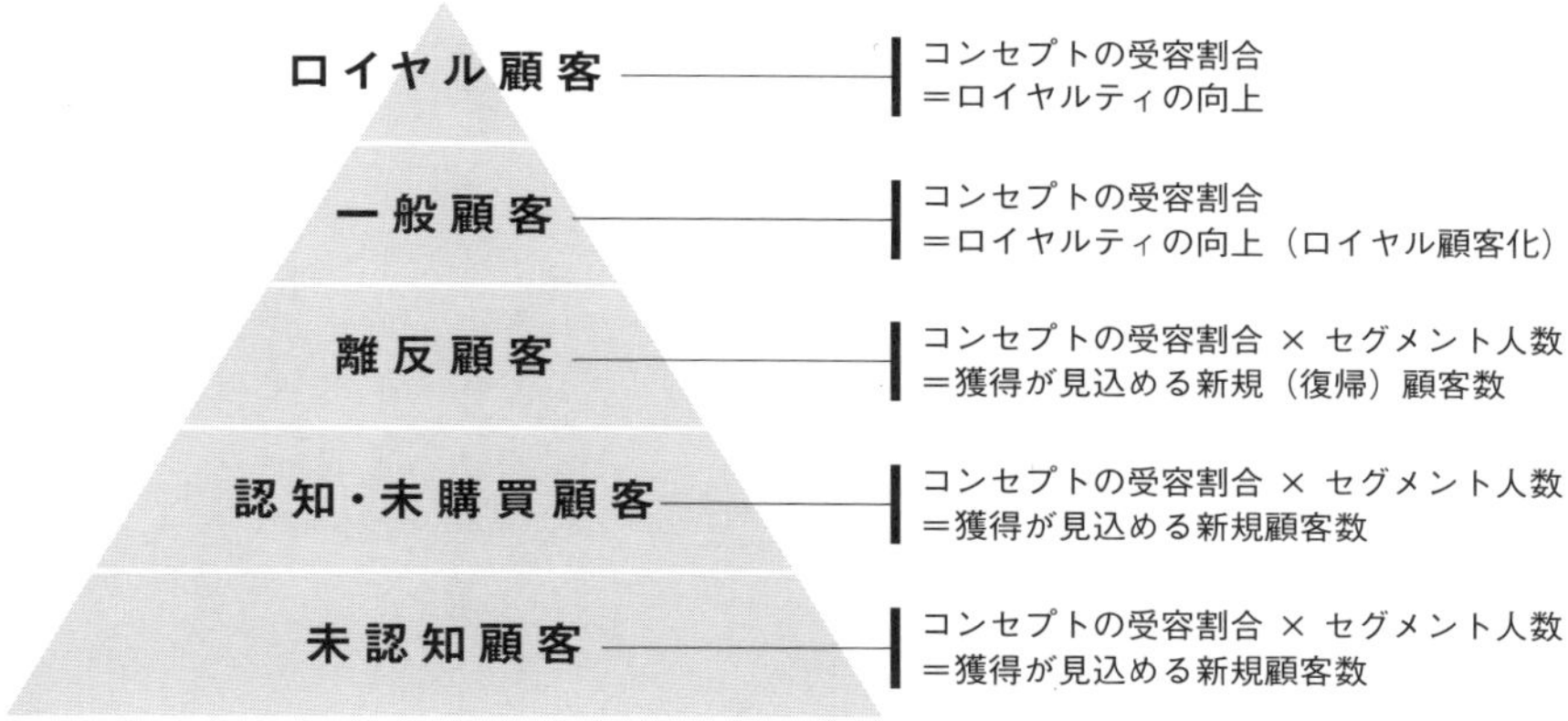

ベンチマークとして現行品のコンセプトを、新商品の場合は競合品のコンセプトを作成してテストし、比較します。既存の競合品であれば、すでにイメージが固定化しているブランドも多いので、コンセプトテストではブランド名は伏せた方がいい場合もあります。

このコンセプトテストは、顧客ピラミッドのセグメントごとに評価できるように、顧客ピラミッドの基本3質問（冒頭で紹介した「認知／購買／頻度」）の調査に加えてください。各セグメントがそれぞれのコンセプトにどのくらい反応したか、それぞれのセグメントで人数換算できるので、具体的なポテンシャルが算定できます（図2−13）。

ロイヤル顧客と一般顧客でのコンセプトの受容度が高ければ、それぞれのロイヤルティが高まる可能性を示唆し、残り3セグメント（離反、認知・未購買、未認知）の受容度は新規顧客獲得の可能性を示唆します。セグメントごとにコンセプトを評価するもの、新規獲得に貢献するもの、あるいは新規はそこまででなくても明らかにロイヤル化を促せるものなどの区別ができるので、マーケティング目的によって使い分けが可能です。当然、新規獲得目的ならばメッセージや伝達手段、体感してもらう方法も自ずと絞られますし、逆も然りです。顧客ピラミッドがないコンセプトテストでは、このロイヤルティ評価と新規獲得評価を分けて評価していない場合がほとんどで、新規獲得の可能性を過剰に見積もってしまうことがあります。逆に、ロイヤル層へのリスクを過小評価する場合もあります。コンセプト評価で、顧客の80％が評価したとしても、残りの20％にロイヤル顧客が多く含まれることもあるのです。必ず、顧客セグメント別に分解すべきです。

ポテンシャル算定で留意すべきは、それぞれのセグメントに対して、その「アイデア」をどれだけ広くリーチし、どれだけ早く、あるいはいつまでに伝えるかの認知形成のスピードをKPIに組み込むことです。マーケティングプランでテレビCMを使う場合の算定は、認知形成スピードも算定のベースが多いので比較的簡単ですが、デジタルや店舗を通じてのコミュニケーションは、接触数や接触までの時間を顧客の行動データから計算する必要があります。また、営業や代理店を通じて店舗に商品を展開するのであれば、その配荷スピードとカバレッジも時間軸で予測する必要があります。

ここまでできれば、策定した「アイデア」を特定の顧客層へ5W1Hを伴ったマーケティングプランを展開して獲得できる顧客数、売上と利益、またその達成に必要な期間とスピードをおよそ算段できます。

2 「アイデア」の有効性をテストマーケットする必要がある

この後、全国展開するのか、あるいは地域限定や販売ルートを限定（ECのみ、一部店舗のみなど）したテストマーケットをするかという選択肢もあります。テストマーケットをする場合、対象マーケット内での顧客ピラミッドの行動・心理データの変化を、テスト前後で評価できるように設計して、効果検証に活用します。

投資開始後は、投資レベルと対象ブランドの購買サイクルにより、顧客ピラミッドの変化を調べる頻度が決まります。購買サイクルが1カ月程度と早く、テレビCMなどのリーチの広いマスメディアを使う場合は、毎月の顧客調査を行って顧客ピラミッドの変化をトラッキングします。投資規模が大きければ、最低でも四半期ごとに顧客ピラミッドの変化を確認して、N1インタビューも継続しながら、「アイデア」に紐づくマーケティング戦略もしくはプランの強化改定を継続したいです。

重要なのは、実際の顧客の行動・心理データの分析、そして顧客を詳細に理解するN1分析を、セグメントごとに継続的に実行することです。

実際のところテストマーケットは、地域限定、店舗限定、EC限定などで試しても、厳密にその顧客層のみに限定しきれません。テスト対象以外の顧客にも商品が手に入る状態になり、大抵は全国100%展開する場合よりも10－30%は良い結果が出て、過大評価しがちです。テスト地域での顧客ピラミッドをトラッキングしていれば異変に気づけるので、こうした問題による過剰評価は避けられます。

3 「アイデア」を全国展開できる状態にある

幸運にも経営レベルでの合意やサポートが得られていれば、最速で戦略をプランに落とし込み、実行に移ります。ここでの目標は、実際のマーケットでのＰＤＣＡを通じて戦略やプランの精度を上げていくことです。

ただし、このようなアグレッシブな環境であっても、プランに関してＫＰＩ設定（顧客のリーチの大きさとスピード）は、1のケースのように、ラフであっても作っておきたいです。

ここまでで顧客ピラミッドのセグメントごとに行った行動・心理データ分析、Ｎ1分析を通じた「アイデア」策定ができていれば、新しい戦略でのコミュニケーションや施策からは、必ず成果が出ます。

競合分析と「オーバーラップ分析」

顧客ピラミッドを作成する際に、競合も調査対象に入れているので、同じ方法で競合ブランドの顧客ピラミッド作成が可能です。自社ブランドの顧客セグメント分解を行うと同時に、競合ブランドにも同様の分析を実行してください。

自社ブランドの顧客セグメント間のギャップ分析だけではなく、競合ブランドの各顧客セグメントとギャップ分析をすれば、自社ブランドの競合に対する強みと弱みが見えてきます。競合の弱みを見つけて先手を打つことも、競合が取り得る戦略や自社ブランドの弱みに対して防御を充備する

図2-14 オーバーラップ分析の概念図

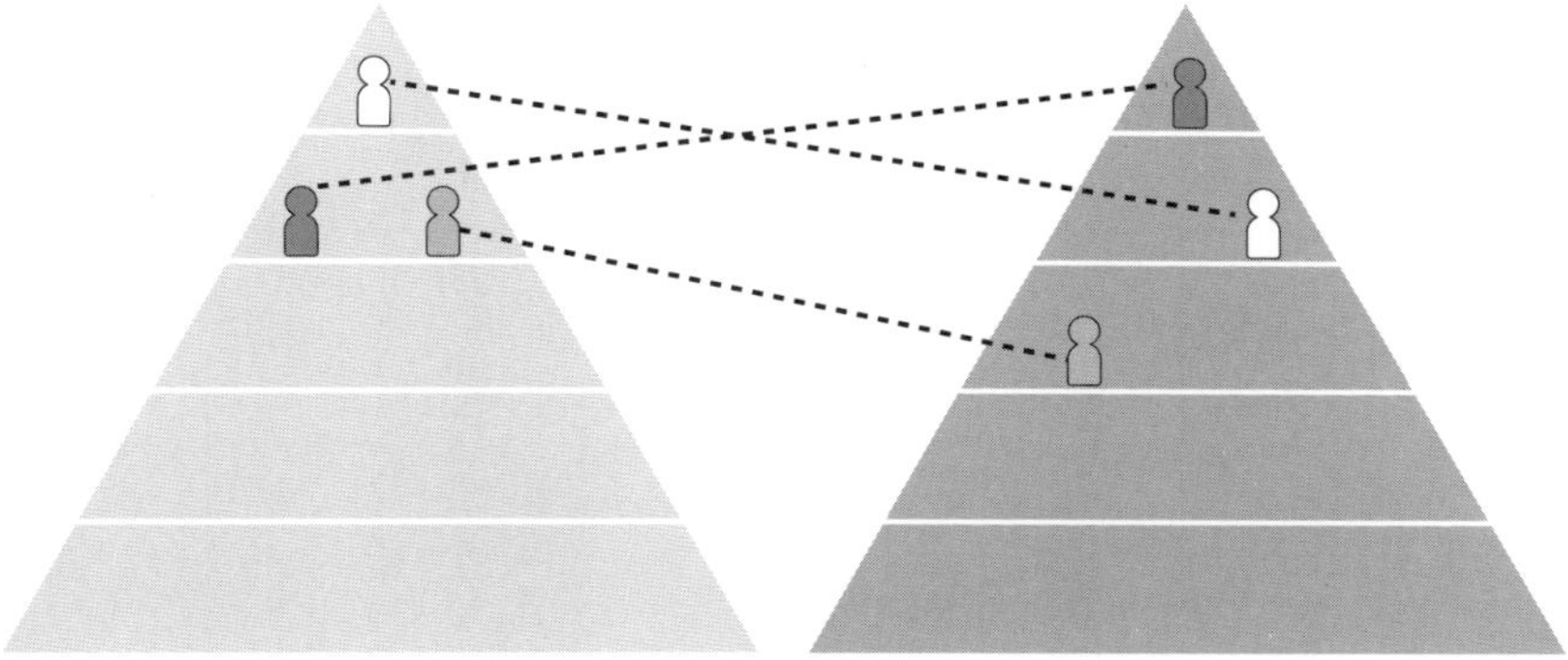

こともできます。

これをさらに進めて、顧客の重なりを可視化して分析することが可能です。これを「オーバーラップ分析」と称しています（図2－14）。実際には、自社ブランドと競合ブランドの顧客ピラミッドを人数ベースで掛け合わせ、マトリクス図を作成します（図2－15）。これにより、自社ブランド顧客が競合ブランドをどのように併用しているのか、競合のピラミッド上のどこにいるのかを把握できます。

例えば、自社ブランドの一般顧客で、競合ブランドAではロイヤル顧客というセグメントに注目すると、それぞれどのように使い分けているのか（行動）、なぜ使い分けているのか（心理）、各ブランドをどう認識しているのかをN1分析を含めて深く理解することで、競合がより選ばれている理由がつかめます。それを元に、競合からロイヤル顧客を奪うための「アイデア」、競合にロイヤル

図2-15 自社と競合のオーバーラップ分析の例

N=1000		競合ブランドA					
		合計	ロイヤル	一般	離反	認知・未使用	未認知
自社ブランド	合計	1000	30	50	20	200	700
	ロイヤル	50	3	5	2	10	30
	一般	100	5	10	5	10	70
	離反	50	2	5	3	10	30
	認知・未使用	300	5	10	5	60	220
	未認知	500	15	20	5	110	350

顧客を奪われないための「アイデア」を考え、戦略の選択肢にできます。

また、自社と競合ともに離反した層は、双方にとってこれから新規（復帰）顧客化が見込める層です。薄い灰色部分（5つのセグメント分）は、いずれかのブランドの使用体験はあるものの、現在どちらのブランドも使用していません。中間の灰色部分（3つのセグメント分）は、いずれかのブランドの認知はあるものの、どちらのブランドも使用経験がありません。濃い灰色部分は、両ブランドともに認知すらしていない層です。多くのブランドは、この層の掘り下げをしないままに、マーケティング投資をやめて、その成長ポテンシャルを放棄しています。

念頭に置きたいのは、顧客ピラミッドを使って自社がこれだけ競合の顧客の状況を把握できるということは、競合もまた自分たちの顧客の分析が同じように可能であり、戦略的に特定セグメントが狙われることが十分に起こり得ることです。どちらが先に、どちらが徹底して、顧客起点の分析をもとに「アイデア」を構築してマーケティング戦略を構築するかが勝負どころです。

オーバーラップ分析は、いずれのブランドも使っていない層を深堀りすることで、カテゴリー自体へのチャンスや新規事業開発の兆しをつかむこともできます。同時に、カテゴリー内には存在しない代替品が脅威として見える可能性もあります。

例えば、この20年でAmazonは既存の書店から顧客を奪っていきましたが、20年前に既存の大型書店同士でオーバーラップ分析を定期的に実行していれば、両方の書店のロイヤルもしくは一般層だった顧客が、徐々に離反層へ移動していることが見えたはずです。

音楽市場で、CDの大手小売店同士のオーバーラップ分析をしていれば、デジタルへ移行する層が見えたはずです。また、今ならいずれの店舗にとっても未認知顧客、つまり「CDを買わないからCDショップを知らない」層が大きく現れるはずです。

新規カテゴリー参入への活用

顧客ピラミッドは、新規カテゴリーへ参入する際の戦略構築にも活用できます。まず、これから参入しようとしている市場の複数の主要ブランドに関して、同様の調査を行ってそれぞれの顧客ピラミッドを作成します。そして主要ブランド同士でのオーバーラップ分析を行えば、主要ブランドがまだ獲得できていない顧客層が可視化、定量化できるので、その未開拓層に向けた「プロダクトアイデア」を開発することで、同質化に陥らない独自性のある新規参入の可能性を見出せます。

具体的には、先ほど自社ブランドと競合ブランドAについて作成したマトリクスを、主要ブランド同士で作成していきます。そして前述の薄い灰色から濃い灰色のセグメントに注目して、例えば両方とも認知しているのに購入したことがないのはなぜか、などを深堀りしていきます。その層に受容される「アイデア」を開発し、そのセグメントの市場における割合を加味することで、新規参入で獲得できる規模も算段できます。あるいは、ボリュームの大きいセグメントから優先的に深堀りしていくことも一つの手です。

BtoB事業での活用

また、顧客ピラミッドはＢｔｏＢで活用することも可能です。ＢｔｏＢ事業は顧客が絞られるため、ネット調査は行いませんが、考え方は同じです。

ＢｔｏＢの企業で、売上の加速を目的とした相談を受けた際の実例を紹介します。同社では顧客リストと取引データはしっかり管理されていました。仕分けとしては、❶現在の取引顧客、❷過去の取引顧客、❸将来的に可能性のある取引顧客（競合の顧客）で、年度ごとの売上や利益、担当者の名前やそれぞれの取引の詳細がファイル化されているのですが、それらがバラバラに保存されており、データとして分析できる状態ではありませんでした。経営陣が把握できるのは、❶❷❸の数と、それらを合算した年度の売上と利益でした。❶と❷と❸が、年度ごとにどのように変化し、また入れ替わっているのかは把握できていない状態でした。

手作業でしたが、これを過去8年の単位で、取引継続の継続性（3年以上）を基準にロイヤルと一般（通常取引）に分けて顧客ピラミッドを作りました。それぞれの顧客の行動（顧客の担当者、商談、コンペ、取引額）、その行動に至った理由（こちらからの商談内容、提案、入札価格、担当者）でセグメントごとに分析すると、成功パターンに繋がっている特定の営業担当者がわかり、その後のクライアントのコミュニケーション頻度と内容の特徴が浮かび上がってきました。

2－3年ごとに組織変更や人事異動をしているので、把握しにくかったのですが、社内で勝ちパターンを作っている優秀な営業担当者が継続的なクライアントを作っており、逆に、彼が離れた後に失っているクライアントもありました。彼個人は優秀な営業として現場でも認められていたのですが、重要なのは、その鍵となっていたのが彼のキャラクターではなく、彼の営業コミュニケーション頻度とその内容だとわかったことです。

経営レベルでは合算されてしまう売上と利益と経費と企業活動・マーケティング活動を、顧客起点で可視化することで、これまで見えなかったチャンスとリスクを戦略議論の対象にすることができました。

トラッキングの重要性

顧客ピラミッドの数値を定期的に更新すれば、顧客の変化を継続して把握できますし、社内の問題解決のスピードを上げることもできます。顧客ピラミッドに限らず、顧客ベース（ロイヤル、一般など各セグメントの%や人数を把握している状態）での売上トラッキングの仕組みがないままに、売上状況が悪くなった場合、その問題を認知してから、調査分析を経て新しい対策を打ち出すまでに、6カ月以上かかります。売上データの詳細分析に1カ月、問題の仮説作りと行動・心理データの調査設計に1カ月、調査実行と分析で2カ月、その結果の社内説明とコンセンサス作りに1カ月以上。調査分析などと並行して新しいマーケティング戦略策定とプラン企画を始めて、これが3カ月程度です。購買サイクルが早いカテゴリーであれば、6カ月はブランドの命運を左右する長さになります。

マーケティング、営業、開発の戦略とプラン実行と、顧客ピラミッドの変遷を時系列でトラッキングしていくことで、部門横断で、何が有効なのか、そうではないのかの知見を蓄積していくことができます。さらに、売上という結果指標にひもづく顧客理解が深まることで、真の顧客起点のマーケティング、そして経営が実現できます。

顧客ピラミッドとイノベーター理論の関係

最後に、顧客ピラミッドを別の角度から説明してみます。イノベーションの普及に関しては、新しい商品やサービスがどのように市場に浸透していくか、対象顧客を情報感度別に5つの層（イノベーター、アーリーアダプター、アーリーマジョリティ、レイトマジョリティ、ラガード）に分類する「イノベーター理論」が有名です。また、商品やサービスが一過性で終わらずに市場に普及するかどうかは、その普及率がイノベーターとアーリーアダプターの割合を足した16%に達するかどうかが一つの分岐点になる、と言われています。さらに、これを前提に提唱された「キャズム理論」では、アーリーアダプターとアーリーマジョリティの間には「キャズム」と呼ばれる深い溝が存在し、この16%を越える「キャズム越え」は容易ではない、とされています。

この理論は、マーケティング活動をする前に対象顧客を分類できないという理由から、あまりマーケティングの現場では活用できていませんでした。また、カテゴリー次第で5つの層の割合が変化するので、イノベーター理論はあくまで実際の結果から類推した理論です。しかし、顧客の心の動きを洞察する上で、非常に重要な考え方です。

顧客ピラミッドは、このイノベーター理論をマーケティングの現場に適用することも意図して考案しています。

イノベーター理論での、イノベーター、アーリーアダプターは、一般的に情報感度が高く、メディア接触も多いです。あらゆるカテゴリーにおいて、「プロダクトアイデア」(独自性+便益)が際立っていれば、この層は初期の購買層に最も多く含まれます。

一方で、アーリーマジョリティ、レイトマジョリティは情報感度が低く、メディア接触自体も少ないか、もしくは新しい情報理解のスピードが遅いです。同じ情報を何度も提供しないと理解してもらえないので、接触の頻度が必要です。また「アイデア」の独自性が際立っていると、むしろ理解が難しくなるので、コミュニケーションの内容をかなりシンプルにする必要があります。コミュ

図2-16　ブランド初期の顧客はイノベーターとアーリーアダプターに偏る

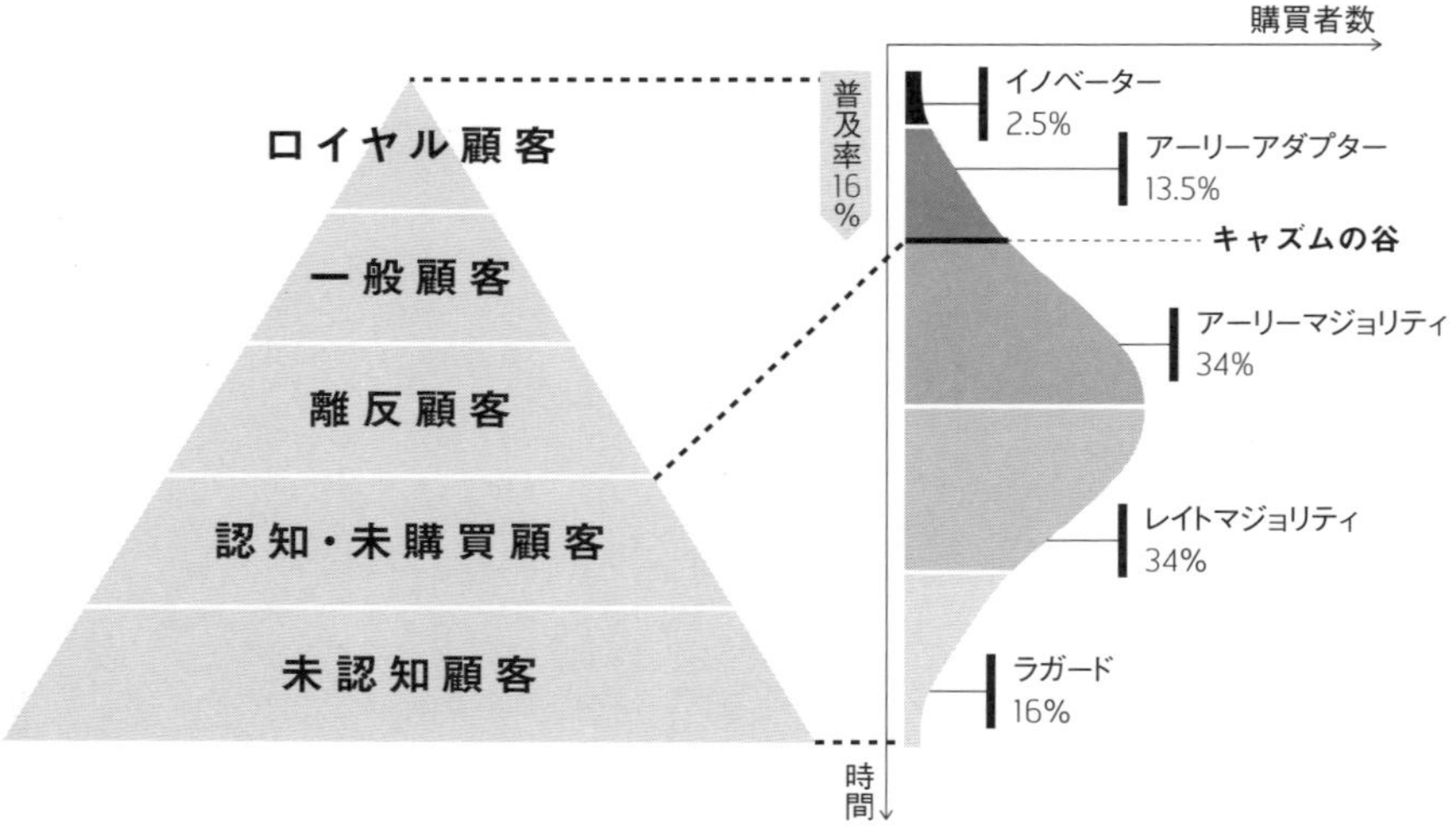

ニケーションが凝っていると、それ自体はエンタメとして楽しむものの、プロダクト自体の理解にまで至りません。また、その新規性に逆に抵抗感を覚えてしまい、周囲が使い始めるまで、主流感が出てくるまで動かない傾向もあります。

これを顧客ピラミッドで見ると、新しいブランド立ち上げ時の顧客は、新しいアイデアに反応するイノベーター、アーリーアダプターが多いのです（図2−16）。ただし、彼らの反応は競合に対しても同じなので、競合の新ブランドや代替品が登場すると、早期に離脱します。したがって、この層を多く抱えた早期の新ブランドは非常に不安定です。

ブランドの継続的な成長と安定には、マジョリティ層を取り込む必要があります。まさに前述の「キャズム超え」です。新ブランドの立ち上げ時はテレビCMを大量に投下しても、半年から2年ほどはマジョリティ層は顧客ピラミッドの認知・

未購買と未認知のセグメントに固まっています。

　このキャズムの壁が理論通り16％とすると、ブランド認知で見るとどうなるでしょうか？　単純な計算で考えると、ブランド認知から購買までの転換率（コンバージョン）を仮に高めの30％とすれば、対象マーケットの顧客数全体で16％の普及率を超えるには、ブランド認知度は16％／30％＝53％が必要になります。

　つまり、ラフな目安としては対象マーケットで50％以上のブランド認知を作らなければ、マジョリティ層までたどり着くことができず、不安定な状態が続くということです。

　新しい「プロダクトアイデア」を押し出して立ち上げた商品が、導入時は強く伸張したものの、2年目や3年目で消えることがよくあります。多くの場合、顧客ピラミッドがどのような特性の顧客で構成され、時系列でどう変化するかを理解していないために、キャズムを越える前に認知形成の投資をみずから止めてしまっているのです。

　特に新商品開発力のある企業ほど、毎年のように新商品を投入し、既存商品へのキャズム越えの投資を削って、新商品に投資シフトする傾向があります。小売りや営業も、この流れを後押しします。なぜなら、アイデアのある新商品へのイノベーターとアーリーアダプターの反応は非常に早いので、追加的な売上が急速に実現したように勘違いするからです。

　しかし多くの場合、昨年や一昨年の新商品から顧客が移動しただけで、マーケットは拡大していません。それが競合商品から奪う形であれば結果オーライですが、自社の過去の新商品から奪っている場合、会社としての顧客は増えていないので、中長期では売上は行き詰まります。

どのセグメントの顧客が移動しているのかを見通し、適切な投資の算段ができれば、新商品の一時的な加速に惑わされず、またその先にも伸びる余地があるブランドを早々に諦めてしまうことも避けられます。

【第2章のまとめ】

1 顧客ピラミッドを作成し、セグメントを特定した上でN1を抽出する

2 行動データと心理データから顧客化、ロイヤル顧客化の理由を見つける

3 セグメントごとに異なる戦略と具体的な5W1Hのマーケティングを立案

column
2

顧客ピラミッドの新商品開発への活用

ここまでの章で触れたように、強い「アイデア」を創出するには、具体的なN1の分析がとても大切です。〝顧客〟分析というと、すでに発売中で、現時点で購入している顧客が存在するブランドや商品にしか活かせないと思われがちですが、新ブランドや新商品開発にも十分に活用できます。N1の特定は、自分や周囲の誰かでもいいですし、対象マーケット全体や競合ブランドの顧客ピラミッドを作成して見出すことも可能です。

そのようにして開発してヒットし、定番化した新ブランドに、ロート製薬で2013年にローンチした「デ・オウ」があります。キャッチフレーズは「〝男のニオイ〟を徹底ケアするデオドラントボディケアブランド」で、薬用全身洗浄料（ボディシャンプー）と薬用全身化粧水の2アイテムを発売しました。プレスリリースには、「30－60代男性の約3人に2人が『自分のニオイを気にしている』」というファクトを添えましたが、これはあくまでPRのために実施したネット調査で、コンセプト自体は量的調査から導き出したものではなく、N1分析の中から生まれました。

発売からさかのぼること3年ほど前、ロート製薬では洗顔料を中心とする男性用化粧品ブランド「オキシー」を開発し、高評価を得て軌道に乗っていました。そこで次はボディシャンプー商材はどうかと、グローバルではすでに展開していた「メンソレータム メンン」ブランドの日本市場導入の話があったのですが、市場を見渡すと資生堂、マンダム、花王、カネボウが寡占していて動きのない状態で、そこに対して同ブランドの「プロダクトアイデア」（独自性と便益）が見出せなかったことから躊躇していました。

膠着した市場に切り込める新規性のあるコンセプトも思いつかず、自分自身でもボディシャンプーに強いこだわりがなかったので、まずは他の男性がどんな洗浄料をどのように使っているのか、銭湯やゴルフ場のお風呂場などで観察しました。そうすると、数は少ないのですが一定の割合で、毎日ゴシゴシと熱心に体をこすっている人がいました（夏休み中に連日、銭湯に通ってわかりました）。体を洗うというより、垢擦りに近い感じです。そしてそのほとんどが、ボディシャンプーではなく石けんを使っていたことに気づきました。

＊

よくゴルフに一緒に行く友人がいたので、N1インタビューをしてみました。聞くと彼も、汗をかいた日だけでなく、毎日熱心に洗っていました。その大きな理由は「自分のニオイを落としたい」というもので、「既存のボディシャンプーは男性用でも女性っぽいし、ぬるぬるして何かが残る感じがして、好きじゃない。石けんのすっきり感の方がいい」と言うのです。一方で、石けんは直接触れたりするのは不衛生だとも感じていて、石けんで洗うのに不満がないわけではない、ということもわかりました。

女性っぽいというのはイメージの問題かと思ったのですが、実際に市場の既存商品を見てみると、どれも女性向けの洗浄料の延長で、保湿を便益として打ち出していました。男性向けに香料は変更しているものの、保湿を重視するとしっとり感がべたつきにも感じられて、この「ニオイをなくしたいから毎日熱心に体を洗う」という層、つまり石けんのロイヤル使用者でありながら、ボディーシャンプーカテゴリー自体を認識しておらず、買って使ったこともない層にはフィットしていなかったのです。

ただ、この時点では私自身は100%共感できず、具体的なアイデアに落とせていませんでした。それがふとしたときにわかりました。震災の影響で節電が広がっていた2011年の暑い夏の日、汗をかきながらエレベーターに乗っていた際に、後ろにいた人が私のニオイを避けたようなそぶりを感じて、それで初めて「自分のニオイを消したい」気持ちを実感したのです。「いい香りにしたい」ではなく「消したい」でした。ニオイは化学的にも難しく、今あるニオイをごまかそうと香水などを重ねても、体臭と相まって複雑なニオイになって周囲に届いてしまうことがあります。石けんでゴシゴシと体を洗うゴルフ仲間の友人は、それも含めてイヤだったのだとわかりました。

エレベーターでの経験があったその日の夕方に、マーケティングの開発メンバーとブレストし、「いい香りをつけたいのではない、本当に〝デオドラント=体臭の除去〟をしたいのだ」「今は石けんが近いが、便利で衛生的なポンプ式のボディシャンプーのポジションは空いている」と話し、一気に開発のコンセプトが固まりました。ブレストに参加したのは男性マネージャーと男性担当者でしたが、3人とも強い共感があり、「デ・オウ」というネーミングもその場で決まりました。最初は既存マーケットの競合商品と同じ、保湿や香りの軸でしか考えられていなかったのが、ニオイをゼロにするというまったく違う軸が確立しました。この「アイデア」を開発部に相談したところ、医薬部外品レベルでの成分配合で実現できるとわかり、「プロダクトアイデア」＝便益「ニオイをゼロにする」＋独自性「医薬部外品のボディケア」が誕生したのです。

２０１３年2月にようやくローンチした際、パッケージには「根こそぎすっきり 男のニオイ徹底洗浄」と大きく打ち出しました。大事な「コミュニケーションアイデア」であるパッケージに「プロダクトアイデア」をストレートに打ち出し、新ブランドながら一気に顧客を獲得しました。薬用でニオイを消す点も、狙い通りこれまでにない独自性としてターゲット顧客の信頼を得られ、発売から半年で長年寡占状態の男性用全身洗浄料市場においてＮｏ．１になりました。目的意識を持ったＮ１分析からは、既存にないブランドや商品の「アイデア」のヒントが見つかります。量的調査だけでなく、Ｎ１分析を徹底してほしいです。

第3章

［応用編］

9セグマップ分析で販売促進とブランディングを両立する

販売促進に対して、ブランディングは戦略立案や効果検証が曖昧になりがちです。応用編では、「顧客ピラミッド」にブランド選好の軸を加えた「9セグマップ」の顧客分析を通して、販売促進とブランディングの両要素を統合し、より効果的なマーケティングを目指します。

3-1 顧客9セグマップの作成

「購買頻度」だけでは真のロイヤル顧客はわからない

購買頻度や購買額で定義しているロイヤル顧客層には、実は真のロイヤル顧客と言えない顧客が多く含まれています。自社ブランドだけを買っている人を〝真のロイヤル顧客〟とすると、自社の購買行動データだけでは検出できません。

自社ブランドのロイヤル顧客層対象に、次回のブランド購買意向の調査をすると、自社ブランドを選ばない顧客が存在することがわかります。ここで言うブランド選好とは、単なる好き嫌いやNPS（Net Promoter Score／他人に推薦したいか）ではなく、本人の次回購買意向です。競合する複数ブランド名と並べて、次回購入ブランドを選んでもらえば、自社ブランドのロイヤル顧客であっても、自社ブランドの購買意向が100％になることは、まずありません。

つまり、自社ブランドを大量に買ってくれているロイヤル顧客の心は、必ずしも〝次回もロイヤル〟ではないのです。基礎編でも触れましたが、どのようなカテゴリーにおいても、自社ブラン

図３－１　自社のロイヤル顧客が他社商品を買っていないとは限らない

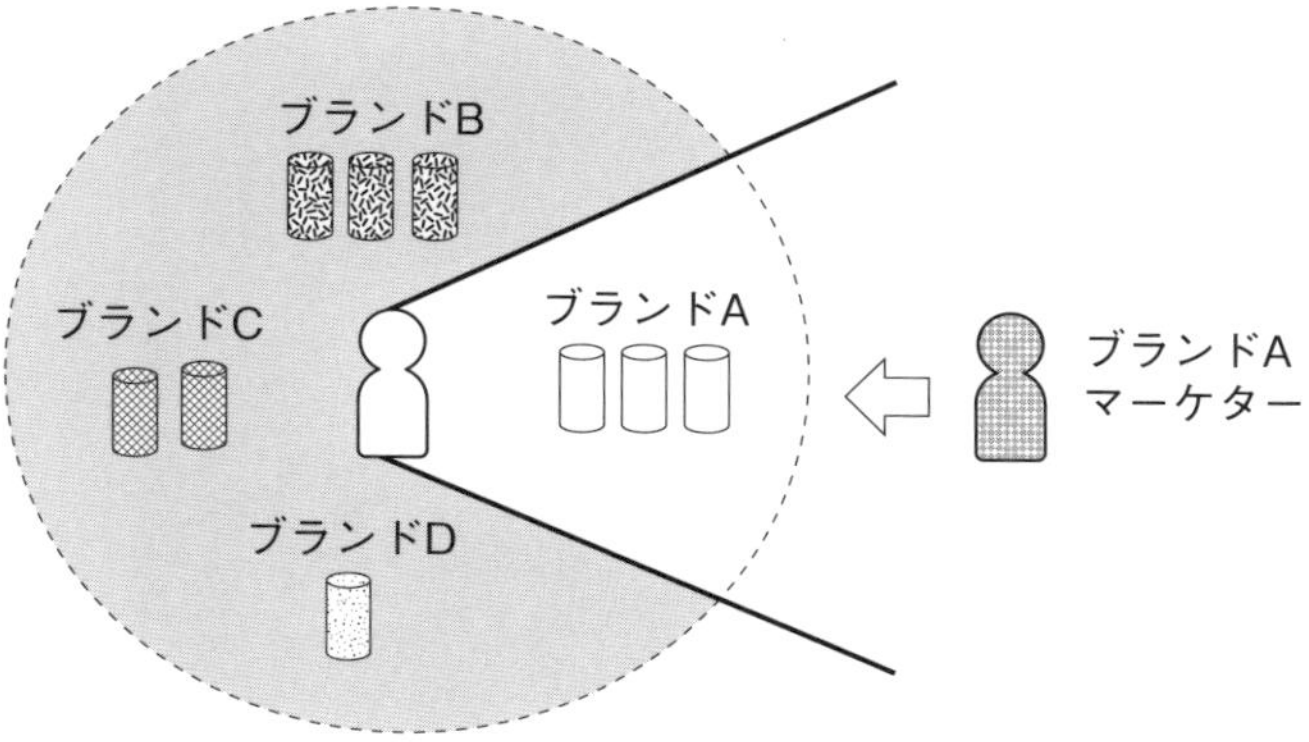

ドだけを買い続けている顧客はほとんどおらず、様々な競合ブランドも代替品も合わせてダイナミックに買い回りしているのが現実です。大量購入顧客の全員が、自社ブランドのロイヤル顧客とは言えないのです（図３－１）。

ロイヤルティの儚さを小売りで例えて考える

この状況を、小売店の例で考えてみます。自分の家の前にスーパーＡがあって、周囲には他のスーパーもコンビニもない場合、おそらく日常の買い物は、そのＡで１００％済ませると思います。それは、他に選択肢がないからです。その場合、スーパーＡから見れば、あなたはロイヤル顧客です。

ところが、少々歩かなければいけない２００メートル先に品揃えもサービスも良い最新のスーパーＢがオープンすると、どうなるでしょうか？

雨のときや時間のないときには、今まで通りスーパーAも使うかもしれませんが、Bでの買い物も増えます。つまり、スーパーAは単に物理的に近いから高頻度購買していたのであって、そもそも強い独自性と便益（プロダクトアイデア）があったわけではないのです。物理的に近いという独自性以外は、コモディティだったということです。

このことから、自社ブランドだけでなく、競合の「プロダクトアイデア」を理解し、その独自性と便益を顧客がどのように認識しているかも把握すべきだとわかります。一気に顧客を失う事態を防ぐために、自社ブランドの「プロダクトアイデア」を強化していく必要があります。

もしスーパーAに、強い独自性と便益があり（例えば、品揃えと価格に大きな問題はなく、店員の対応が丁寧で早いなど）、スーパーBに大きく劣るところがなければ、Bがオープンしても、Aへの購買行動は大きくは変わらないでしょう。徒歩圏に魅力的な選択肢が登場しても、「でもやっぱりAが良い」となるはずです。つまり、Aへの購買行動の裏側に、心理的なロイヤルティが存在しているということです。これこそが「ブランド」であり、高頻度購買自体は「ブランド」ではないのです。

積極的ロイヤルティと消極的ロイヤルティ

このように高頻度購買層の中には、高いブランド選好に裏づけられている「積極ロイヤル顧客」と、ブランド選好が弱い「消極ロイヤル顧客」が混在しています。（図3－2）。

それを踏まえて、現在の小売業界を考えてみると、同業界におけるAmazonを始めとしたECプ

図3-2 2種類のロイヤル顧客

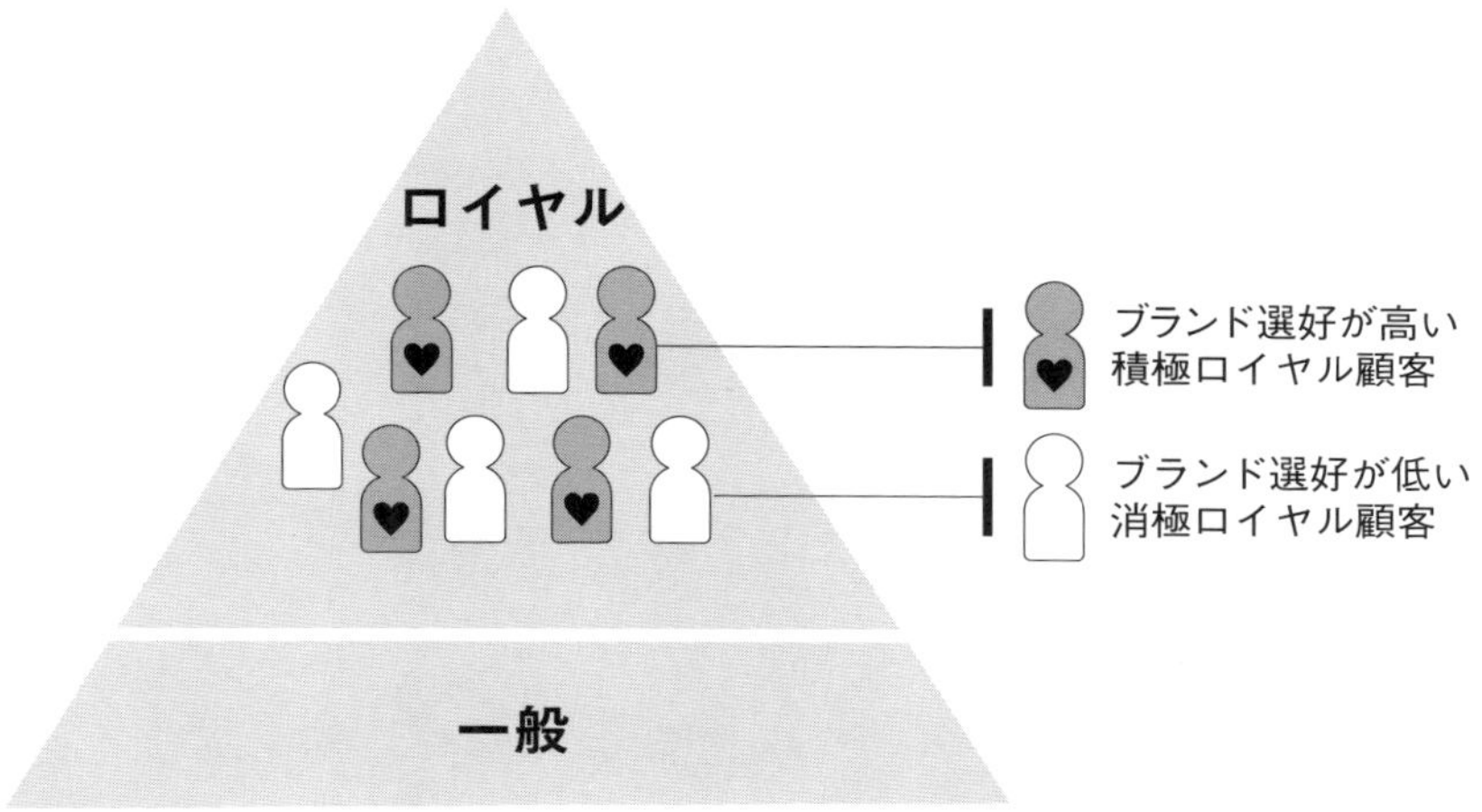

レーヤーの躍進は、物理的な店舗網を持つ小売業者の消極ロイヤル顧客を全世界レベルで奪っている、と読み解けます。EC登場以前を考えると当然なのですが、広い物理的店舗網を持つ小売業の多くは、顧客と店舗の物理的な距離の近さを強みに売上を拡大してきました。毎年の新規エリアへの出店や、人口や交通量の多い場所に集中して出店することで、高い売上伸張と顧客増を達成してきたわけですが、近さ自体は顧客に対する強い「プロダクトアイデア」にはなっていません。結果的に、ブランド選好が低い消極ロイヤル顧客をたくさん抱えていました。

小売業者同士が近さの競争を繰り広げる中で、その距離の概念を打ち砕いたのが、ECです。ブランド選好が低い消極ロイヤル顧客を、一気にAmazonほかのECプレーヤーが奪っていきました。

物理的な店舗網を持つ小売業がすべきことは、

まず積極ロイヤル顧客のブランド選好の理由、つまりその積極性を支える独自性と便益を見つけ出すことです。そして、ECプレーヤーが提供できない「プロダクトアイデア」(独自性+便益)を、消極ロイヤル顧客に向けて提供することです。これにより、消極ロイヤル顧客を積極化し、奪われにくくします。

Amazonは、「Amazon Go」として実店舗テストを始めています。その狙いは、店舗網を持つ小売業の消極ロイヤル顧客層だけでなく、積極ロイヤル顧客も奪うための「プロダクトアイデア」創出を、行動データと心理データ分析の積み上げで進めていると見るべきかと思います。

小売業だけでなく、異業種サービスが代替品になることで、ロイヤル顧客を失っていくことは日常茶飯事です。Uberなどのシェアリングサービスはタクシー業界を侵食しただけでなく、自家用車を所有するマーケットも侵食しています。Airbnbもホテルなどの宿泊業を侵食していますが、それだけで済むとは思えません。自宅を所有している人のうち、消極ロイヤル顧客の心理的な理由を想像すると、自宅所有という不動産需要自体を侵食していくと思います。

「買い続けている／使い続けている」という行動を左右する心理的原因を理解しないと、ロイヤル顧客の売上が減っても本質的な問題が理解できないまま、顧客を失い続けてしまうことになります。

図3-3 顧客ピラミッド（5セグマップ）と9セグマップの関係

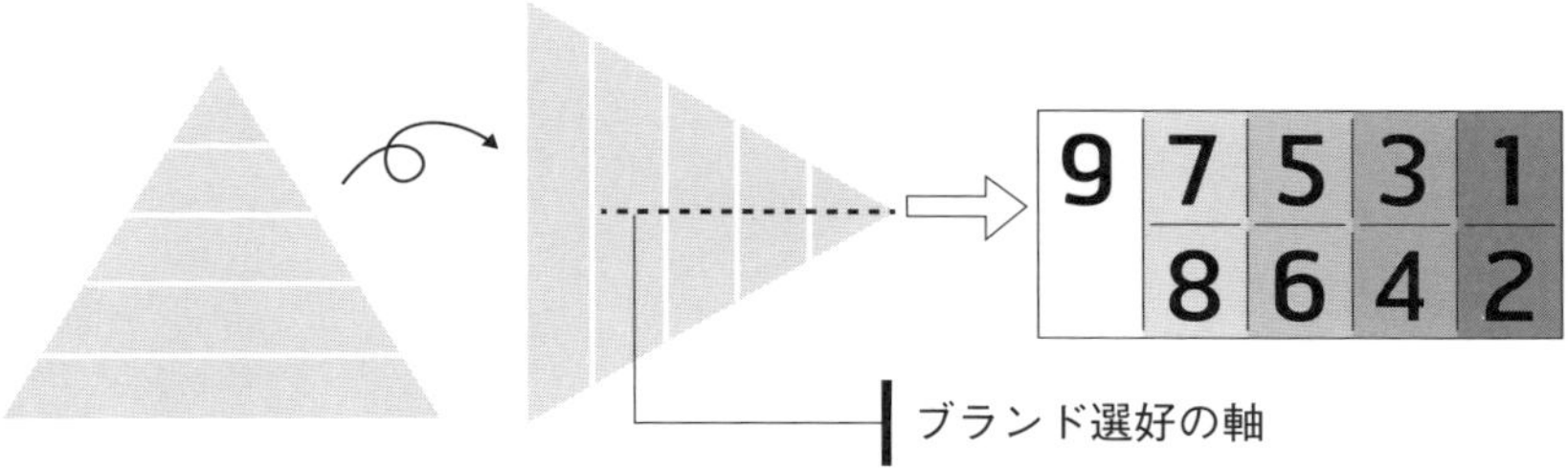

9セグマップの作成方法 ―ブランド選好の軸を加える

ロイヤル顧客層と同様に、一般顧客、離反顧客、認知・未購買顧客も、ブランド選好によって2つに区別できます。顧客ピラミッド（5セグマップ）で見てきたロイヤル顧客、一般顧客、離反顧客、認知・未購買顧客の4層を、ブランド選好の有無で8つに分類します。そこに未認知顧客を足して、9つになります。つまり9セグマップ分析は、基礎編での顧客ピラミッドを90度右に倒して、ブランド選好の軸を一本追加したものとなっています（図3－3）。

ここでのブランド選好とは、購入者本人の次回のブランド購入ないし使用意向です。具体的には、基礎編で使用した3つの質問項目（「認知／購買／頻度」）に、「当該カテゴリーにおいて、次回に購入／使用したいブランド（はどれか）」を加えれば、対象顧客を9つに分解できます。

1 そのブランドを知っているかどうか（認知）

2 これまでに買ったことがあるかどうか（購買）

3 どれくらいの頻度で購入しているか（毎日、毎月、3カ月に1回、最近は買っていない……などの購買頻度）

4 このカテゴリーにおいて、次も購入／使用したいブランドは、以下のうちどれか
［自社と競合ブランドを列記する］
※単なる「好き」や「嫌い」といった曖昧な評価ではなく、次回購入や使用の本人の「意志」とする

具体的には前述のように、競合ブランドを含めた選択肢から、次回の購買意向を単一回答か複数回答で取った自社ブランド選択の割合を、ブランド選好として活用します。この調査によって、顧客を次頁の9種類のセグメントに分類することができます。

1 **積極 ロイヤル顧客** ── 大量に購入（使用）し、かつ、ロイヤルティも高く、顧客として失うリスクは低い層。

2 **消極 ロイヤル顧客** ── 大量に購入（使用）しているが、ロイヤルティは低く、顧客として失うリスクは高い層。

3 **積極 一般顧客** ── 購入量は少ないがロイヤルティが高く、積極的ロイヤル顧客化する可能性が高い層。大量に購入していない理由としては、競合ブランドのロイヤル顧客である、販売網のリーチや店舗内露出が少なく手に入りにくい、その商品の便益には満足しているがロイヤルティに結びつくような、また、価格を合理的だと感じられるような独自性を理解していない、認知していない、など。その理由を見つけ出し、解決策を提案できれば、**1**に移行する可能性は高い。

4 **消極 一般顧客** ── 購入量は少なくロイヤルティも低く、離脱の可能性が高い一過性の顧客層。ほとんどの商品で顧客数が多いのは、この層。

5 **積極 離反顧客** ── ロイヤルティが高いが、何らかの理由で購入しなくなった層。競合ブランドや他のカテゴリーの代替品にスイッチした場合、また転居などで物理的に販売網のリーチから離れてしまった場合や、家族構成の変化や出産・子育てのようなライフスタイル変化などを機に発生。再度、顧客化することは比較的簡単。

6 **消極 離反顧客** ── 競合ブランドや他のカテゴリーの代替品にスイッチした場合、また需要自体がなくなったなど、現在購入しておらずロイヤルティも低い層。

7 **積極 認知・未購買顧客** ── 独自性とその便益の理解が薄い、また購入のきっかけがないために顧客化していない層。または、販売網リーチに入っていない、購入場面の認知がないなど。

8 **消極 認知・未購買顧客** ── 独自性と便益の理解が薄い、また、購入する強い理由ときっかけがない顧客層。

9 **未認知顧客** ── 商品名の認知もなく、購入までのハードルが最も高い層。ほとんどの商品やサービスにとって最大のセグメントであり、イノベーター理論で言うレイトマジョリティ、ラガードが大部分を占めるが、中長期の安定的成長を目指す上で開拓すべき層。

販売促進とブランディングを可視化する

9セグマップの横軸は、右から順に「ロイヤル（高頻度・高額購買）／一般／離反／認知・未購買／未認知」です。そして縦軸は、上がブランド選好あり、下がなしという分類になります。ここで9番目の未認知以外の奇数セグメントはロイヤルティが高く、偶数セグメントはロイヤルティが低いと言えます（図3－4）。これらの各セグメントについても顧客ピラミッド同様に、アンケート調査から導き出した割合を人口推計に掛け合わせることで、推定人数を算出できます。その数を時系列でトラッキングすれば、施策への投資効果を把握することが可能です。

図の大きな特徴は、「左から右への移行」が顧客数の増加・売上の増加に繋がる、いわゆる「販売促進」の効果と捉えられる点です。同時に「下段から上段への移行」が、これまで可視化できていなかった「ブランディング」（次回の購買意向・使用意向）の効果です。右上方向の移行は、購買意向が増して実際に購入したということなので、両方が叶ったことになります。

このフレームワークは、これまで統合的に見ることのできなかった、顧客拡大・売上拡大という販売促進的な変化と、顧客のロイヤルティ構築といったブランディング的な変化を同列で可視化・定量化し、統合的なマーケティング議論を可能にします。

販促効果は、購入した人数や額や頻度といった行動データを取ればいいので、効果測定が容易ですが、ブランディングに関してはその定義も計測指標も曖昧です。クリエイティブ領域が関与する

図3-4 「9セグマップ」の顧客分析

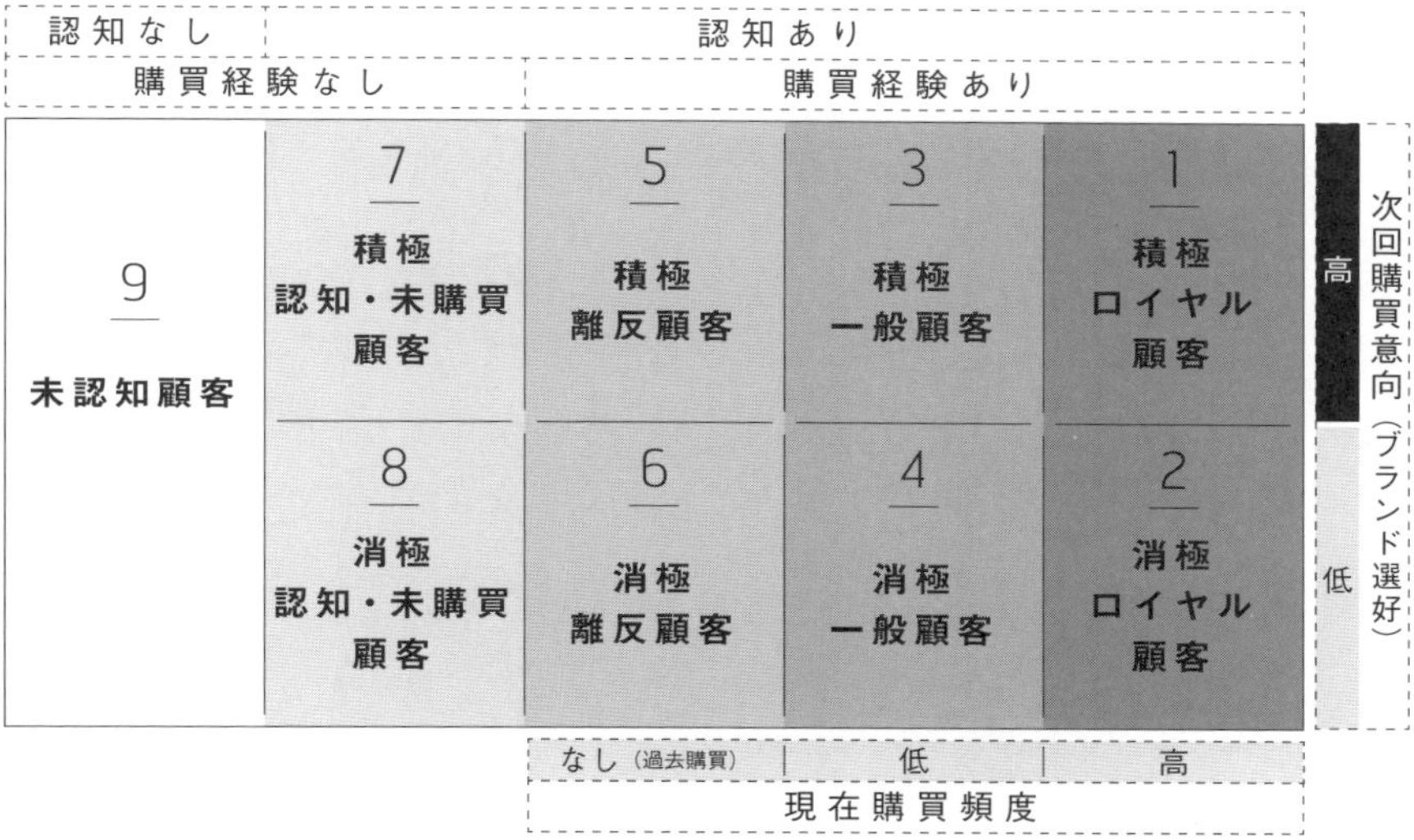

ことで、一般的に良くも悪くもアート的な扱いを受けることが多く、科学的に説明・分解できないのが当然とされ、〝聖域〟となっています。

　マーケティング業界内でも、コンバージョン（販促効果）対ブランディングの議論が長らく続いており、CMOやマーケティング担当者を悩ませるテーマでした。販売促進やデジタルマーケティングを主務とする層が、ブランディングは無駄な投資であると感じている一方で、テレビCMやデザインやPRを主務とする層は、ブランディングこそすべてであると感じており、「計測できないクリエイティブが重要である」という詭弁も聞かれます。「販売促進は一過性でしかない、短期思考である」との意見も、多く耳にしてきました。

　ですが、顧客ベースで見ると、このような二項対立はまったく意味を成しません。この9セグマップ分析では、セグメントごとのN1分析と戦略構築、ポテンシャル評価を行いながら、販売促進活動とブランディング構築への投資の統合的な議論が可能になります。「ブランディング」目的として半ば聖域化しているマーケティング投資効果を、9セグマップの動きで確認してください。もし、下から上への動きとして見えない、つまり、顧客の購買意向が高まらない投資だったとしたら、それは「ブランディング」目的として成立していません。是非、顧客視点での「ブランディング」の定量化を行っていただきたいです。

9つのセグメントはダイナミックに動く

顧客は、自社ブランドと競合や代替品の間を動き続けているので、自社の9セグマップの中身も大きく動いていると言えます。このダイナミズムを可視化して理解し、新しい「アイデア」で、購買行動だけでなく心理的なブランド選好を高め、顧客全体とロイヤル顧客層を拡大していくことがマーケティングです。

マーケティング投資を実行して、9セグマップ分解図における左から右への顧客増や売上増が見られ、下から上へのブランディングの向上が見られる際は気持ち良いものです。しかし時として、継続的なマーケティング投資を行っているにもかかわらず、逆の流れが見られるときがあります。売上が減ったり（右から左）、気持ちが離れたり（ブランド選好の低下／上から下）というマイナスの変化です。

9セグマップは当然、競合にも存在しています。そして自社ブランドの顧客は、その競合のセグメント内にも存在し、ダイナミックに動いています。基礎編で解説した「オーバーラップ分析」での競合ユーザーとの重なりが、9セグマップにしたときにも発生しています。

マーケターは、自社ブランドの投資には目を向けていてもあまり競合の動きは見えておらず、さらに顧客の目線で、どのような変化が起こっているかは見えていないことが多いです。一方でマーケットには日々、様々な新商品やサービスの提案、新しい訴求が無数に生まれており、顧客の選択肢は常に増えています。新しい「プロダクトアイデア」が顧客に認知され魅力的であれば、購入もロイヤルティも移動します。その「プロダクトアイデア」への満足度次第で顧客が戻ってくる場合もあれば、戻ってこない場合もありますし、併用になる場合もあります。

特に、9セグマップの偶数であるロイヤルティが薄い層は、競合や代替品へ流れる変化が速いです。また、奇数のロイヤルティが高い層であっても、購買頻度が落ちて、右から左へのシフトが起こります。この変化を定期的なトラッキングでいち早く捉え、行動と心理に関する追加調査とN1分析で何が代替と認知されたのかを把握し、その代替物と自社ブランドの分析を行って、次の一手としての「プロダクトアイデア」と「コミュニケーションアイデア」を創出していきたいです。

ちなみに、プロダクト導入の初期は、ロイヤル層にはイノベーターとアーリーアダプター層が多いことを基礎編で述べましたが、独自性のある競合品や代替品への彼らの反応は非常に速いです。新しい「アイデア」を感知するとすぐに行動します。その動きや評価をN1分析で追い続けていれば、事前のリスクに気づくことができます。

逆に、競合の9セグマップを分析対象にして、消極ロイヤル顧客をN1分析し、その消極性の理由になっているポイントを自社商品で解消すれば、その顧客層を一気に奪える可能性があります。

総じて、ブランド選好の変化は購買行動の先行指標となります。対象カテゴリーの購買サイクルや使用サイクルによって変わりますが、2－3カ月の購買サイクルの場合、ブランド選好が下落していけば、購買サイクルの2－3回程度にあたる3－6カ月で購買頻度と売上が下落します。ブランド選好の変化は、売上の先行指標として注意深くチェックする必要があります。

9セグマップでの戦略構築

基礎編と同様に、量的調査データを9つの顧客層で分解し、それぞれギャップ比較分析を行って仮説を作り、N1分析での仮説検証と深層心理の掘り下げを経て「アイデア」を創出します。顧客ピラミッドの5セグマップに比べて、9セグマップはブランド選好ありとなしで分解できるので、何がブランド選好に繋がるかを探ることができます。その後、創出した「アイデア」をコンセプト調査にかけて、9セグマップそれぞれの層がどれくらい好意的に反応したかを見ることで、販売促進的効果（左から右）とブランディング的効果（下から上へ）の検証が可能です（図3－5、6）。

右上方への動きが見えるのが理想的ですが（図3－7）、右下への動きが強く見えるのであれば、短期的な売上増で終わる可能性が高く、上方への移動（ロイヤルティ強化）をどのように行うかを検討しなければなりません。

基礎編で紹介したロクシタンでのケース（p77参照）ですと、「誰にでも喜ばれるギフト」とい

図3-5　代表的な3つの戦略―Ⅰ販売促進

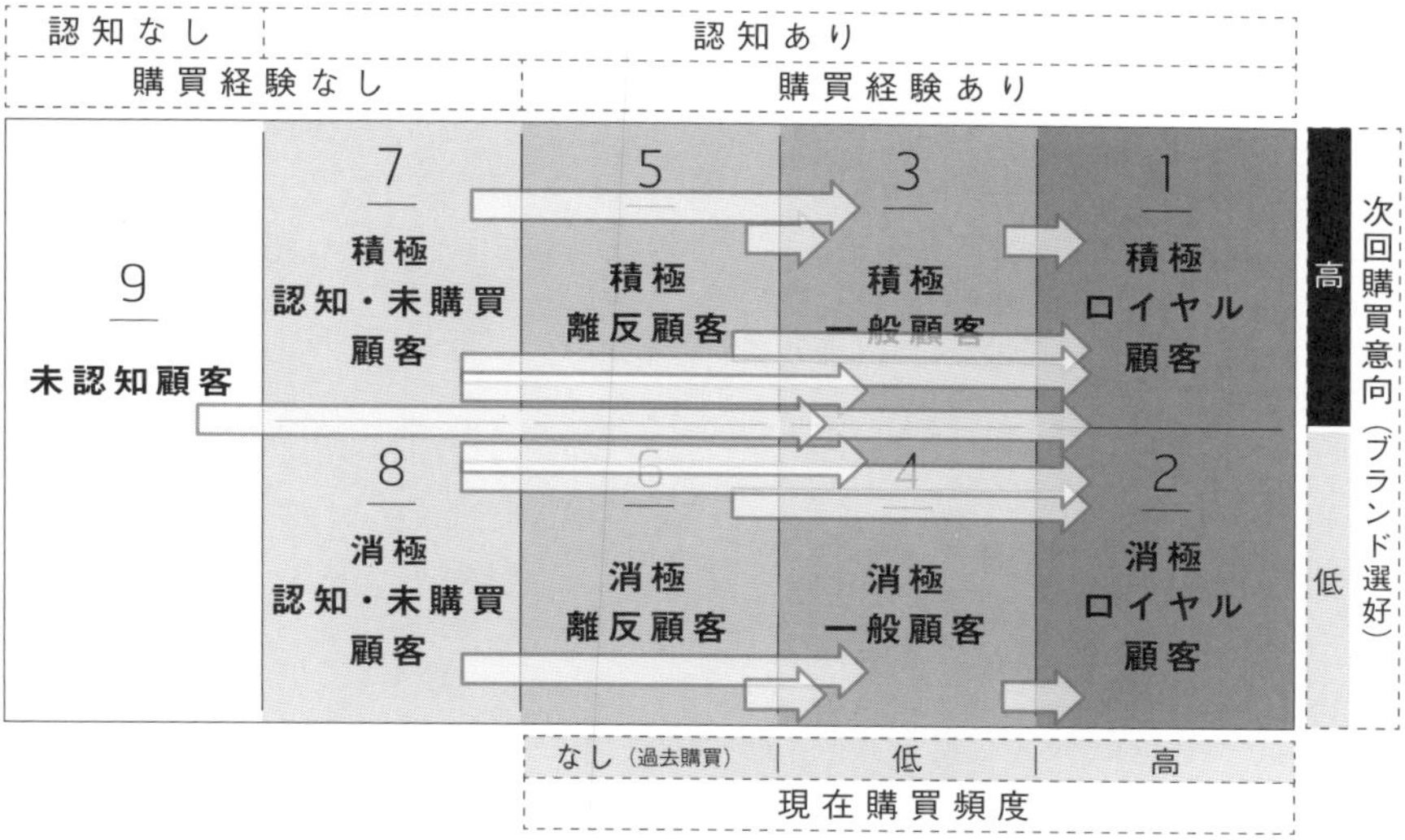

図3-6　代表的な3つの戦略―Ⅱブランディング

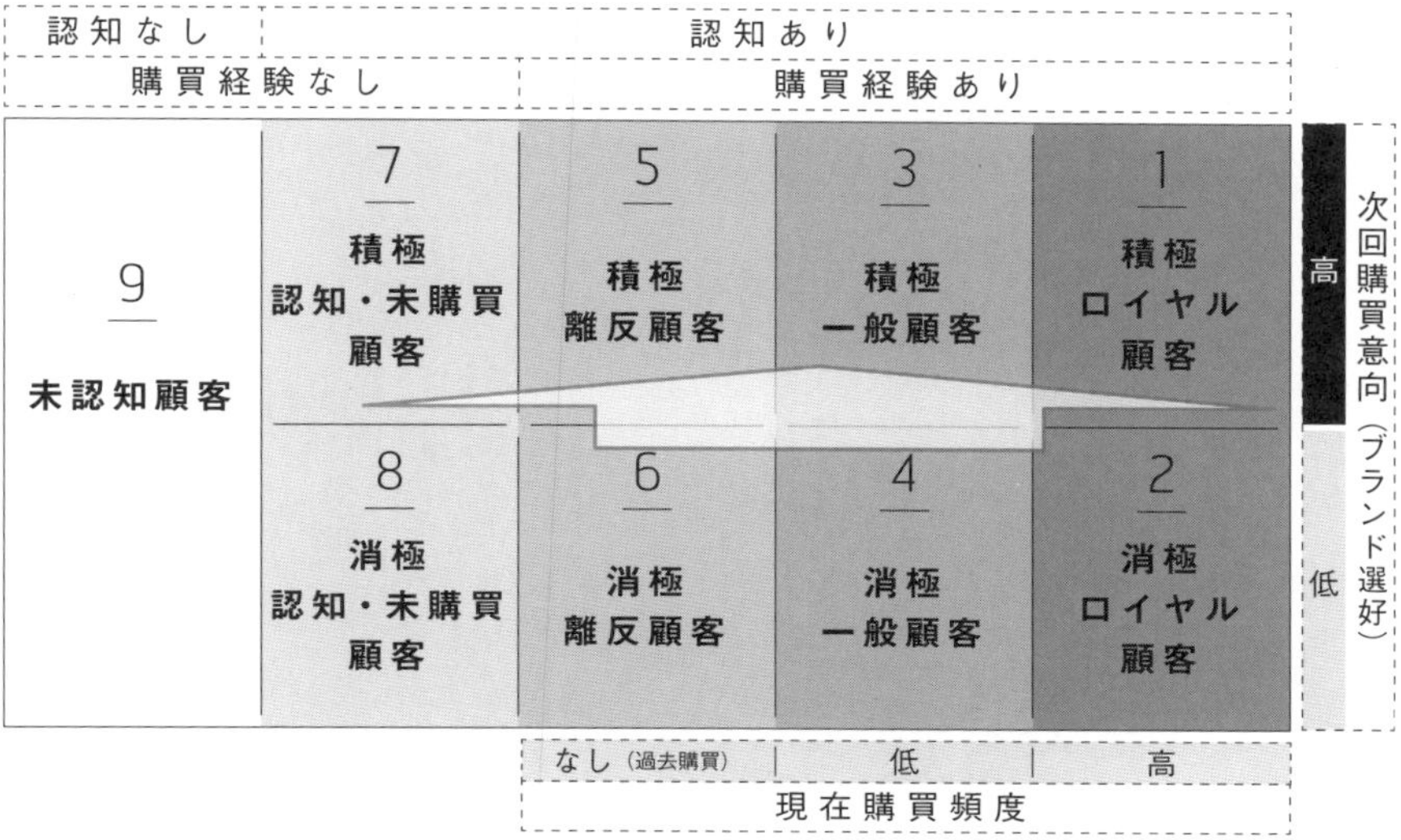

図3-7　代表的な3つの戦略 ―Ⅲ販促かつブランディング

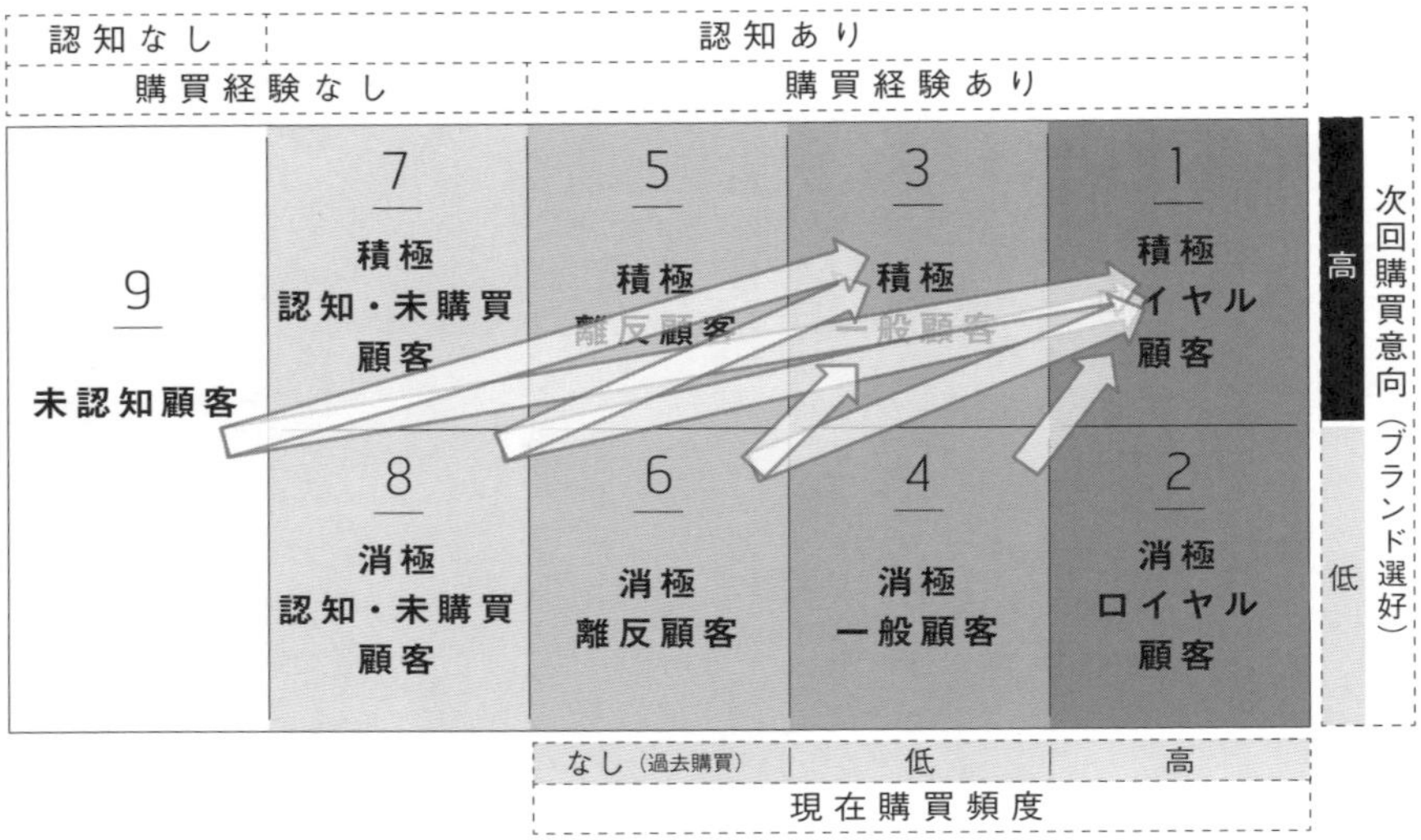

う「コミュニケーションアイデア」でギフト訴求を行って初回購入を促し、ロイヤル化の起点になる基礎スキンケア商品（＝「プロダクトアイデア」）のトライアルを徹底していた、と前述しました。これは9セグマップをベースに実施していて、店頭やECにギフト目的で来られた顧客に左から右へ移動（顧客増／売上増）してもらいつつ、基礎スキンケアに関するフォローメールやDMを組み合わせ、右上方への移動を実現していました。ギフト訴求だけで来られた顧客は、購入の理由が「贈り物にちょうど良い」ということなので、その時点でブランド選好（本人の次回の購買意向）は弱く、一過性になりかねないリスクが高いです。そのリスクが9セグマップ上で見えていたので、本人の購買意向を高めるのに効果的な基礎スキンケアの徹底推奨を組み合わせて展開していました。

スマートニュースでは、「クーポンチャンネル」という新チャンネルの「プロダクトアイデア」で左から右への顧客増と広告収入の売上増を達成していますが、これだけでは必要なときにクーポンを使うだけの、消極ロイヤル顧客と消極一般顧客が増加するだけになりかねないことは予見していました。一方で、スマートニュースのトップ面のニュース欄を体験する、または、自分好みのチャンネルを選ぶことができれば、高確率でロイヤル化（ブランド選好が高まる）することがわかっていたので、クーポンチャンネルの利用顧客にはトップ面を必ず経験してもらい、また自分好みのチャンネル選択ができるというコミュニケーションの強化で、下から上へのロイヤルティ強化に取り組んでいます。

販促活動的な施策は効果が出るのが早いので、左から右への移行は比較的容易に起こりますが、ロイヤルティ形成には時間がかかりますし、最も重要なのは「プロダクトアイデア」自体です。強い「コミニケーションアイデア」を開発して提供したからといって、次回購買意向が急激に上がることはまずありません。結果、どんなマーケティング投資においても、短期的には、ロイヤルティの低い下段層の増加が起こりがちですので、下段から上段へロイヤルティを高める「プロダクトアイデア」の強化とアップグレードを継続していく必要があります。

このような短期と中長期の販促効果とブランディング効果を計測するために、冒頭で触れた9セグマップ分析での顧客のトラッキングが有効です。もし効果がなければ、N1分析に戻って、新しい「アイデア」創出に取り組みたいです。これを継続的にPDCAしていくことで、顧客への理解は飛躍的に深まり、販促とブランディング目的それぞれの「アイデア」創出の精度とスピードは必ず高まっていきます。

見落としがちな代替品リスク

9セグマップを定期的にトラッキングすると、リスクを早期に検出し、防ぐことができます。そのリスクとは、基礎編のオーバーラップ分析でも触れましたが、これまで視野に入っていなかったカテゴリー外からの代替品の脅威です。

9セグマップの 2 消極ロイヤル顧客、4 消極一般顧客、6 消極離反顧客が、独自性を伴った便益を提供する競合や異業種の代替品の出現で、急に奪われる顧客層です。クレイトン・クリステンセンが提唱した、いわゆる〝破壊的イノベーション〟が自社商品に打撃を与えるのも、多くはこれらの層の流出から始まります。〝破壊的イノベーション〟となるような代替品は、登場時は認知が低く、ニッチであり、その侵食は売上や市場シェアのようなマクロ指標では見えにくいため、リスクに気づくのが遅くなるのです。

マクロ指標でこの影響が見えてきた際はすでにかなり手遅れで、解決策や対抗策を策定して実行するまで自社商品の顧客を奪われ続けることになります。この侵食の兆しは、各セグメントの顧客の購買行動の変化だけでなく、心理データ分析とN1分析を継続していれば見えてきます。N1分析で、これまで視野に入ってきていない、競合品や代替品の名前が出てきた際は要注意です。その時点で強みと弱みの分析を行い、その競合品の認知が上がってきた際に何が起こるかを予測し、対抗策を模索しなければなりません。N1分析の重要性はここにもあります。

もう一つロクシタンでの例を挙げると、ヘアケア商品も大きな売上を占めていたので、定期的に9セグマップの積極ロイヤルと消極ロイヤルのN1へのヒアリングを続けていたところ、ある時期から、消極ロイヤル顧客からEC専売のニッチな高級ヘアケア商品が代替品として出現し始めました。それまでは、小売店舗を構える競合だけを見ていたのですが、このEC専売の商品に関してヒアリングをすると「センスの良い人が選ぶ（知る人ぞ知る）自然派ヘアケア」というロクシタンの「プロダクトアイデア」に近い提案で顧客を奪い始めていることがわかりました。

この「プロダクトアイデア」は、ロクシタンの日本展開時から変えていませんでしたが、ブランドの認知は70％を超えており、すでにマス的なポジションになっていたので、〝知る人ぞ知る〟は成り立っておらず、そこを侵食されつつあったのです。結果、「プロダクトアイデア」としては「誰にでも喜ばれる定番の南フランスのヘアケア」として「定番感」に軸足を移して独自化し防戦しました。その後、ギフト提案とも絡めることで、この「定番」としての独自化は顧客増とブランド選好の下落食い止めに繋がりました。

貨幣的価値提供の販促活動

販促活動として値引きなどの貨幣的価値の訴求は即効性がありますが、本来の「プロダクトアイデア」とは異なる貨幣的価値を押し出した場合は、左から右への移動は早い一方で、下段層の人数自体が増えます。それが「プロダクトアイデア」を実感するものでなければ、次に繋がりません。

図3-8　貨幣的価値訴求戦略のリスク

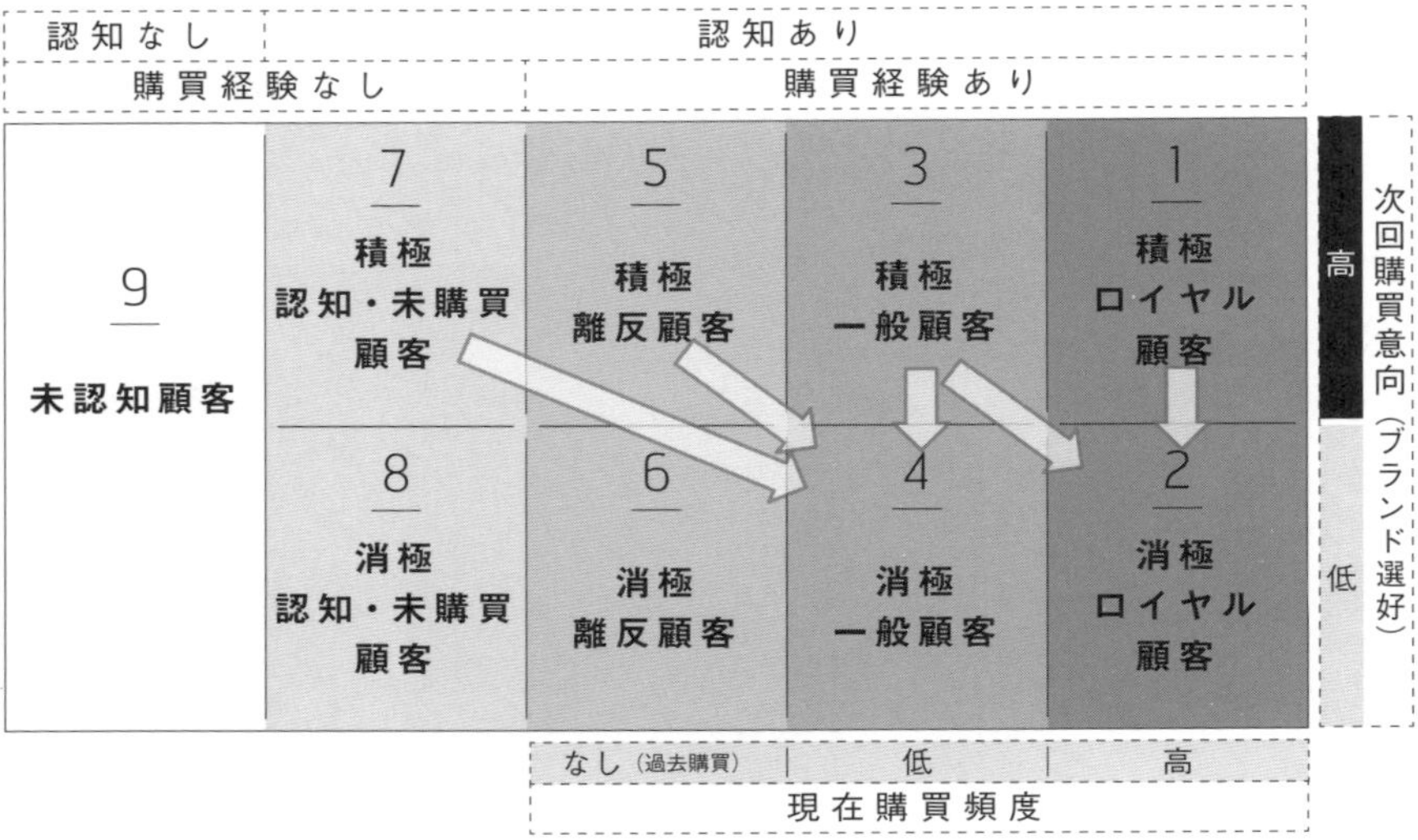

割引があるからと初めての飲食店を訪れても、おいしくなければ次回来店がないのと同じです。

　加えて、貨幣的価値を押し出す戦略は、これまで心理的に繋がっていた顧客にもいわゆる〝お得感〟を強調してしまい、ここまで築き上げたブランド価値＝「プロダクトアイデア」の価値を下げることがあります（図3－8）。典型的なのが、1の積極ロイヤル顧客に対してポイント制などのロイヤルティプログラムを打ち出したことで、いつの間にかポイント獲得が目的になってしまい、ブランド選好が失われることです。つまり、1から2への転落です。貨幣的価値の提供は、競合品が同じような施策を実行しているなら顧客の流出を防ぐバリアにはなりますが、もし新たな独自性や便益を提示されたらすぐに目移りされてしまうリスクがあります。

　こうした理由から、貨幣的価値を押し出す戦略はブランドマーケターが躊躇することがあります。しかし、「プロダクトアイデア」の強さや素晴らしさを深く理解し、実感してもらえる施策やコミュニケーションや体験を同時に設計することで、相乗効果も望めます。重要なのは、顧客を起点に、販促活動とブランディング活動を統合的なマーケティング戦略として作り上げることです。

また、7 8 の認知・未購買層は、多くの場合は購入や使用経験のある層よりも顧客数が多く、将来の成長の大きなチャンスが眠っています。ＥＣや小売では購買データでセグメント分析してマーケティングを展開していますが、ほとんどの場合、この層は見ていません。この層を視野に入れないと、自社商品の売上低迷が続いた場合、その商品の〝旬が過ぎた〟〝ポテンシャルの限界〟などの根拠ない主観によって投資を諦め、まだ育てる余地のあるべき商品を諦めることが往々にして起こりがちです。

このようなリスクやポテンシャルを見逃さないためにも、９セグマップのトラッキングとＮ１分析をベースに戦略決定をしたいです。

セグメントごとに変わる新規獲得コスト

なお新規顧客の獲得を狙う際には、認知の有無とブランド選好の有無によって獲得コストが大きく違ってきます。例えばデジタルマーケティングの顧客獲得コストをセグメントごとに比べると、認知・未購買層 7 8 を１００％とした場合、未認知層 9 では獲得コストが１６０－２２０％程度に上がります。また、ブランド選好のある離反層と認知・未購買層 5 7 に対して、ブランド選

図3-9 デジタルマーケティングのコスト効率

認知・未購買層 (7、8)	100
未認知層 (9)	160-220

ブランド選好あり 離反、認知・未購買層 (5、7)	100
ブランド選好なし 離反、認知・未購買層 (6、8)	200-300

好のない離反層と認知・未購買層 6 8 で比べると、獲得コストは２００－３００％にもなります（図３－９）。

ブランドや使用するクリエイティブによって差は出ますが、筆者のこれまでのビジネスにおいては、必ず、認知とブランド選好の構築がデジタルマーケティングの投資効率を大きく左右しています。認知とブランド選好もＫＰＩに含めて統合的にマーケティングを設計する理由はここにあります。

3-2 9セグマップ分析によるブランディングの議論

ブランディングの正しい議論 ——ブランド選好について

前項で、ブランディングは〝聖域〟とされていると記しました。本項からはさらに、マーケターがなかなか戦略的に展開してこられなかったブランディングを分解します。

ブランド選好について改めて解説すると、単純な「好きか嫌いか」の回答と「次回の購買（使用）意向」を混同している場合が多いですが、この2つは明確に異なります。

前述したスーパーのケースで考えると、家の目の前に昔からずっとあるスーパーには馴染みがあって、店員も良く知っており「好き」かもしれません。一見、ブランド選好があるように捉えられます。一方、200メートル先にできた先進的なスーパーは、馴染みもないので「好きでも嫌いでもない」かもしれませんが、「次回の購買意向」は寄せられている可能性が高いのです。

したがって、「好き／嫌い」で取れば自社に軍配が上がっても、潜在的に新規スーパーに関心が移っており、徐々に具体的な来店・購入という行動に繋がるその予兆を捉えることはできません。

ここを混同すると、「うちの顧客様は当社ブランドを非常に好んでくれているが、なぜか全体の売上は減っている。その理由がわからない」といった状況に陥ります。ビジネスである限り、ブランドにとって単に「好かれる」ことが、「次回も購入する」という意志よりも優先すべきことだとは思えません。

また、テレビＣＭが好評なのにビジネスの手応えがないというブランドは、「プロダクトアイデア」と「コミュニケーションアイデア」を混同しています。話題のＣＭとしてメディアに取り上げられ、広告ランキング上位にも入るのですが、ブランドが伸びている実感がなく、実際に数字も動かないケースです。その原因を経営陣に問われて、テレビＣＭを担当しているマーケティング担当者や広告代理店は、広告ランキングの高さやＳＮＳでの評判を盾にして「ブランディングには効いています」「バズっています」と答えるのですが、残念ながら、まったく意味がありません。広告自体が人気なだけです。

プロダクトの便益に結びつかない広告は、広告自体の好感度は上げるものの、その商品を買いたいかどうかという態度変容を起こすことが難しいのです。それはマーケティングコストをかけて顧客から広告の好評を得たわけで、ブランディングではありません。

広告効果を見誤る調査上の問題もあります。テレビＣＭ後に調査をすると実際に「そのブランドが好き」という割合が増加しており、「ブランディング」に効いている、と判断される場合も多いのですが、実は調査上では、顧客はテレビＣＭへの評価と商品やサービスへの評価を分けることができないのです。テレビＣＭへの好意度が、調査上ではブランドへの好意度としてのスコアになっているだけの場合が大半です。そのため、ブランド自体の選好を広告への選好の向上と見誤らないように、次回の商品の購買意向を取ることが重要になります。

実際に、過去のCMランキング上位商品や広告賞を受賞した商品に関して、その後の決算報告やシェアを見ると、苦戦しているブランドがかなりあります。CMランキング上位の半分以上が、CMは評価されているが、ブランドへの購買意向を高めることには寄与していないと見ています。

イメージとしてのブランディング

「ブランド」を大切にする企業では、イメージ属性の増減をブランディング指標として活用しているケースも多いと思います。そのブランドやカテゴリーの機能や便益、また擬人的なイメージ属性（信頼できる、革新的、技術力のある、おしゃれな、センスの良い、上質な、高級な、友達のような……）などです。この計測は、さらなるN1分析を経て新しい「アイデア」を創出する際の参考指標としては役立ちますが、これらのイメージスコアが上がることと購買意向には、相関関係がない場合が多いです。

例えば、どのブランドも欲する「革新的」「高品質」などのイメージで高いスコアを獲得しても、それらは購買意向を左右する原因でない場合が多いです。テレビCMなどのコミュニケーションで「革新的」「高品質」を押し出せば、調査上でのイメージスコアは上がりますが、具体的に顧客にとっての便益と結びついていなければ、購買意向は上がらず、実際購入しません。現在使用しているスマホに満足している人に、新商品Aが「革新的」「高品質」なイメージを打ち出して、そのイメージを高く獲得しても、何も起こりません。重要なのは、「プロダクトアイデア（独自性と便益）」です。このようなイメージ属性との購買意向の相関分析を行い、どのイメージ属性が購買意向を左右するのかを見極めて、打ち出すべきブランドイメージ指標を選択したいです。

この購買意向を左右するイメージ属性も、顧客セグメントごとに異なる場合が多いので、ロイヤル、一般、離反と認知・未購買まで一緒くたにしてイメージ評価を行うのではなく、セグメントごとに、相関分析を行っていただきたいです。おそらく購買意向に対しては、まず「プロダクトアイデア」に関連する便益と、独自性のある商品機能イメージとの相関が強く出ます。例えば化粧品なら、保湿という便益に対して「独自の成分A」「独自の処方B」など、便益を裏付ける独自の機能イメージが挙げられます。

注意が必要なのは、イメージ属性の高さは購入のきっかけではなく、すでに商品に対してロイヤルティも次回の購買意向も高い上での結果指標かもしれないことです。その場合、積極ロイヤル顧客が評価しているイメージを拡大訴求しても、他のセグメントにいる顧客の購買行動やブランド選好を高めることに繋がらない場合があります。他のセグメントに対しても購買意向を喚起するイメージなのか、それともロイヤル化した上での結果指標なのかも見極める必要があります。

特にロイヤルティが強い顧客は、その商品のイメージ属性のすべてに高スコアをつけるので、ロイヤルティを上げる、また購買意向を上げるためのきっかけがすぐにわかるわけではありません。セグメントごとの比較分析と、N1カスタマージャーニーの理解を通じて、多様な要素の主従関係、原因と結果を見極めることが重要です。

イメージとしてのブランディングが効果的なケース

ブランドイメージに関して、アパレル、コスメ、ライフスタイル系のラグジュアリーブランド企業では、強いこだわりを持たれることがあります。中には、イメージとしてのブランディングを戦略的に行って効果を得られるケースもあります。

それは、特定のブランドイメージ属性が購買意向に繋がっているロイヤル顧客がいる一方で、そのロイヤル顧客の存在自体が購入のきっかけになる顧客層が多く存在している場合です。一部の熱狂的なロイヤル層が支持するからこそ、その人たちをフォローして、多数の一般顧客が購入するというビジネスモデルです。

その場合、ロイヤル顧客層に対しての特定のイメージ属性（革新的、センスの良い、高級な、など）の向上を最重要としながら、彼らの支持や熱量を「アイデア」として他の顧客セグメントの購買意向の喚起に活用するといったことがマーケティング戦略になります（図3－10）。少数のロイヤル層にとってのイメージ属性の強化と購買意向の向上自体が、多くの一般顧客の購買意向を左右するので、ターゲット顧客全体に同じブランドイメージや訴求を行えばいいわけでなく、何に影響を受けるのかを見極めた上でセグメントごとに異なるマーケティング戦略を実行する必要があります。インフルエンサーマーケティングもこの一種ですが、芸能人やセレブリティ層など、特定のロイヤル層に大きな影響を受けるフォロワー顧客が多数存在するようなラグジュアリー系ビジネスなどに有効です。

図3-10　イメージとしてのブランディングが有効な場合

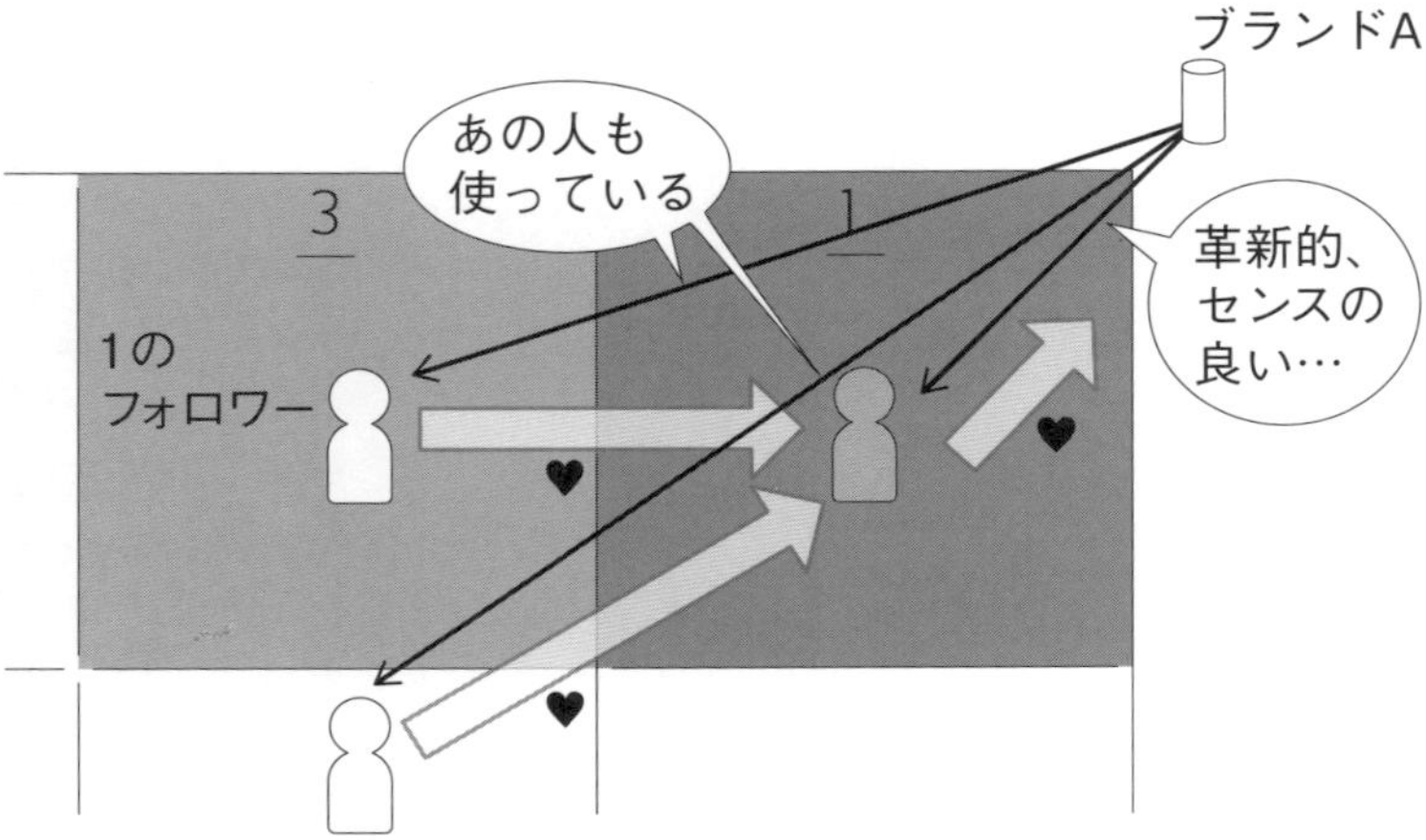

逆に言えば、そのような心理的メカニズムの働かないカテゴリーでインフルエンサーマーケティングを展開しても、まったく効果はありません。モデルが突然、安価な食品・飲料などの消費財を褒めたところで、その商品の購入のきっかけが「セレブリティの間で流行っていること」でない限り、期待通りにはならないでしょう。

消極ロイヤル顧客のリスク

より一般的な商材の例として、大手携帯キャリアのブランディングを考えてみます。第1章で、ソフトバンクの素晴らしい「コミュニケーションアイデア」と「プロダクトアイデア」の活用を紹介しましたが、現在は携帯キャリア市場自体がコモディティ化したカテゴリーとなっています。各社ともに端末販売の複数年縛りの販売を行っていますが、複数年間の継続使用を前提にした価格の

図3-11 MVNOのシェア獲得

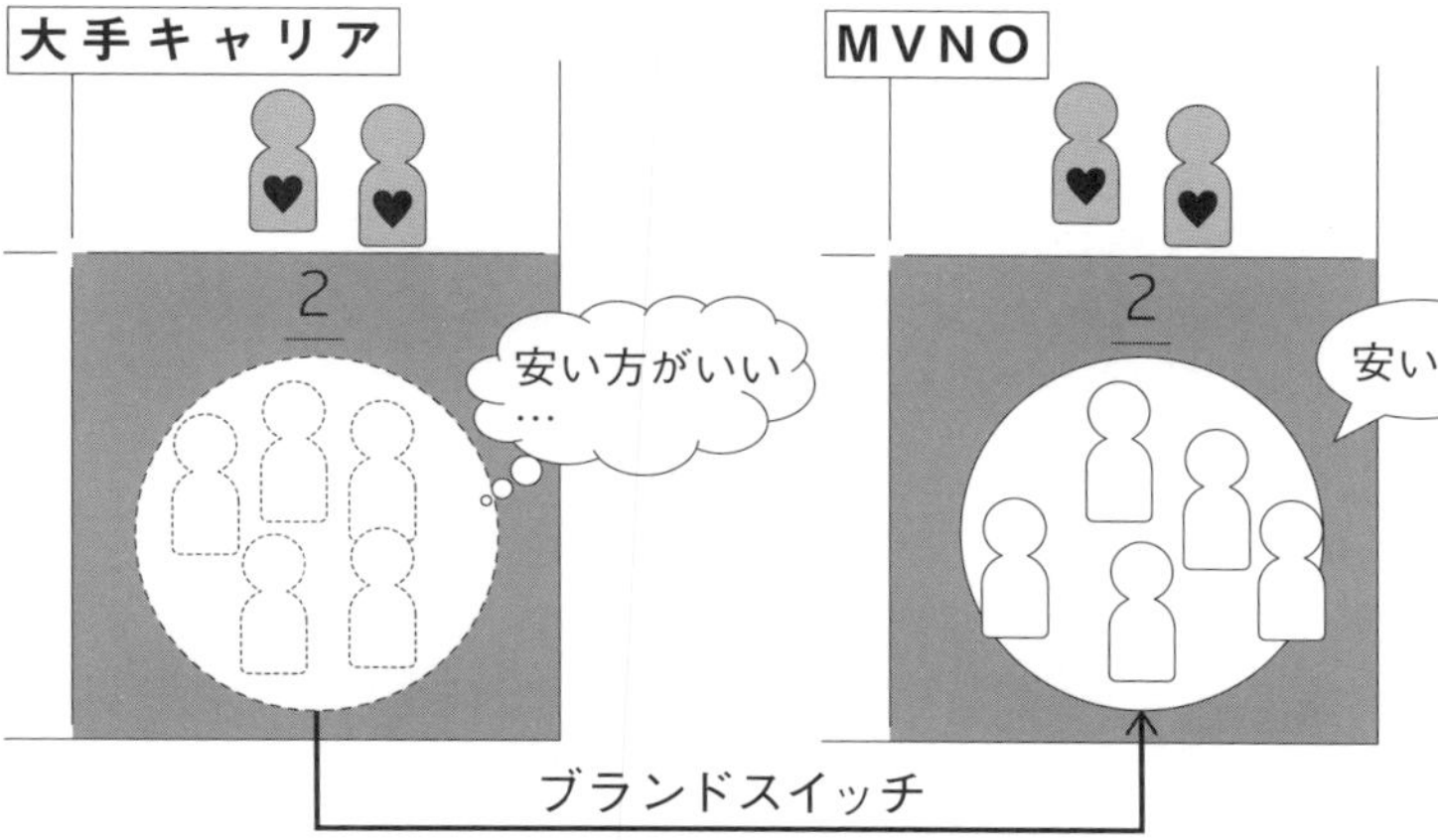

安さは、購入の強い動機にはなるものの、ロイヤルティは生み出しません。

これは他のキャリアへの移動を一定期間防止する策にはなりますが、差別化されていないスーパーが、お客様の家との距離を競うようなものです。短期的には、有効な販売促進であることに疑いはないですが、本質的な独自性はなく、ロイヤルティ形成がないリスクを抱えています。

販売促進でしかないプロモーション施策を繰り返せば、消極ロイヤル顧客が増えますが、その消極性を補う参入障壁は低くなります。他ブランドの参入を防ぎ、消極ロイヤル顧客を守り続けられるなら良いですが、そうでないなら、短期間に消極ロイヤル顧客を失いビジネスを損なうリスクは高くなります。格安スマホのMVNOがシェアを伸ばしている理由は、大手キャリアが消極ロイヤル顧客について参入障壁の高さを維持できない問題を突いていることにあります（図3－11）。

逆に、大手キャリアが基本料金を大きく値下げすれば、安さというMVNOの便益が消えるため、そのマーケット自体が消滅し、短期での利益率が下がっても寡占は守れます。大量の顧客を保持して、中長期で他の収益方法を考えつけば、この戦略は有効です。

一般小売店で販売している食品や消費財も同じです。営業力や販売促進への投資をテコに、配荷店舗数の多さや商品棚での露出の大きさを維持すれば、消極ロイヤル顧客を守れますが、独自性を伴った便益（プロダクトアイデア）を掲げた競合参入によって一気に奪われるリスクは高いです。

販売促進とブランディングをイノベーター理論で考える

まだキャズム手前の、認知も顧客数も少ないブランドの場合、まず定着させるべき「プロダクトアイデア」を毀損するような貨幣的価値訴求の施策は避けるべきです。その上で、提案する商品が独自性を伴った便益（プロダクトアイデア）を提供できる限りは、キャズムを超えるまで、その独自性の伴う便益の提供だけを目的にした販売促進に集中することが良策だと考えます。

ブランディングが必要ないわけではありません。まず、その商品やサービスが一体何のために存在するか、そもそもの「プロダクトアイデア」自体の認知形成が最重要なのです。新商品の立ち上げ時には、イメージ属性としてのブランディングが気になりますが、「プロダクトアイデア」としての独自性と明確な便益の認知形成よりも優先する投資対象ではありません。ましてや、「プロダクトアイデア」を補完しない安易な「コミュニケーションアイデア」を優先させてはいけません。

少なくともキャズムを超えるまで、対象としているターゲット顧客全体でおよそ認知が50%以上超えるくらいまでは、「プロダクトアイデア」としての独自性と明確な便益でコンバージョンを徹底すべきだと考えます。独自性と便益が明確であれば、認知とコンバージョンの立ち上がりに伴って、ブランド選好も並行して伸張します。

認知がターゲット顧客全体で50%を超え、マジョリティ層に浸透し始めると、認知の伸びは緩やかになります。この段階で、ブランド選好のない2、4、6、8層と、ブランド選好のある1、3、5、7層を比較し、N1分析を通じて「コミュニケーションアイデア」を開発するのです。そのアイデアをコンセプト化し、量的調査で評価して順に実行して、ブランド選好を上げていきます。ここで認知よりブランド選好の上昇を狙って、認知・未購買層（マジョリティ層）の顧客化、一般顧客のロイヤル化、そしてロイヤル層のスーパーロイヤル化へのマーケティング投資をすべきです。

ブランド立ち上げ時から、「プロダクトアイデア」としてのオンリーワンと言える独自性と便益を徹底的に磨き上げ、その認知拡大と体感の拡大を徹底することは、継続的に成長するブランド創りの基本です。「コミニケーションアイデア」でブランドを創るのではないのです。

【第3章のまとめ】

1 9セグマップ分析で、販促とブランディングを同時に可視化する

2 ブランディングは計測可能であり、投資対象として科学的に議論すべき

3 顧客はダイナミックに競合商品や代替品を併用し、セグメントを移動し続ける

column 3

実際のアンケートを使った自動車業界の9セグマップ分析

2018年に様々なニュースが続いた自動車業界の各ブランドに関して、勝手ながら、簡易なネット調査を行って9セグマップ分析をしてみました。自動車は、顧客みずからが購買し短期間でみずから消費する一般消費財に比べると、いくつか特徴があります。まず自家用と業務用があり、新車と中古車、リースなどもありますが、ここでは新車と中古とリースも含めた自家用を対象にします。自家用の平均購買サイクルを調べると6、7年と長く、複数台所有も多く、また家族共用のため購買者と所有者や日常的な使用者が異なっていたり、購買者は世帯主でも意志決定は奥様がされていたりすることもあります。様々な複雑性はあるものの、この調査では、業界の全体感と主要ブランド顧客の違いを捉えることを目的として、「何らかの車を『自家用として所有している』と自己認識している方々」を対象としました。購買者だが所有者ではない方や、現在は所有していないが将来所有するかもしれない方は除外した調査です。

それを前提に、全国の自家用車を所有している方々1300人（18－69歳男女）に、1 主要自動車ブランドの認知、2 所有経験（現在所有のブランドと以前所有のブランド）、3 次回購買意向ブランド、に関するアンケート調査を実施しました。購買サイクルが長いので、以前所有のブランドと現在所有のブランドが一致している顧客（例・以前も現在もトヨタ、など）を現在所有のブランドのロイヤル顧客とし、一致しない場合は、現在使用ブランドの一般顧客として分類しました。実地時期は２０１９年1月15－18日で、生データを出す調査自体の費用は6万８０００円でした。サンプルサイズは小さいので精緻な統計的分析はできませんが、概要を捉えるには十分です。

調査の結果、少なくとも1人は現在所有者がいるブランドは全部で15種が挙がりました。以下、調査結果の概要と、さらにどんな分析が可能かを紹介します。新車も中古車も含んだ所有の調査なので、日本自動車販売協会連合会が発表している登録台数シェア（新車販売）と異なりますが、それも参照しながら主要7ブランドを見てみます。まず今回の調査での所有者シェアは、トヨタ（36・8％）、ホンダ（22・2％）、日産（17・4％）の順でした。２０１８年の公式登録台数シェアと数字は違うものの、およその順位は同じです。例外は三菱の所有シェアが多いことです（6・6％）。

現在所有者内でのブランド選好度、９セグマップの枠で表すと「（1＋3）／（1＋2＋3＋4）」を見てみると（図中①）、トヨタ（50・7％）が圧倒的に強く、レクサス（47・4％）も高価格帯らしい強さが見え、トヨタグループとしてのブランディング戦略の強さがうかがえます。この戦略をより詳しく評価するために、トヨタとレクサスのオーバーラップ分析を行いたいところです。トヨタとレクサス間での顧客移動を評価できますし、レクサスの積極一般層の以前所有ブランドを見れば、トヨタからレクサスへの移動も評価できます。加えて、日産やホンダなどの他ブランドとのオーバーラップ分析を行えば、トヨタグループとしての2ブランド戦略の評価と自家用車の所有者の大きな流れが見えると思います。さらにトヨタからレクサス、他ブランドからトヨタもしくはレクサスへ移動した顧客、逆に他ブランドへ流出した顧客をさらに掘り下げる分析を、車種も含めて行動データ、心理データを加えて行い、N1分析まで行えば、今後の新商品開発の可能性も含めた5W1Hのマーケティング戦略を策定することができます。

この調査では対象に入っていないルノーも加えれば、日産グループとしての日産、ルノー、三菱に関しても同様な分析が可能です。そこから具体的なチャンスとリスクが見え、関係者ではなくても一定の戦略構築が可能です。所有シェアが登録台数シェアに比べて大きな三菱のブランド選好が低い（12・8％）理由も掘り下げたいところです。

＊

次に現在所有者の数に対して、現在所有していないが次回購買意向のある「潜在購買層」の割合を「成長ポテンシャル」として見てみます（（5＋7）／（1＋2＋3＋4）、図中②））。レクサス（189・5％）が高価格帯らしい強さを示していますが、スバル（54・7％）、マツダ（50・7％－）も一般的な価格帯に関わらず非常に高い成長ポテンシャルがありそうです。逆に、現在所有者で高いブランド選好を持つトヨタの「成長ポテンシャル」は低く（19・4％）、まず所有者の母数自体がすでに大きいことと、長らく国内Ｎｏ．1なので、潜在的な購入者の多くをすでに取り込んでいる証拠と言えます。国内の販売店舗数が圧倒的に多いこともその理由かと推測できますし、レクサスに注力する意味合いも明確です。

ネット調査　2019年1月（N＝1300）

（人数）	トヨタ	ホンダ	日産	スバル	三菱	マツダ	レクサス
1　積極　ロイヤル	214	93	47	16	10	20	7
2　消極　ロイヤル	140	110	90	23	35	22	7
3　積極　一般	29	11	9	3	1	3	2
4　消極　一般	96	75	80	22	40	26	3
5　積極　離反	36	22	12	4	0	5	5
6　消極　離反	206	201	274	106	201	147	32
7　積極　認知・未所有	57	34	22	31	2	31	31
8　消極　認知・未所有	499	732	744	1068	982	1021	1172
9　未認知	23	22	22	27	29	25	41
合計	1300	1300	1300	1300	1300	1300	1300

（ブランドごとの9セグマップ分布 %）	トヨタ	ホンダ	日産	スバル	三菱	マツダ	レクサス
1　積極　ロイヤル	16.5%	7.2%	3.6%	1.2%	0.8%	1.5%	0.5%
2　消極　ロイヤル	10.8%	8.5%	6.9%	1.8%	2.7%	1.7%	0.5%
3　積極　一般	2.2%	0.8%	0.7%	0.2%	0.1%	0.2%	0.2%
4　消極　一般	7.4%	5.8%	6.2%	1.7%	3.1%	2.0%	0.2%
5　積極　離反	2.8%	1.7%	0.9%	0.3%	0.0%	0.4%	0.4%
6　消極　離反	15.8%	15.5%	21.1%	8.2%	15.5%	11.3%	2.5%
7　積極　認知・未所有	4.4%	2.6%	1.7%	2.4%	0.2%	2.4%	2.4%
8　消極　認知・未所有	38.4%	56.3%	57.2%	82.2%	75.5%	78.5%	90.2%
9　未認知	1.8%	1.7%	1.7%	2.1%	2.2%	1.9%	3.2%
合計	100%	100%	100%	100%	100%	100%	100%

所有シェア (1+2+3+4)/1300	36.8%	22.2%	17.4%	4.9%	6.6%	5.5%	1.5%	
現在所有者内　ブランド選好 (1+3) / (1+2+3+4)	50.7%	36.0%	24.8%	29.7%	12.8%	32.4%	47.4%	－①
成長ポテンシャル (5+7) / (1+2+3+4)	19.4%	19.4%	15.0%	54.7%	2.3%	50.7%	189.5%	－②
離反率 (5+6) / (1+2+3+4)	50.5%	77.2%	126.5%	171.9%	233.7%	214.1%	194.7%	－③

参考：日本自動車販売協会連合会　登録者シェア

2018年1－12月	トヨタ	ホンダ	日産	スバル	三菱	マツダ	レクサス
登録車シェア	47.1%	11.9%	9.6%	4.2%	1.0%	5.6%	2.2%

離反率を見ると（(5＋6)／(1＋2＋3＋4)、図中③）、トヨタ（50・5％）、ホンダ（77・2％）が強い顧客維持を実現している一方で、他メーカーの離反率は高めです。この離反した顧客をさらに掘り下げて、その理由ときっかけを深く調べる必要がありそうです。

特にスバルとマツダは、「成長ポテンシャル」指標が高い一方で、離反率も高いという事実から、「プロダクトアイデア」や「コミュニケーションアイデア」を異なる顧客セグメントに対して並行して展開することに大きなチャンスがあるように思えます。離反した顧客が移動した先のブランドや、自社ブランドに対して次の購買意向を表明してくれている顧客の現在ブランドをオーバーラップ分析で見極めて、それぞれ比較分析すれば、ライフスタイルの変化や自動車に期待する異なるニーズが見えるはずです。差異を生んでいる理由が理解できれば、離反防止と新規獲得という2つの異なる「アイデア」が創出でき、具体的な新商品開発や改良案を含めたマーケティング戦略を立案できます。それらを矛盾なく実行できるかどうかの検証は必要になりますが、異なる顧客セグメントそれぞれを掘り下げて解決策を考えることが重要です。

このように、9セグマップというフレームワークを活用するだけで様々な仮説の設定が可能ですし、顧客を理解しようという意識に集中できます。面白いのは、関係者でなくても実施できることです。今回はあくまで事例としての1回調査ですが、購買者と所有者の関係、新車と中古車、車別の分類などを加味した行動データとイメージ属性分析などの心理データを加えて、時系列でN1分析と仮説設定を繰り返すことで、非常に精度の高い効果的な戦略立案と「アイデア」創出に繋げていくことができます。逆に言えば、それ以外の調査はあまり必要ではなくなると考えています。

第4章

［ケーススタディ］

スマートニュースのN1分析とアイデア創出

この章では、筆者がスマートニュースで行った一連の施策を具体的に紹介します。それ以前も同様のプロセスで「肌ラボ」やロクシタンの育成、様々な新ブランド開発をしてきました。この章を、読者の皆さんが担当するブランドを念頭に置いて読み進めていただければ、ここまでのフレームワークを実践に結びつけられると思います。

4-1 顧客ピラミッドと9セグマップの作成

マーケティング現場における実際のプロセス

本書の冒頭で触れた通り、スマートニュースは約1年でiPhone（iOS）のアプリランキング100位圏外からNo.1へ、AndroidのランキングでもNo.1を獲得できました。ここでは顧客ピラミッドと9セグマップの作成をベースに、具体的にどのような分析をして「アイデア」を創出し、施策へ繋げて結果を得たかを詳細に解説します。図表の数値が一部細かいですが、本書の図版ダウンロードを活用していただければと思います（p239参照）。

大まかな流れを時系列で紹介すると、次の通りです。

- ２０１７年２月　競合を含めたネット調査により、顧客ピラミッドを作成し基本的な顧客分析を実行
- ４月　改めてネット調査から顧客ピラミッドと9セグマップを作成し、またデモグラフィック

属性やイメージ属性の認知を確認、セグメントごとの行動と心理を把握し、オーバーラップ分析とN1分析を実行

- 5月　30以上の「アイデア」を創出、うち19種をコンセプト調査（コンセプトテスト）
- 6月〜　評価の高かったコンセプトの中から、早期に開発できる「ワールドニュースチャンネル」の開設を準備
- 8月　今後の効果検証のため、改めてネット調査を実施し、顧客ピラミッドと9セグマップを作成／「ワールドニュースチャンネル」を開設
- 9月　「ワールドニュースチャンネル」を含めた複数のコンセプトを元に、女優の吉岡里帆さんを起用したテレビCMを7種類制作し、小規模エリアで放映し投資効果をテスト
- 10月　最も投資効果の高かった「ワールドニュースチャンネル」のテレビCMを集中投下
- 12月　「ワールドニュースチャンネル」の成功を受け、コンセプトテストで評価の高かった「クーポンチャンネル」のプロダクト開発を正式に開始
- 2018年3月　「クーポンチャンネル」を開設
- 4月　「クーポンチャンネル」の認知形成のため、お笑い芸人の千鳥さんを起用したテレビCMをシナリオ違いで6種類制作して小規模テストし、投資効率が最も高かった1種に絞り込んで集中投下

競合分析から顧客の認知を読み解く

前提として、顧客起点マーケティングの実践においては、競合分析のウェイトも大きくなることをお伝えしておきます。ここまでの1章から3章までの間では、まずは考え方を体得していただくため、基本的に自社ブランドの分析と「アイデア」創出を紹介し、競合分析については2章のオーバーラップ分析の紹介に留めていました（p102参照）。しかし、強い「アイデア」を創出する手がかりは、顧客が自社ブランドと他社ブランドをどのように認知して使い分けているか、そこからわかる強みと弱み、チャンスとリスクにこそ潜んでいます。

そのため、筆者は常に自社ブランドの調査と同時に競合ブランドも調査し、分析と「アイデア」創出の流れに組み込んできました。本章でもそれに即して、スマートニュースと類似と受け入れられていた競合アプリAとの比較分析を詳しく紹介します。

ちなみに、顧客ピラミッド（5セグマップ）と9セグマップの違いは、ブランド選好の質問を加えてセグメントを5つから9つに分解するだけですが、分析単位が増えると、セグメントごとに統計学的な有意差分析をするための調査母数を増やす必要が出てきます。例えば、5セグマップに必要な調査母数が2000の場合、9セグマップなら少なくとも1・8倍の3600人以上が必要で、コストも増えます。

また9セグマップ分解には時間も手間もかかるので、短期間に低コストでビジネス対象の顧客全体像を捉えたい場合、もしくは対象顧客のサイズに対してブランドがまだ小さい時期や新規の場合は、まず顧客ピラミッドの活用をお勧めします。ブランドがすでに大きく、販売促進活動に対してブランディング投資の見極めが重要で、時間もコストもかけられる状態であれば、最初から9セグマップを導入するのがいいと思います。

参画前のスマートニュース

——競合を含めた基本的な顧客分析

スマートニュースは2012年、「ネット上の様々なニュースや情報がスマホで簡単にどこでもまとめて読める初のニュースアプリ」という強い独自性と便益＝「プロダクトアイデア」を持って誕生し、一気に多くの顧客を獲得していました。ニュースを届けるアプリとしてターゲット顧客は非常に広く老若男女すべてで、明確には定義されていませんでした。その後、あっという間に多数の競合に追随されて、独自性は薄められニュースアプリ自体がコモディティ化されてきました。先駆者であったスマートニュースも2016年半ばから顧客獲得が難しくなり、新しい成長戦略が必要とされていました。

そんなタイミングだった2017年1月、筆者はスマートニュースのマーケティング責任者のポジションをヘッドハンターから紹介されたのですが、まずビジネスチャンスを見極めるために顧客ピラミッド分析をしました。当時はまだロクシタンに勤めていましたが、ランチ時などに周囲の社員に話を聞くと、スマートニュースを知っているのはおよそ3分の1程度、また特定の競合アプリ

Ａと比較する意見が多く聞こえました。そこで、毎日利用者をロイヤル顧客と定義した上で、それ以外の使用者を一般顧客として、スマートニュースと競合Ａを含む４つのブランドに関して、ネットでの簡易調査で顧客ピラミッドを作成しました。18－69歳男女を対象に、調査母数１２３６人に対して設問５つで費用は６万円程度、設計から結果が出るまで３日でした。以下が設問です。

【ネット調査　設問】スマートフォン向けのニュースアプリに関してお答えください

1 ご存知のブランド名をお答えください（複数回答可）

――スマートニュース、競合Ａ、競合Ｂ、競合Ｃ

2 これまで使用されたブランド名をお答えください（複数回答可）

――スマートニュース、競合Ａ、競合Ｂ、競合Ｃ

3 現在、使用されているブランド名をお答えください（複数回答可）

――スマートニュース、競合Ａ、競合Ｂ、競合Ｃ

4 使用されている頻度をお答えください

――毎日、毎月、あまり使用していない、使用していない

5 次回、使いたいと思うブランド名を一つだけお答えください（単一回答・ＳＡ）

――スマートニュース、競合Ａ、競合Ｂ、競合Ｃ、その他

図４－１　スマートニュースと競合Aの顧客分析

	18-69歳男女 N=1,236（2017年2月ネット調査）		18-69歳男女 8,400（万人）（総務省人口推計）		対 競合 A
	スマートニュース	競合 A	スマートニュース	競合 A	
認知	29.0%	35.8%	2,436	3,007	81%
使用経験	12.0%	10.5%	1,008	882	114%
ロイヤル　毎日使用（DAU）	4.9%	3.3%	412	277	148%
一般　毎月使用（MAU-DAU）	4.3%	2.9%	361	244	148%
離反　（使用経験 -MAU-DAU）	2.8%	4.3%	235	361	65%
認知・未使用　（認知 - 使用経験）	17.0%	25.3%	1,428	2,125	67%
未認知	71.0%	64.2%	5,964	5,393	111%
プレファレンス（次回使用意向 SA）	7.8%	6.0%	655	504	130%
使用経験 / 認知	41%	29%			
毎日使用（DAU）/ 使用経験	41%	31%			
毎月使用（MAU）/ 使用経験	36%	28%			
離反 / 使用経験	23%	41%			
プレファレンス / 認知	27%	17%			

まず、スマートニュースと競合Aのロイヤル顧客から未認知顧客の５セグマップの割合をまとめ、競合Aに対する比較を算出しました（図４－１）。例えばロイヤル顧客はそれぞれ４・９％、３・３％ですので、スマートニュースが48％多いことがわかります。次に総務省発表の人口推計を掛け合わせて、スマートニュースと競合Aについて各セグメントの実際の人数の概算を算出し、顧客ピラミッドを作成しました（図４－２）。また、認知から使用経験、使用経験から毎日使用あるいは毎月使用、使用経験から離反という３つのコンバージョン率と、認知層全体（上位４層）に対するプレファレンス（次回使用意向）を算出しました。この入社前の調査では、全体像をつかむためにプレファレンスは取りましたが、９セグマップへの分解はしていません。

図4-2 スマートニュースと競合Aの顧客ピラミッド

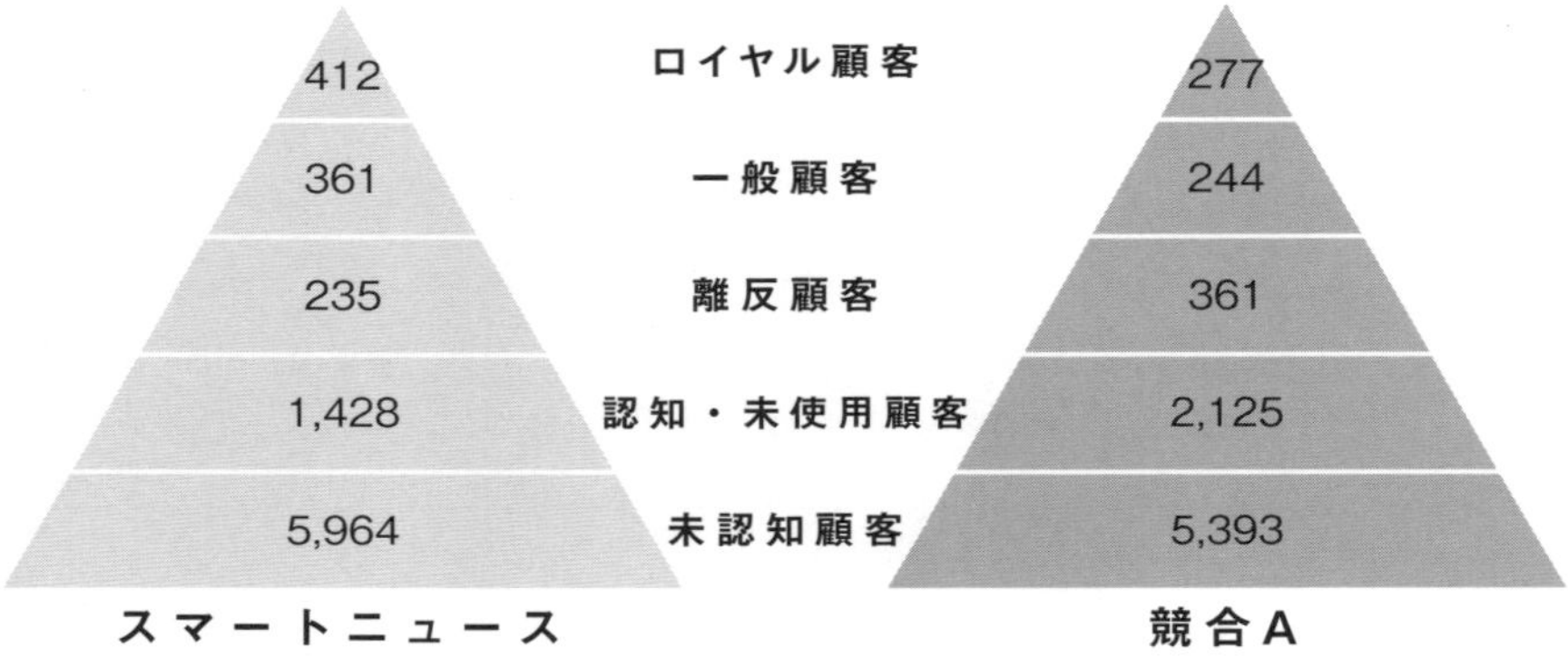

（人口推計からの概算　単位:万人）

基本的な顧客分析は外部からも実施できる

たったこれだけの分析ですが、スマートニュースは競合Aに対して認知度が低いものの、認知から利用へのコンバージョン（認知から使用経験）、利用者の継続性（使用経験から毎月使用あるいは毎日使用）は高く、離反率も低く、次回使用意向の割合（プレファレンス／認知）も高いことがわかりました。ここから、スマートニュースのプロダクト自体には高い魅力があり体験も優れているので、ユーザーを維持できていることが確認できました。顧客ピラミッドで見ても、ロイヤル顧客の規模は劣っていないので、マーケティング課題は、まずブランド認知を競合A並みに引き上げながら、認知から使用経験のコンバージョンを強化し、プレファレンスは最低限維持することに絞られます。

このような比較分析を他の競合B、Cにも行いましたが、そもそもニュースアプリというカテゴリー全体として未認知層、および認知していながらどのブランドも使用経験がない層が大半であり、カテゴリー自体にまだ非常に大きなポテンシャルが残っていることがわかりました。ニュースアプリカテゴリーは誕生から5年近く経ち、旬の過ぎたカテゴリーと言われていたのですが、イノベーション理論で言うマジョリティ層を開拓しきれていない実態が見えたのです。

以上の分析は、前述のようにスマートニュースに参画する前に行ったものです。ここで一つ伝えたいのは、自分が直接関わっていないブランドやビジネスであっても、これくらいの顧客分析とポテンシャル分析は可能だということです。ビジネス判断（この場合は、筆者がスマートニュースに参画するかどうか）を単純な印象や主観ではなく、実際の顧客の調査データで分析すれば、その精度を簡単に高めることができるのです。顧客ピラミッドが、新規事業策定や新カテゴリーにも活用できる理由がご理解いただけると思います。

さて、このようなスマートニュースおよびカテゴリー全体のビジネスチャンスの確認を経て2017年4月にスマートニュースに参画し、新規顧客獲得の「アイデア」創出に向けたN1分析の対象の絞り込みと仮説作りのための、詳しい行動データ分析と心理データ分析を進めました。

4-2 詳細な行動データと心理データの分析

ブランド内のセグメント間の比較

入社した4月に、入社前の調査結果を補完するために、改めてスマートニュースのターゲットである20－60代男女を対象に次の3点についてネット調査を実施し、顧客ピラミッドと9セグマップを作成して、行動データと心理データの顧客セグメントごとの特徴分析と、競合比較を行いました（N＝1200）。目的は、N1分析対象となる顧客像と分析すべき仮説を見つけることです。

1 年齢・性別・職業・居住地区・年収などの基本的なデモグラフィック情報
2 ネットでどのような情報を必要としているか、どのようなメディアを通じて情報を取得しているか
3 ニュースアプリに関しての便益や特徴やイメージ属性

図4-3 スマートニュースのブランド内セグメント比較

	毎日使える	新聞の代わりになる	様々なカテゴリーの情報がある	自分が知らなかった情報を教えてくれる	情報が多い	最新情報をいち早く知ることができる	若者向きの	面白い情報が多い	身近な	操作がしやすい	エンタメ情報が多い	圏外でも見られる	ユーザーが多い	機能的な	ビジネスに使える	操作が早い	親しみが持てる	情報が信頼できる	特化した分野の情報が得られる	まじめな	年配者でも楽しめる	無駄のない	情報が厳選されている	おしゃれな	革新的な	かしこくなる情報がある	グローバルな	かっこいい	出会い系がない	わくわくする	嘘の情報がない
スマートニュース ロイヤル顧客	◎	◎	◎	◎	◎			◎	◎	◎	○	○	○	○		○	○	○			○										
同上 認知・未使用顧客																															

※認知・未使用顧客に対してロイヤル顧客の方が特に高かった属性イメージに「◎」、次に高かった属性イメージに「○」を付記

まず、デモグラフィックで見ると、スマートニュースのロイヤル層（毎日使用者＝DAU）、一般層（毎月使用者＝MAU ただしここではDAUを除く）は男性で50代以上が多く、男女比は7：3でした。同時に、認知あり未使用層と未認知層は女性と若年層に偏っていました。一方で、競合Aの現在顧客の多くは女性の若年層でした。

次に、スマートニュースのロイヤル顧客層と、認知はしているがまだダウンロードしていない認知・未使用顧客層を比較すると、「毎日使える」「新聞の代わりになる」「様々なカテゴリーの情報がある」「自分が知らなかった情報を教えてくれる」「情報が多い」「面白い情報が多い」「身近な」「操作がしやすい」という属性に対してロイヤル顧客が特に高い評価をしていました。次に高く評価されていたのは「エンタメ情報が多い」「圏外でも見られる」「ユーザーが多い」「機能的な」「操作が早い」「親しみが持てる」「情報が信頼できる」「年配者でも楽しめる」という属性でした（図4－3）。

ロイヤル顧客が高く評価する属性には、その商品を使い

始めた、もしくは継続使用してロイヤル化した理由が隠れています。また、いずれの層もあまり評価していない「最新情報をいち早く知れる」「若者向きの」「ビジネスに使える」「特化した分野の情報が得られる」「まじめな」などの属性は、この時点で重要度が低いと見なすことができます。

このような比較分析をロイヤル層と一般層、また離反層とも行いながら、それぞれの差を確認しながら仮説を作っていきます。実際に、これらのブランド内セグメント比較で一貫して大きな差が見られたのは「毎日使える」「新聞の代わりになる」「自分が知らなかった情報を教えてくれる」「情報が多い」「操作がしやすい」でした。つまり、これら5つの属性に繋がる独自性と便益の組み合わせ＝「アイデア」を見つけるか、新たな「アイデア」となるプロダクト強化を実践すれば新規の顧客化が大きく進むのでは、という方向性を見出しました。

各セグメントの競合との比較

さらに認知で差をつけられている競合Aと、それぞれのロイヤル顧客を比較しました（図4-4）。スマートニュースのロイヤル顧客は「新聞の代わりになる」「自分が知らなかった情報を教えてくれる」「情報が多い」「操作がしやすい」を高評価し、次いで「圏外でも見られる」「操作が早い」も評価していました。一方、競合Aのロイヤル顧客は「若者向きの」「面白い情報が多い」「エンタメ情報が多い」を高評価し、「ユーザーが多い」「特化した分野の情報が得られる」「おしゃれな」も評価しています。前述のようにそれぞれの現在顧客を見ても、スマートニュースのユーザー

図4-4 スマートニュースと競合Aのロイヤル顧客の比較

	毎日使える	新聞の代わりになる	様々なカテゴリーの情報がある	自分が知らなかった情報を教えてくれる	情報が多い	最新情報をいち早く知ることができる	若者向きの	面白い情報が多い	身近な	操作がしやすい	エンタメ情報が多い	圏外でも見られる	ユーザーが多い	機能的な	ビジネスに使える	操作が早い	親しみが持てる	情報が信頼できる	特化した分野の情報が得られる	まじめな	年配者でも楽しめる	無駄のない	情報が厳選されている	おしゃれな	革新的な	かしこくなる情報がある	グローバルな	かっこいい	出会い系がない	わくわくする	嘘の情報がない
スマートニュース ロイヤル顧客		◎		◎	◎					◎		○				○															
競合A ロイヤル顧客							◎	◎			◎		○						○					○							

※それぞれで特に高かった属性イメージに「◎」、次に高かった属性イメージに「○」を付記

の70％は男性で年配者、競合Aは若年女性層が多い構成でした。つまり、各ブランドの提供している「プロダクトアイデア」が異なっており、互いに独自化されて住み分けしていたのです。

次に、認知のある未使用顧客同士を比較しました（図4－5）。スマートニュースを認知していて未使用の人は「新聞の代わりになる」「操作がしやすい」というイメージを強く持っており、次いで「圏外でも見られる」「まじめな」「年配者でも楽しめる」「無駄のない」が挙がりました。一方、競合Aを認知していて未使用の人は「若者向きの」「面白い情報が多い」というイメージが強く、次いで「エンタメ情報が多い」も挙がっています。

ここでの発見は、ロイヤル顧客同士の比較では高く評価されていた「自分が知らなかった情報を教えてくれる」「情報が多い」「操作が早い」が、認知のある未使用者の比較では評価されていないことです。つまり、これらの3要素は競合Aに対してスマートニュースの独自性となる可能性が高いと言えます。この段階の比較分析だけでは、まだ

図4-5 スマートニュースと競合Aの認知・未使用顧客の比較

	毎日使える	新聞の代わりになる	様々なカテゴリーの情報がある	自分が知らなかった情報を教えてくれる	情報が多い	最新情報をいち早く知ることができる	若者向きの	面白い情報が多い	身近な	操作がしやすい	エンタメ情報が多い	圏外でも見られる	ユーザーが多い	機能的な	ビジネスに使える	操作が早い	親しみが持てる	情報が信頼できる	特化した分野の情報が得られる	まじめな	年配者でも楽しめる	無駄のない	情報が厳選されている	おしゃれな	革新的な	かしこくなる情報がある	グローバルな	かっこいい	出会い系がない	わくわくする	嘘の情報がない
スマートニュース 認知・未使用顧客		◎								◎		○								○	○	○									
競合A 認知・未使用顧客							◎	◎			○																				

※それぞれで特に高かった属性イメージに「◎」、次に高かった属性イメージに「○」を付記

使用するに至った理由と継続使用の理由を分解できませんが、このイメージを形成するに至ったきっかけや理由をN1分析で抽出し、その独自性と繋がる便益（＝「アイデア」）を創出できれば、認知のある未使用者を中心に非顧客の多くを顧客化し、さらにロイヤル化に繋げられるという仮説が成り立ちます。

一方で、競合Aは、そのロイヤル顧客が高評価している「若者向きの」「面白い情報が多い」「エンタメ情報が多い」という独自性のある属性イメージが、認知・未使用顧客にも一貫して伝わっているにもかかわらず非顧客です。つまり、競合Aはこの3つの独自性のある属性を、認知・未使用顧客に使用してもらえるだけの明確な便益として提供しきれていないと言えるので、スマートニュースが攻め込むべきチャンスのように見えます。実際、過去にスマートニュースでは競合Aへの対抗として若者向きの「エンタメ情報」の強化に何度か取り組んでいましたが、芳しい結果には繋がっていませんでした。強みを十分に便益として伝えきれていないことは競合Aの弱点ではありますが、そも

図4-6 スマートニュースと競合Aの離反理由の比較

	他のSNSでも最新の情報は追えるから	ニュースの出典元があやしいから	アプリの容量が重たいから	使い方がわかりにくいから	広告量が多く見にくいから	SNSと連動していないから	情報が偏っているから	情報量が多過ぎて探しにくいから	エンタメ情報が少ないから	掲載されている情報が少ないから	圏外では見られないから	ビジネス向けの情報が少ないから	その他の理由
スマートニュース　離反顧客	◎	○	○	○									
競合Ａ　離反顧客	◎	◎	◎		◎		◎	◎				○	○

※それぞれで特に高かった理由に「◎」、次に高かった理由に「○」を付記

そもそもスマートニュースにはこれらの属性イメージすらないので、強みがあるわけではありません。そこに突然、「エンタメ情報」を提供しても効果がないのは当然です。これらの行動データと心理データの分析を通じて、スマートニュースは強みである「自分が知らなかった情報を教えてくれる」「情報が多い」と「操作性（しやすさと早さ）」に焦点を当て、競合Aが強い分野では競争しないことが得策だと判断しました。

また、それぞれの離反顧客の理由も比較分析したところ、両ブランドともに、本来ニュースアプリではないSNSが代替品となって離脱していることがわかりました（図4－6）。同時に競合A特有の離脱理由として「広告量が多く見にくいから」「情報が偏っているから」「情報量が多過ぎて探しにくいから」が大きいことが見えました。つまりスマートニュースにとって「情報が多い」ことは重要ですが、競合Aのように「情報量が多過ぎて探しにくい」に陥ってはならないという示唆が得られました。

競合との比較分析から仮説を導き出す

このように、行動データに加えて様々な心理的（認知）属性をセグメントごと、競合とも比較分析することで、以下のような仮説に行き着きました。

■スマートニュースは、ブランド認知はある未使用顧客、さらに未認知顧客に対して「自分が知らなかった情報を教えてくれる」「情報が多い」ことと「操作性」を軸とした魅力的な「アイデア」を創出できれば、その多くを一気に顧客化できる可能性が高い。

■この3要素は競合Aに対しても強みなので、離脱率が低いこと（=ロイヤル化）が期待できるが、「自分が知らなかった情報を教えてくれる」「情報が多い」を追求するにあたって、競合Aのように「情報量が多過ぎて探しにくい」に陥ってはならない。

■実際のプロダクトとしてのUX（ユーザーエクスペリエンス・ユーザーの使用体験）だけでなく、使用前の時点で、3要素と同時にUI（ユーザーインターフェース・使用画面）の「操作性（操作のしやすさと早さ）」を伝えれば相乗効果が期待できる。

■今後の顧客化のポテンシャルを各セグメントの%から数量計算すると、認知・未使用顧客（17・0%）は現在顧客（9・2%=DAU4・9%+MAU4・3%）の1・85倍（=17・0%／9・2%）、さらに未認知層（71・0%）は現在顧客の7・72倍（=71・0%／9・2%）であり巨大である。

■ 中長期の問題として、ニュースアプリカテゴリー自体の代替品となっているSNSカテゴリーに対する戦略＝「アイデア」の創出が必要である。

一方で、社内では、今後の成長のためにはアップルやかつてのソニーのようなブランディングが必要なのではないかとの話が多く出ていました。答えは自明でしたが、定量的に検証するために、当社が期待しているようなブランド的イメージ＝「革新的な」「かっこいい」「グローバルな」などの属性評価も行ったものの、顧客化やロイヤル化の推進に重要な属性ではないことが明確になりました。以降は感覚的なブランディングの議論はせず、前述の「プロダクトアイデア」への仮説を中心に顧客起点のマーケティングを進めていきました。

4-3 N1分析からの「アイデア」創出とコンセプトテスト

顧客ヒアリングと詳細なオーバーラップ分析

ここまでの量的分析と並行して、N1分析も進めていました。スマートニュースのターゲットは老若男女すべてと非常に広いので、分析対象のリクルーティングは行わず、筆者の家族、友人、友人の友人と食事などで話す機会があれば、スマートニュースについて尋ねていました。特に目的としたのは、認知はあるが未使用の層、さらに未認知の層に使用していただける、「自分が知らなかった情報を教えてくれる」「情報が多い」ことと「操作性」を軸とした「アイデア（＝独自性と便益）」を創出することです。しつこいようですが、このように明確な目的を持った上でヒアリングと分析を行うことが重要です。

N1分析は、簡単です。量的調査同様に、スマートニュースや競合Aの認知、使用経験、使用頻度を聞いて、その方が顧客セグメントのどこに属しているかを確認します。その上で、そこまでの認知や使用体験に至ったきっかけや理由や生活の中での体験を聞きながら、カスタマージャーニー

図4-7 スマートニュースと競合Aのオーバーラップ分析

N=1200		競合A					
		合計	ロイヤルDAU	一般MAU	離反	認知・未使用	未認知
スマートニュース	合計	1200	40	35	52	303	770
	ロイヤルDAU	59	9	4	9	21	16
	一般MAU	52	4	9	3	20	16
	離反	34	0	0	15	14	5
	認知・未使用	204	14	3	14	139	34
	未認知	851	13	19	11	109	699

を理解するのです。

スマートニュースや競合Aをどのように知ったか、感じたか、評価したかなどを、実際にアプリを使っていただきながら聞きました。ロイヤル顧客、離反顧客、認知・未使用顧客へ聞くべきことはそれぞれ異なるので、必ず顧客ピラミッドでの所属位置を確認してから話を聞くことが重要です。

また、N1分析で深掘りすべき点をより詳細に絞るために、4月時点の追加調査データを元に、スマートニュースと競合Aのオーバーラップ分析も行っていました。第2章で紹介した、一方のセグメント顧客が他方のどのセグメントに属するかを可視化する分析です（図4-7）。これを実際の調査N数1200人を分解してマトリクスにまとめると、スマートニュースのロイヤル顧客（DAU）59人のうち、9人が競合Aのロイヤル、4人が一般、9人が離反、21人が認知・未使用、16人が未認知であることがわかります（太線）。逆に競合Aのロイヤル40人中、それぞれ9人、4人、0人、14人、13人がスマートニュースのロイヤル、一般、離反、認知・未使用、未認知に属しています（点線）。統計学上で分析するにはN数が不十分ですが、双方のユーザーの重なりを大まかにつかむには有効です。

ここからも、様々な切り口でN1分析をすることが可能です。まず、スマートニュースのロイヤル顧客で競合Aの離反顧客は9人いるため、スマートニュースは競合Aから9人を奪ってロイヤル顧客化したと読み解けます。その一方で、競合Aのロイヤル顧客および一般顧客にスマートニュースの離反顧客はいないので、競合Aに対してスマートニュースはロイヤルも一般も奪われていないことが確認できます。

競合Aからスマートニュースに乗り換えたこの9人が、なぜスマートニュースのロイヤル顧客となったかについて丁寧にN1分析を行い、そのカスタマージャーニーを理解すれば、競合Aから顧客を奪った具体的なきっかけが見つかります。それをヒントに、今後さらに競合Aから顧客を奪える「アイデア」を創出し、有効なメディア手法やマーケティングプランの選択にも繋げられます。

さらに、次のようにいくつかのN1分析の機会が見えてきます。オーバーラップ分析のマトリクスからこうした観点を先に見出しておけば、実際に顧客や友人など周囲の人に聞く際、例えば「競合Aも知っているのに使ったことがないのは、なぜ？」といった形で質問を具体的にでき、聞き出せる内容が深まります。

■スマートニュースのロイヤル顧客の21人は競合Aを認知しているにもかかわらず、使用経験はない。なぜか？

■スマートニュースは認知・未使用で、競合Aのロイヤル顧客である14人は、どのような5W1Hを通じて現在の状態になったのか？

■競合Aの全体的な認知度はスマートニュースよりも高いにもかかわらず、スマートニュースのロイヤル顧客の16人、一般顧客の16人はそれぞれ競合Aを認知していない。なぜそうなったのか？

■薄い灰色部分（5つのセグメント分）は、いずれかのブランドの使用体験はあるものの、現在どちらのブランドも使用していない。なぜ使っていないのか？

■中間の灰色部分（3つのセグメント分）は、いずれかのブランドの認知はあるものの、どちらも使用経験がない。この2つのブランドに足りていないのは何か？　この2つとは異なる他の競合ブランドがあるのか？

■濃い灰色部分は、両ブランドともに認知していない最大ボリューム層であり、スマートニュースのターゲット層の半分以上を占める。この層が認知しない理由は何か？　その理由を解消し、有効な「アイデア」で存在をまず知ってもらえれば、第2章で紹介したイノベーション理論のマジョリティ層の大部分を取り込めるのでは？　もしくは、現在のニュースアプリとは異なるプロダクトを開発するチャンスがある？

このような観点を持って一人ひとりにヒアリングし、老若男女30人以上のN1分析を終えるころには、30を超える独自性と便益の組み合わせ＝「アイデア」候補ができていました。もちろん、決して次々と簡単に作り出せたわけではなく、「アイデア」の一つひとつはN1分析をしていく中で、独自性と便益を考え抜いて固めていきました。そして全体として、以下のようなことが見えてきました。

■ロイヤル顧客は、プロダクトの使い勝手（UI）と充実したコンテンツを高く評価しており使用頻度も高い。その多くは、スマートニュースが誕生した時期から使っている中高年の男性ユーザーで、競合Aを含めて後発の競合アプリの使用経験は少ない。逆に言えば、初のニュースアプリとして誕生した時点からスマートニュースを継続使用しているが、競合アプリとの比較は行っていないので、決して安泰ではなくスイッチされるリスクはある。

■使用頻度（ロイヤルと一般）とプレファレンス（次回の使用意向の有無）を左右するのは、単にニュースなどの情報を見たいだけでなく、自分の趣味や嗜好に合う特定のチャンネル登録をしているかどうかだった。例えば車が好きな友人は、車関連の特定のチャンネルの存在を知って自分で登録し、その使用頻度も高いが、一方でそもそも様々なカテゴリーや趣味嗜好に合うチャンネルが存在すること自体を知らず、チャンネルをカスタマイズしていないユーザーの使用頻度やプレファレンスは低い。

■スマートニュースの顧客でありながら、競合Aのロイヤル顧客である顧客は、スマートニュースの使用勝手（UI）や一般的なニュースや情報の網羅性に不満があるわけでなく、競合Aのエンターテインメント系やゴシップ系などの特定の趣味嗜好に合うコンテンツを楽しむついでに一般のニュースを見ており、スマートニュースだけを使う意味を感じていない。

■スマートニュースを知らない、未認知の友人のスマホを手に取って目の前でインストールして、実際に使いながら使用方法を教えると高評価が得られる。特に自分の趣味嗜好に合うチャンネルがあれば、必ず高評価して継続使用に繋がっている。しかし、趣味に合うチャンネルが見つからなければ反応は薄い。また、競合Aや他の競合ブランドを使っている友人が、スマートニュースのチャンネルを見ても、その多くは競合と似ていると認識され、チャンネル自体の中身がコモディティ化されつつある。

つまり、導入時は優れたＵＩと充実したニュースコンテンツがスマートニュースの「プロダクトアイデア」の独自性であり便益でしたが、競合の登場によってほとんどがコモディティ化されているということです。競合Ａは新しい提案を打ち出してきていますが、スマートニュースでは新チャンネルを追加しているものの認知が低く、独自と言えるチャンネルも少ないため、新規の顧客増に繋がっていませんでした。ここから成長するには、独自性を中心に「プロダクトアイデア」を再定義することが喫緊の課題だとわかりました。

アイデアをコンセプトに変換し定量調査

さて、ここまでのプロセスで30以上の「アイデア」候補を作りましたが、その多くは、一部のターゲットにしか響かないような、一見ニッチなものです。本当にそれに賭けていいのか不安を覚えるところであり、同時にここがN1起点のマーケティングの面白いところです。

社内だけでなく投資家向けにマーケティング投資を正当化するためにも、これらのアイデアを19種類に絞ってコンセプト文章に変換し、5月に定量調査を実行しました。以下はその一部です。

■「朝一番のニュース」 仕事に出かける前、朝一番で重要なニュースはインプットしておきたいですね。スマートニュースなら、1分で最新のニュースが一気に読めます。

■「英語ニュースチャンネル」 最新の海外のニュースって、なかなか手に入らないですね。スマートニュースなら、海外の最新ニュースを原文そのままでお届けします。最新の海外ニュースをスマートニュースで。英語の勉強にも。

■「動物チャンネル」 スマートニュースは、世界中の癒し動物ニュースを集めました。ねこチャンネル、いぬチャンネル、おもわず笑っちゃう画像と動画がいっぱい。動物情報はスマートニュースで。

■「テクノロジーチャンネル」 今日のシリコンバレー情報から世界トップクラスのテクノロ

図4-8　男女年齢別のコンセプトテスト

※コンセプトA～Sを評価の高かった順に並べ替えたもの

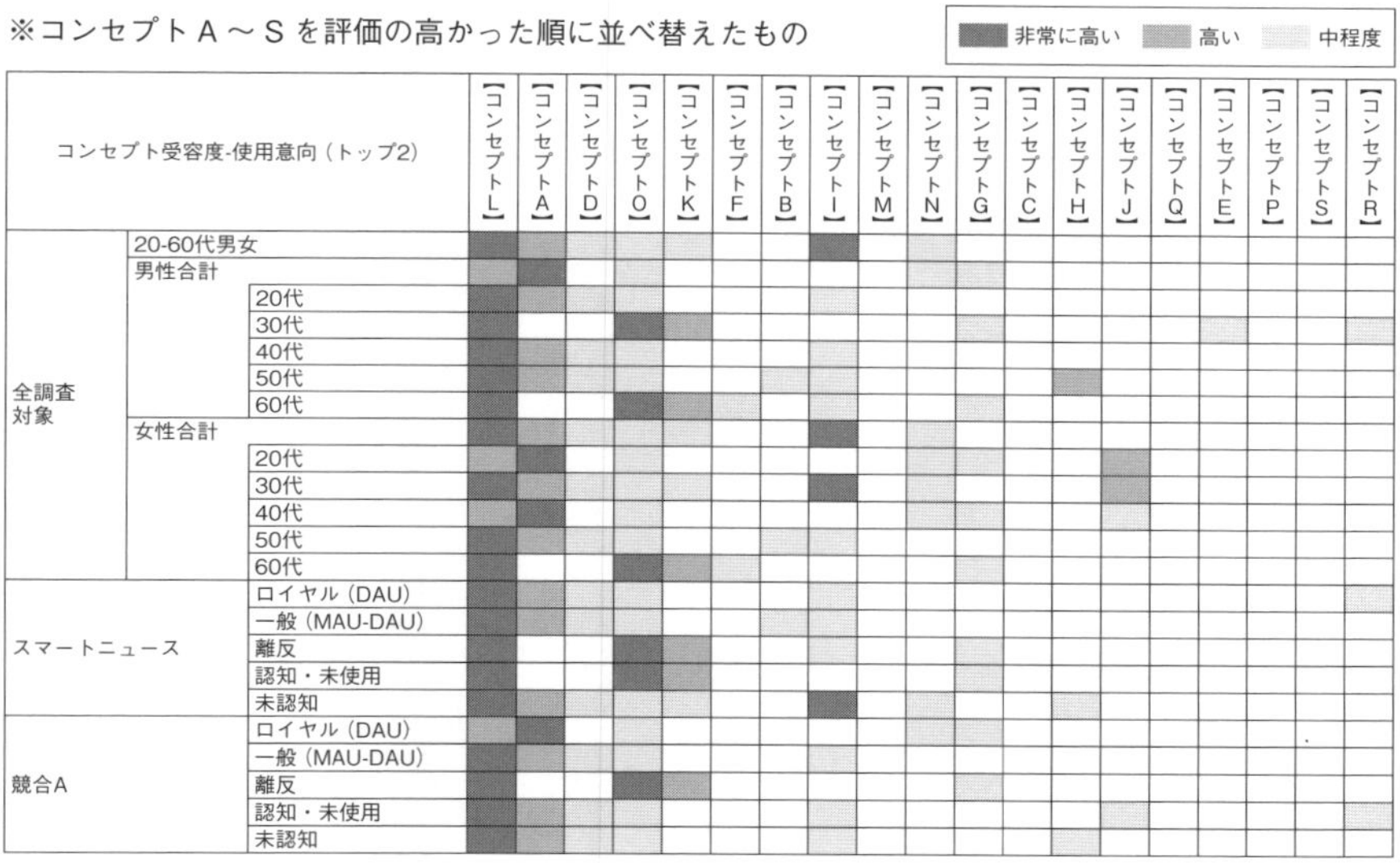

ジー情報サイトを集めました。スマートニュースで、毎日、世界最新のテクノロジー情報を、1分で一気にチェック。

■「子育て応援チャンネル」頑張るパパママへ、スマートニュースが国内外の子育て情報をまとめました。毎日、一番読まれている記事や情報が、スマホから、簡単に、どこからでもチェックできます。

■「クーポンチャンネル」スマートニュースに、クーポンチャンネルが登場しました。お近くの全国レストラン、ファーストフードチェーンのお得なクーポンが毎日手に入ります。ぜひ、お近くのお店でお得な食事をお楽しみください。

これらのコンセプトに対して、「興味があるかどうか」「ダウンロードしたいかどうか」を5段階で評価してもらい、調査対象全体、男女年齢別、さらにスマートニュースの5セグマップ、競合Aの5セグマップごとに分解して分析しました（図4－8）。

いずれの分析でも、「興味がある」「ダウンロードしたい／使いたい」という評価がいくつかのコンセプトに集中しました。その中で「英語ニュースチャンネル」は、圧倒的な上位ではないものの、目立って高く評価されていました。実はこのコンセプトは、筆者の妻へのN1インタビューから出てきた案でした。たまたま娘の英語の勉強のためとして妻がスマートニュースの英語版を長く使っており、その便利さを評価していたのです。スマートニュースは米国においても2014年から展開しており、現地のパブリッシャーさんのコンテンツを多く提供いただいて運営していました。それまでも、設定画面を日本版から英語版へ切り替えれば閲覧できたのですが、その機能がほぼ知られていない状態でした。N1インタビューを行った30人中、これを知っていて評価していたのは妻一人だったのですが、競合には真似できない独自性だと感じ、「アイデア」候補だと早期から決めていました。

実際、これ以降のN1インタビューの際に英語版を見せると、その独自性に感心して、米国の現地ニュースが簡単に読めることを評価する声も聞くことができていたのです。「わざわざお金を払って英語の勉強はしたくないけれど、無料で、通常のニュースをチェックするついでに見てみると勉強になるかも」という新しいニーズが見て取れたのです。

そして、コンセプトテストでの高い評価を受けて社内のコンテンツ責任者に相談したところ、部門を挙げて米国の主要パブリッシャーに許諾を得ることになり、スマートニュース日本版に現地

図4-9　スマートニュースの9セグマップ

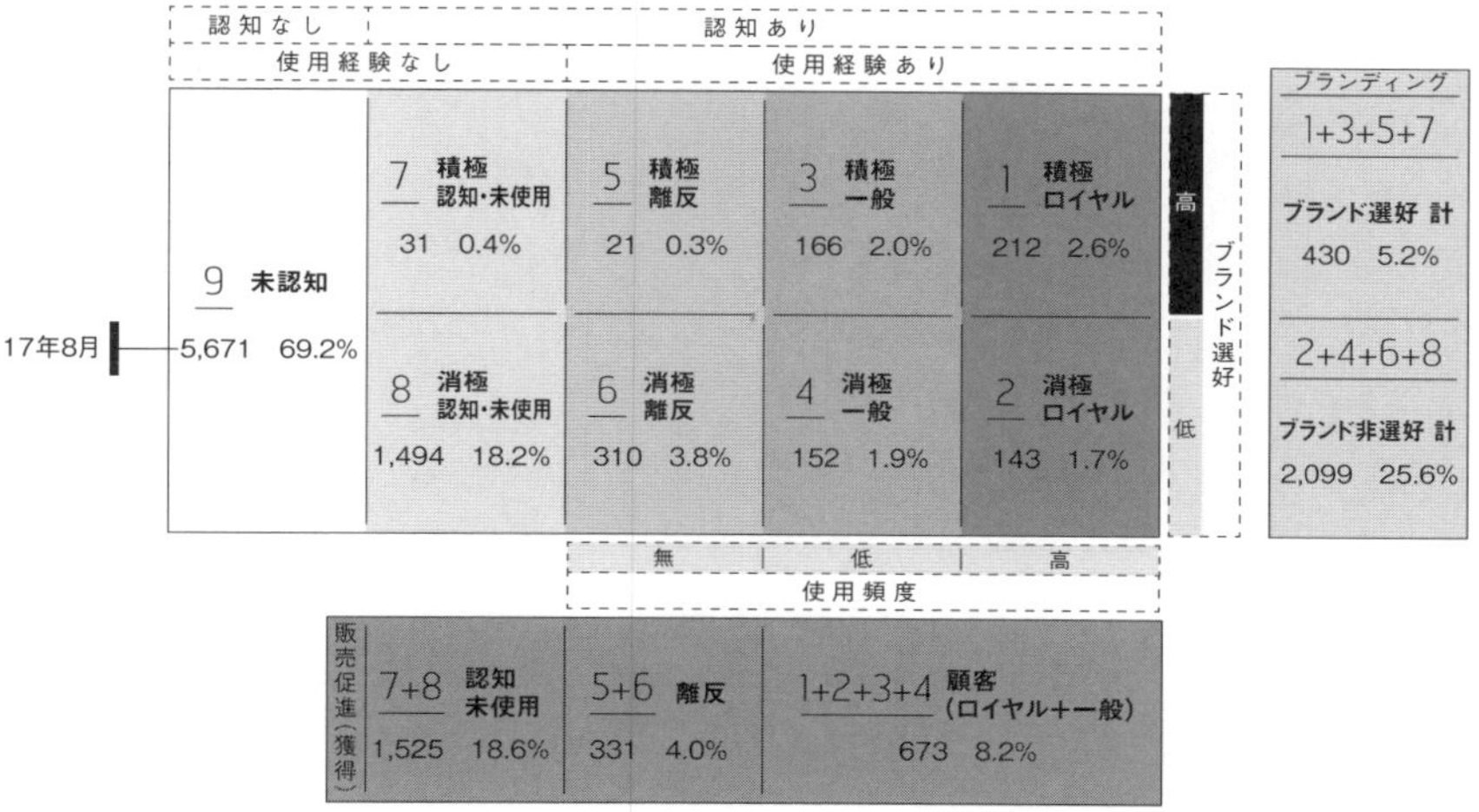

＊枠内左列 - 20-60代男女の人口推計8,200（万人）を母数とした概算　右列 - 対母数割合

ニュースを直接表示する「ワールドニュースチャンネル」の導入が実現しました。「世界中の良質な情報を必要な人に送り届ける」というスマートニュースのミッションにも整合性があると、積極的なサポートを得られました。

また、同チャンネルの開設に先立って、今後の比較分析に活用するために改めてネット調査を行い（N＝1200）、スマートニュースと競合Aの顧客ピラミッドと9セグマップを作成しました。調査対象1200人における各セグメントの％に、顧客ピラミッド作成時と同様にターゲットである20－60代男女の人口推計を掛けた概算をまとめました（図4－9）。

4-4 テレビCMでPDCAを回して集中投下

テレビCMの効果検証と絞り込み

ここからは、拡大の可能性を確かめた新規チャンネルを、どのような打ち手でローンチしたかを解説します。端的に言うと、「ワールドニュースチャンネル」の際は他の複数のコンセプト＝「プロダクトアイデア」も合わせて複数のテレビCMを制作し、小さいエリアで放映し、それぞれのCPI（アプリのインストールあたりの費用＝Cost Per Install）を確認した上で、デジタル広告も含めて同チャンネルへの集中投下を決断しました。

先に、なぜテレビCMを選択したのかを説明すると、先の調査で高評価だった上位コンセプトへの受容度を元に、各顧客セグメントからどれだけの顧客数の増加が期待できるかを算定し、そのために必要な各セグメントの認知のリーチ（コンセプトを伝えるべき人数）を定量化したところ、この時点では高ボリュームの新規獲得が見込めると確かめられたからです。そこで、デジタルでのターゲティングを活用するより、短期で広いセグメントリーチが可能なテレビCMに一気に投資することが得策だと判断し、デジタルで補完していく方針としました。

「ワールドニュースチャンネル」の開設準備と並行して、ブランド認知向上とコンバージョン促進（認知からダウンロード、そして継続使用）を同時達成するテレビCMを開発しました。初の本格的な投資なので、結果の良かった複数コンセプトを元に7種類のテレビCMを安価に制作し、広告代理店のチームの皆さんと、日々デジタルのように小さく投資しながら投資効率（CPI）を計測し、良いCMに投資集中する計画を立てました。つまり、テレビCMでPDCAを回すことにしたのです。

また、このテレビCMでは新規チャンネルの「アイデア」を伝えると同時に、行動データと心理データ分析から見えていた「自分が知らなかった情報を教えてくれる」「情報が多い」一方で、そのUIの「操作性（操作のしやすさと早さ）」も徹底的に伝えることに留意しました。

効果測定指標にはアプリのダウンロード数に加えて、Googleトレンドも用いました。筆者の経験では、テレビCMをきっかけに拡大するブランドは、CM放送直後に必ずブランド名の検索数が上昇します。今回は、まずCM放送から5分以内の検索数の上昇率を確認し、翌日にダウンロード増加数を参照して効果を検証しました。

そうして7種類のテレビCMを、2017年9月からマーケットで少量ずつ出稿し、効果を比較した結果、「ワールドニュース」が最も大きな反応を引き出しました。そこで10月以降に集中投資して、短期間にブランド認知形成とダウンロード促進での新規ユーザー数の増加を達成しました。同時に離反率の低下と復帰率（リターン）の増加という非常に喜ばしい結果に繋がったのです。これはコンセプトテスト結果を9セグマップで比較した際に、一般層と離反層からの「ワールドニュース」への好意的な反応からも予想されていた結果でした。

実際には、「ワールドニュース」をきっかけにダウンロードしたものの、やはり英語が難しいせいか、ほどなく「ワールドニュース」を読まなくなる方も出てきました。しかし、その多くが自分に合った他のチャンネルを登録したりしながら、スマートニュース自体は継続利用されていました。つまり、ここまでの行動データと心理データ分析で見たように、本来のプロダクトのＵＩと基本的なコンテンツの充実度合いは、ダウンロード促進目的の「アイデア」としてはコモディティ化しているものの、実際に使うと満足度が高い便益を提供していました。必要だったのは、初使用喚起に繋がる独自性と便益を組み合わせた新しい「プロダクトアイデア」だったのです。

このような流れで「ワールドニュース」という競合が真似できない「プロダクトアイデア」を創出し、停滞していたブランドの成長軌道への復帰が実現しました。顧客ピラミッドと９セグマップを起点に、Ｎ１分析から「アイデア」をつかみ、そのポテンシャルを量的に評価すれば事業に大きな飛躍を起こせることをデジタルビジネスにおいても証明でき、強い手応えを得られました。

「クーポンチャンネル」の発端

この「ワールドニュース」での成功に繋がったコンセプトテストにおいて、実は圧倒的Ｎｏ．１のダウンロード意向を獲得していたのが「クーポンチャンネル」でした。しかし「ワールドニュース」に比べて開発の時間とエンジニアのリソースが大量に必要だと予測され、パートナー企業への協力要請にも時間がかかるので、9月には間に合わないと判断していました。

そこで、こちらは一定の結果を出してからと考え、「ワールドニュース」の成功をもって再始動し、12月から一気に開発が進みました。開発チームの尽力で、セグメント間比較とオーバーラップ分析で見えていたスマートニュースとしてこだわるべき3点＝「情報が多く」、「自分が知らなかった情報を教えてくれる」こと、かつ「高い操作性」と、競合Aの離脱者が教えてくれた「情報量が多過ぎない」ことを両立する見事なプロダクトが完成しました。

さて、9セグマップをベースにしたN1分析に戻って、この「クーポンチャンネル」開発に至った流れを紹介します。30人以上にN1インタビューをする中で、ニュースアプリにかかわらず、どんなアプリをどんな場面でどんな頻度で使っているかを聞いていました。友人や家族のスマホのスクリーンを第1スクリーンから、多い人だと第6スクリーンまですべて見せてもらい、その人が24時間365日、生活の中でどのようにスマホと関わっているのかを理解しようとしました。

この中で見えたのが、扶養家族のいる男女およびお子様のいる主婦層が、クーポン使用のためのアプリを多数入れているという実態でした。マクドナルド、吉野家、ガストなどのブランドアプリに加えて、ホットペッパーなどの複数のクーポンアプリを入れて使い分けたり、財布の中に紙のクーポンをたくさん入れている方も多かったです。競合Aでもクーポンはときどき発行していたのですが、「いつ出ているかわかりにくく、欲しいけど使いにくい」との話も聞こえました。

また、「クーポンを使えるところでは使いたいが、どの店がいつどんなクーポンを発行しているかわからないので、気づかなくて損した気持ちになる」という声もありました。それなら「最新のクーポンをスマートニュースでシンプルにまとめてチャンネル化すれば、ニュースをチェックするついでに今日のランチのメニューや行くお店選びができ、大きな利便性を提供できる」、逆に「クーポン目的でスマートニュースを立ち上げてもらえれば、ついでに重要なニュースも見てもらえる」という「アイデア」に行き着いたのです。「マクドナルドやガストなど大手飲食チェーンのお得なクーポンが毎日配信されてお得なチャンネル」という「プロダクトアイデア」の誕生でした。

その後のN1インタビューの際に、このアイデアを話すと非常に好評で、後のコンセプト評価でも最も高い評価を確認できました。獲得できる可能性のある顧客数は、認知・未使用層と未認知層に多く見られ、さらに女性と若年層からの反応も高かったのです。当然、リーチの広いテレビCMを再度活用して投資すべきとの判断に至りました。

「アイデア」をストレートに語るテレビCMが奏功

「ワールドニュース」のときとは違い、今回の「プロダクトアイデア」候補はクーポン一つです。これをどのような「コミュニケーションアイデア」に変換すれば効果が最大化できるのかを、事前にテストしてから投資することにしました。このテレビCM企画およびオンライン広告の企画に関しては、千鳥さんにご出演いただいて6種類を制作し、「ワールドニュース」同様に少量出稿で実際にマーケットでテストして投資効果（CPI）を検証することで、結局、最もシンプルに「プロダクトアイデア」を訴求した「呼び名篇」と名付けたCMに投資することにしました（図4－10）。

図4-10 千鳥を起用したクーポンチャンネル訴求CM「呼び名篇」

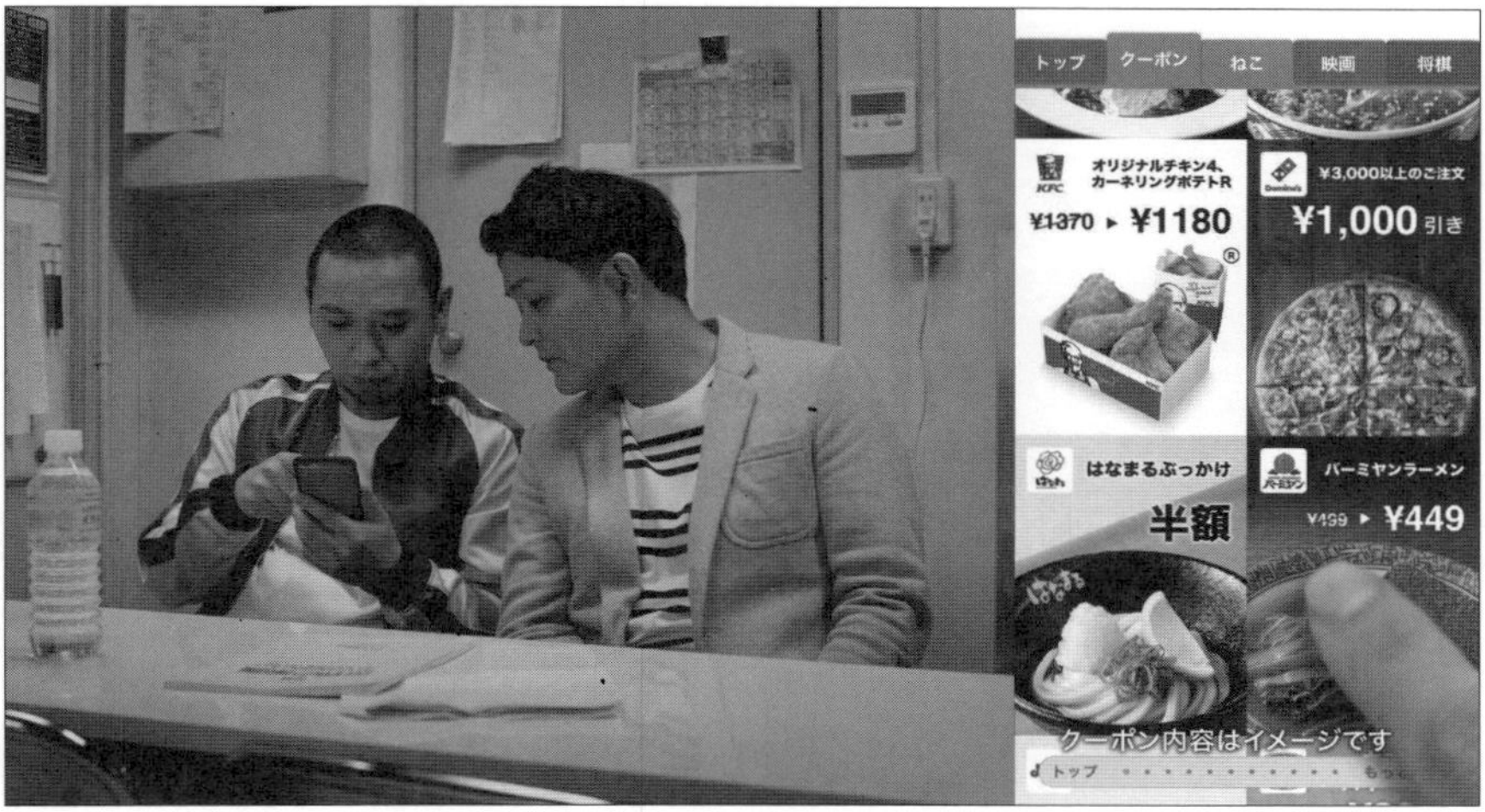

「スマートニュース」

「このクーポンチャンネル最近知ってよ」

「あークーポンな」

「そう店ごとにズラーっと並んでんよ」

「すごい量やな」

「そうそう便利やから毎日つこーとんのよ、貴様は？」

「貴様？」


「スマートニュース　今すぐダウンロード」

図4-11　千鳥を起用したクーポンチャンネル訴求CM「クーペン篇」

「スマートニュース」


「腹減ったなー」

「このスマニューのクーペンから選べよ」

「なんやクーペンって、クーポンやろ」

「見てみい、ズラーっとクーペンならんどるじゃろ。このクーペンの中から好きなクーペン選べば……」

「クーペンが気になる」

「おおっ？」


「スマートニュース　今すぐダウンロード」

6種類の中には、個人的には気に入っていた「クーペン篇」というCMがありました。それは「クーポン」を「クーペン」と読み違えるひねりが面白く（独自性）、テストではSNSの反響もこちらの方が強かったのですが、ダウンロードへの影響は「呼び名篇」に及びませんでした。（図4－11）。「コミュニケーションアイデア」の独自性として「クーペン」は強い反応を作り出したのですが、テレビCMとしての面白さが便益として強過ぎてプロダクトに繋がりにくかったのです。CMは話題になるがビジネスには繋がりにくい、まさにそのパターンだったと振り返っています。

このような効果検証プロセスを経て、「呼び名篇」という圧倒的な「コミュニケーションアイデア」を出稿し、デジタルマーケティングとPRを連動させました。「プロダクトアイデア」の強さを信じて、あえてシンプルなコミュニケーションを企画したチームの勝利でした。テレビCMでブランド認知自体が上がることで、デジタルマーケティングの投資効率も50％以上向上します。ブランドのプレファレンスが上がれば、さらに効率が上がり、テレビCM（オフライン）とデジタル（オンライン）のマーケティングの相乗効果が明確に現れます。このような相乗効果でダウンロード数と新規顧客が激増し、その結果、スマートニュース自体への広告収入も増え、その収益をマーケティングに再投資し、さらに新規顧客を増やすサイクルに入ったのです。そして、2012年のスマートニュース誕生以来、初めてiPhone（iOS）とAndroidの両方のアプリランキングで1位を獲得しました。「ワールドニュース」の際にも確認しましたが、クーポン目的でダウンロードした顧客には、クーポン以外のニュースやチャンネルも気に入っていただけているので、強い継続使用にも繋がっています。その後は各セグメントの動向を見ながらN1分析を継続し、クーポンの協力クライアントから特別クーポンを企画していただきながら、イノベーター理論でのマジョリティ層の獲得にも取り組んでいます。

30％だった認知度が50％を超えるまでは、テレビCMとオンラインメディアを中心に活用して大幅なダウンロードを獲得できていましたが、認知50％を超えたあたりから新規顧客獲得が鈍化（CPIの上昇）してきました。そこで、2章で紹介したように顧客ピラミッドの4層目の「認知しているが非ダウンロード」の顧客のN1分析をして、「ニュースアプリ」というカテゴリー自体の利用に保守的で、かつ、テレビCMへの受容度も低めな地方や都市部郊外在住の方々が見えてきました。その方々の利用を後押しする手段として新聞の折り込みチラシ広告や新聞広告を追加して、また新たな顧客層を拡大しています。

1年の結果を振り返って

２０１７年9月からの「ワールドニュースチャンネル」への投資、２０１８年3月からの「クーポンチャンネル」投資をはさむ、２０１７年8月から２０１８年8月までの13カ月間の進捗を振り返ります。

まず、現在顧客層の属性に大きな変化がありました。中高年男性が中心だった状態から、20－40代の女性層および若年層が増え、7：3だった男女比はほぼ拮抗し、人口分布比率に近くなりました。客観的に見て、ニュースメディアとしてバランスが取れた読者構成比になったと言えます。以前はあまりなかった女性向け商品やサービスのブランド広告の出稿が増加し、実際の広告効果も実証することで継続に繋がり、スマートニュース全体の収益にも大きく貢献しました。

ブランド認知やブランド選好（次回使用意向）を見てみると、２０１７年8月のスマートニュースを１００とすると、月ごとに増減はありながらもブランド認知は１６６％まで伸長し、同時期の競合Ａの１６４％に追いつきました（図４－12）。

またスマートニュースのブランド選好は、複数回答（ＭＡ）で、認知の伸び率と同等の１６４％まで伸長、同時期の競合Ａは１２５％です（図４－13）。さらにブランド選好の単一回答（ＳＡ）を見ると、スマートニュースは複数回答とほぼ同率で１６５％まで伸長していますが、競合Ａは同時期に様々な打ち手を実行したものの67％です（図４－14）。

図4-12 ブランド認知の比較

	8月	9月	10月	11月	12月	2018年1月	2月	3月	4月	5月	6月	7月	8月
スマートニュース	100%	129%	136%	147%	135%	144%	139%	145%	155%	162%	170%	172%	166%
競合A	140%	150%	157%	162%	154%	169%	158%	163%	171%	168%	168%	174%	164%

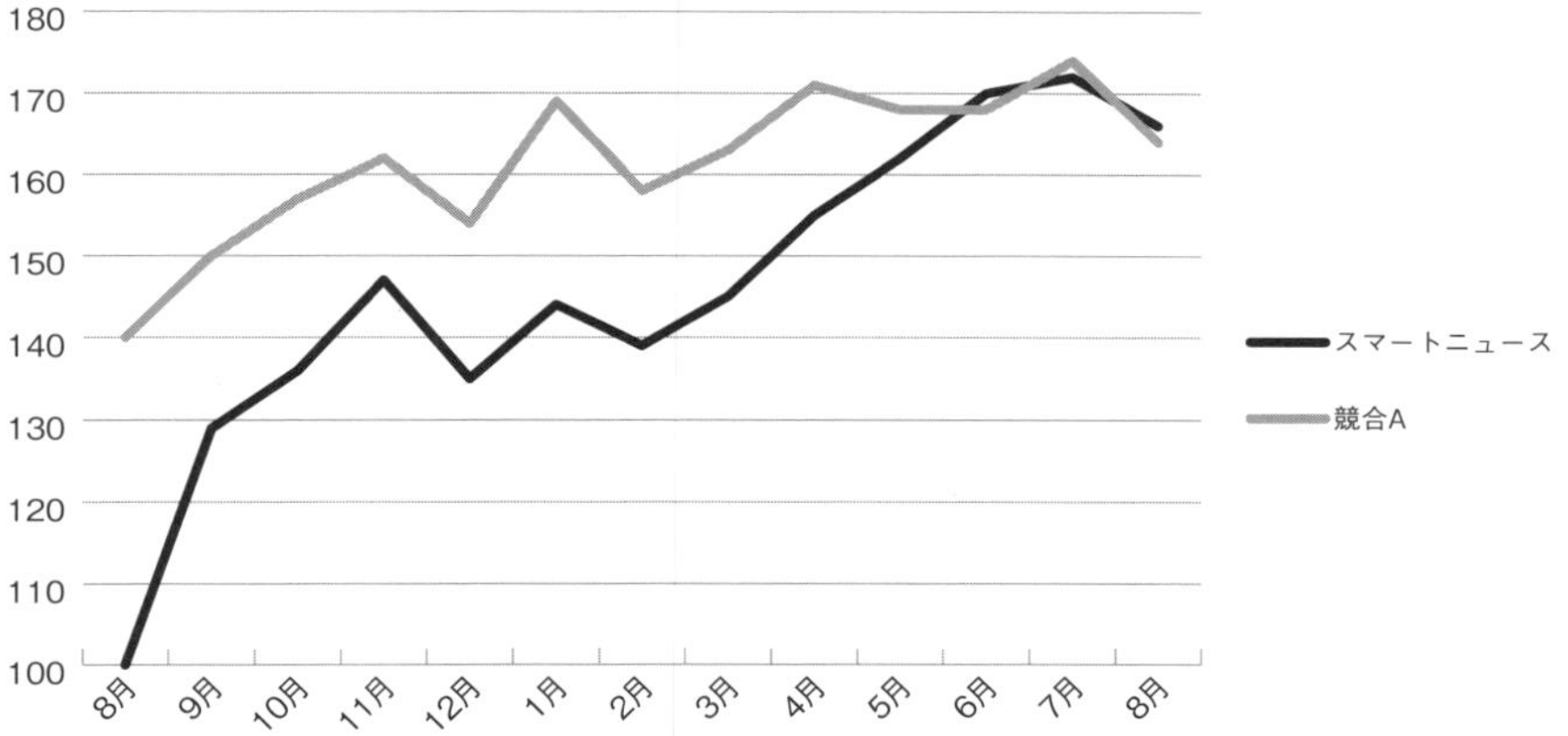

※スマートニュースの2017年8月の認知率を100とする

これらを5セグマップの動きで見ると、スマートニュースは現在の顧客数（ロイヤル層＋一般層の合計）を＋87％、ロイヤル層（DAU）を＋59％、一般層（MAU）を＋118％伸長させながら、離反層の増加は＋54％に留まっており、離反率（ロイヤルや一般からの離反）の減少もしくは復帰率（離反からロイヤルや一般への復帰）の向上があったと判断できます。未認知層を除く全体の次回選好は、元々競合Aよりかなり高く、13カ月を経てわずかに減少しました。現在顧客がほぼ倍になっていることを踏まえると、善戦したとはいえ、リスクが見えます。一方、同時期の競合Aは、現在の顧客数ロイヤル層＋一般層の合計）は＋1％と維持したもののロイヤル層を−7％失い、一般層の＋10％で補っている状態です。離反率も＋27％と増加しています（図4−15）。

図 4 - 13　ブランド選好の比較（MA）

	8月	9月	10月	11月	12月	2018年1月	2月	3月	4月	5月	6月	7月	8月
スマートニュース	100%	119%	133%	130%	115%	133%	135%	143%	151%	166%	170%	170%	164%
競合 A	120%	107%	109%	117%	103%	113%	110%	106%	137%	126%	128%	126%	125%

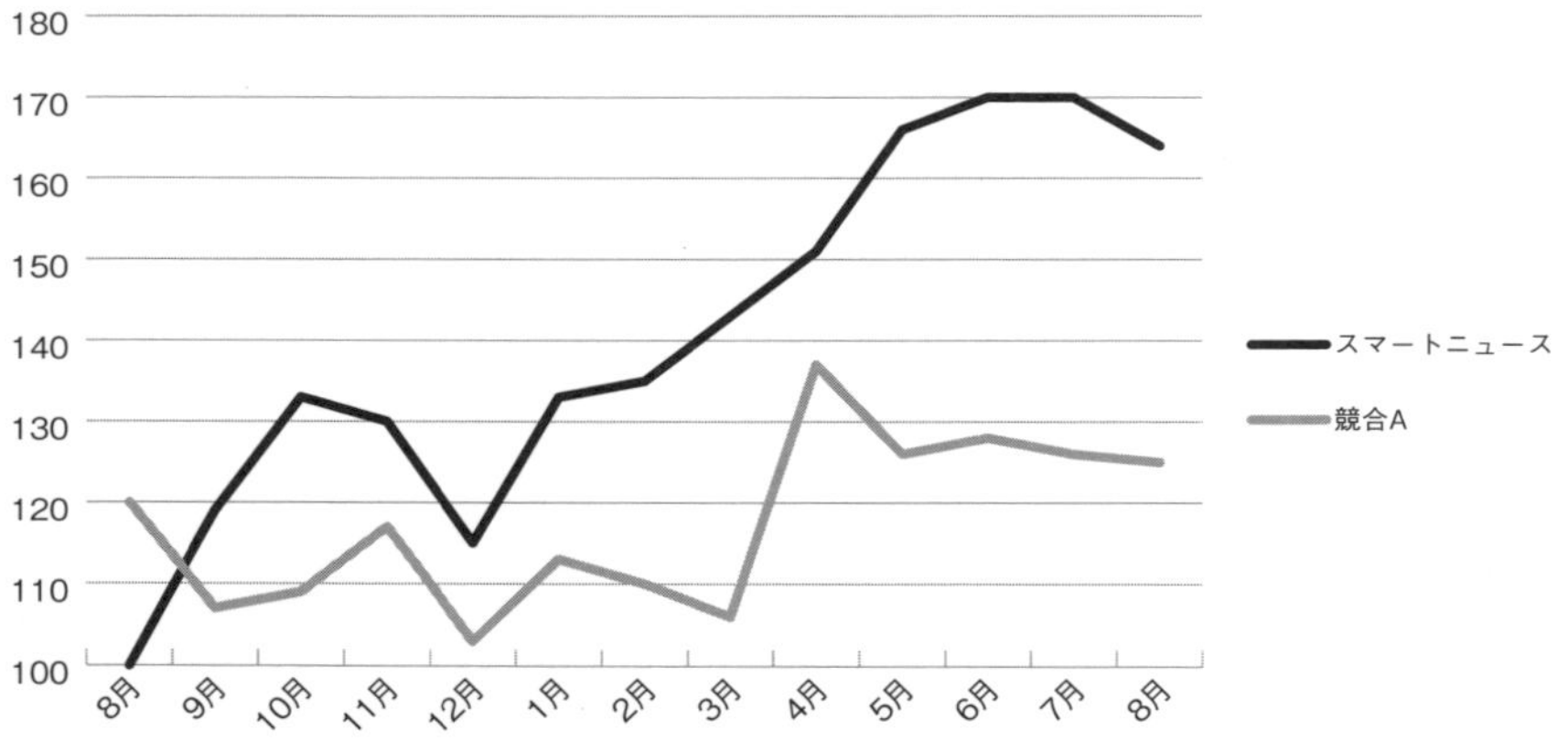

※スマートニュースの2017年8月選好率を100とする

図 4 - 14　ブランド選好の比較（SA）

	8月	9月	10月	11月	12月	2018年1月	2月	3月	4月	5月	6月	7月	8月
スマートニュース	100%	128%	147%	131%	127%	151%	138%	175%	152%	185%	159%	153%	165%
競合 A	77%	63%	67%	61%	56%	62%	73%	69%	75%	60%	40%	54%	67%

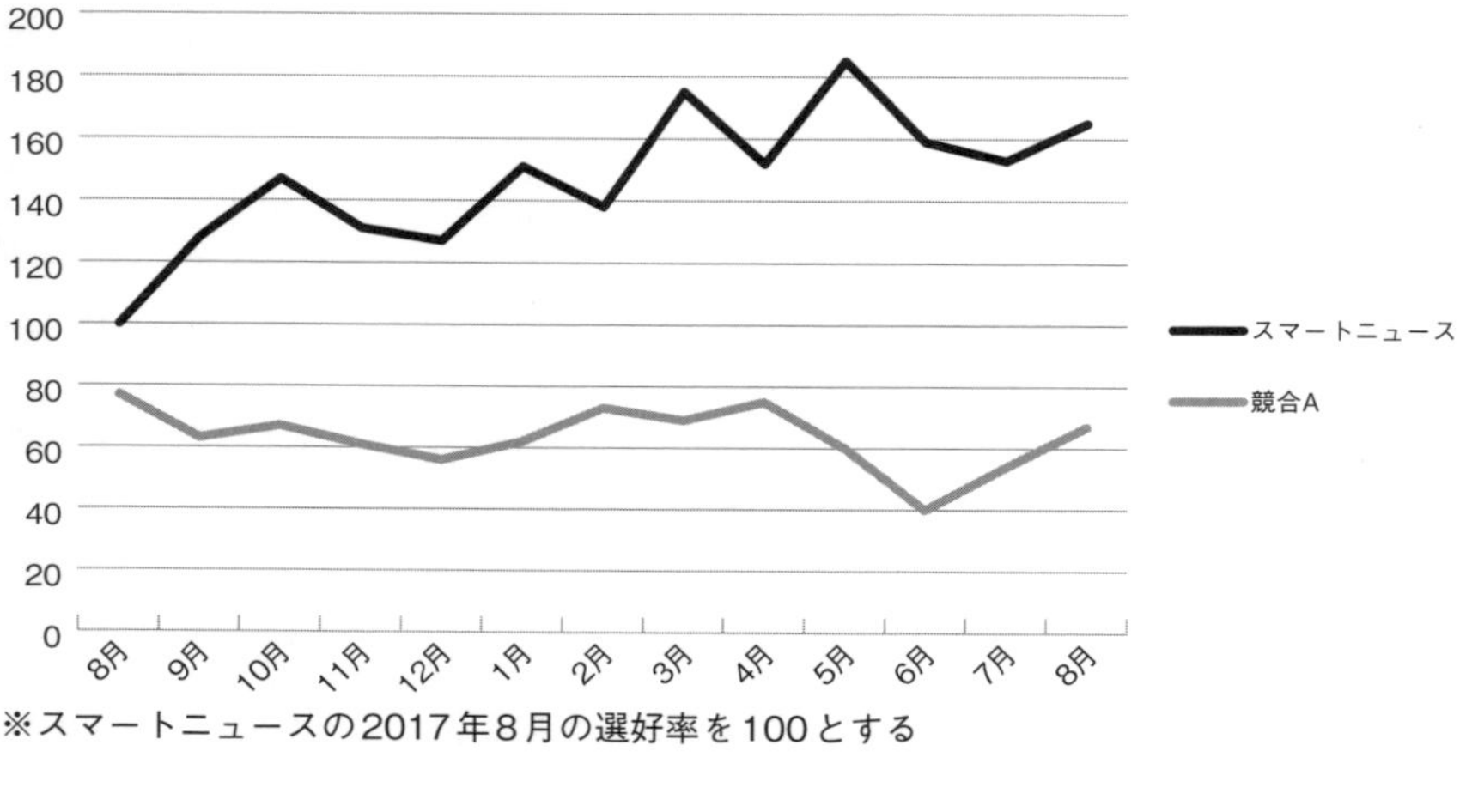

※スマートニュースの2017年8月の選好率を100とする

図4-15 5セグマップの比較

スマートニュース	2017年8月	2018年9月	増減	
ロイヤル（DAU）	355	565	210	159%
一般（MAU-DAU）	318	692	374	218%
離反	331	509	178	154%
認知・未使用	1,525	2,802	1,277	184%
未認知	5,669	3,632	-2,037	64%
ロイヤル＋一般	673	1,257	584	187%
次回選好（SA）※未認知層を除く	17.0%	16.1%		-0.9%

競合A	2017年8月	2018年9月	増減	
ロイヤル（DAU）	266	247	-19	93%
一般（MAU-DAU）	242	267	25	110%
離反	487	620	133	127%
認知・未使用	2,582	3,443	861	133%
未認知	4,623	3,624	-999	78%
ロイヤル＋一般	508	513	5	101%
次回選好（SA）※未認知層を除く	8.6%	4.3%		-4.3%

※いずれの時期ともN=1200の調査の割合と人口推計を元に概算を算出（単位：万人）

図4-16 スマートニュースの9セグマップの推移

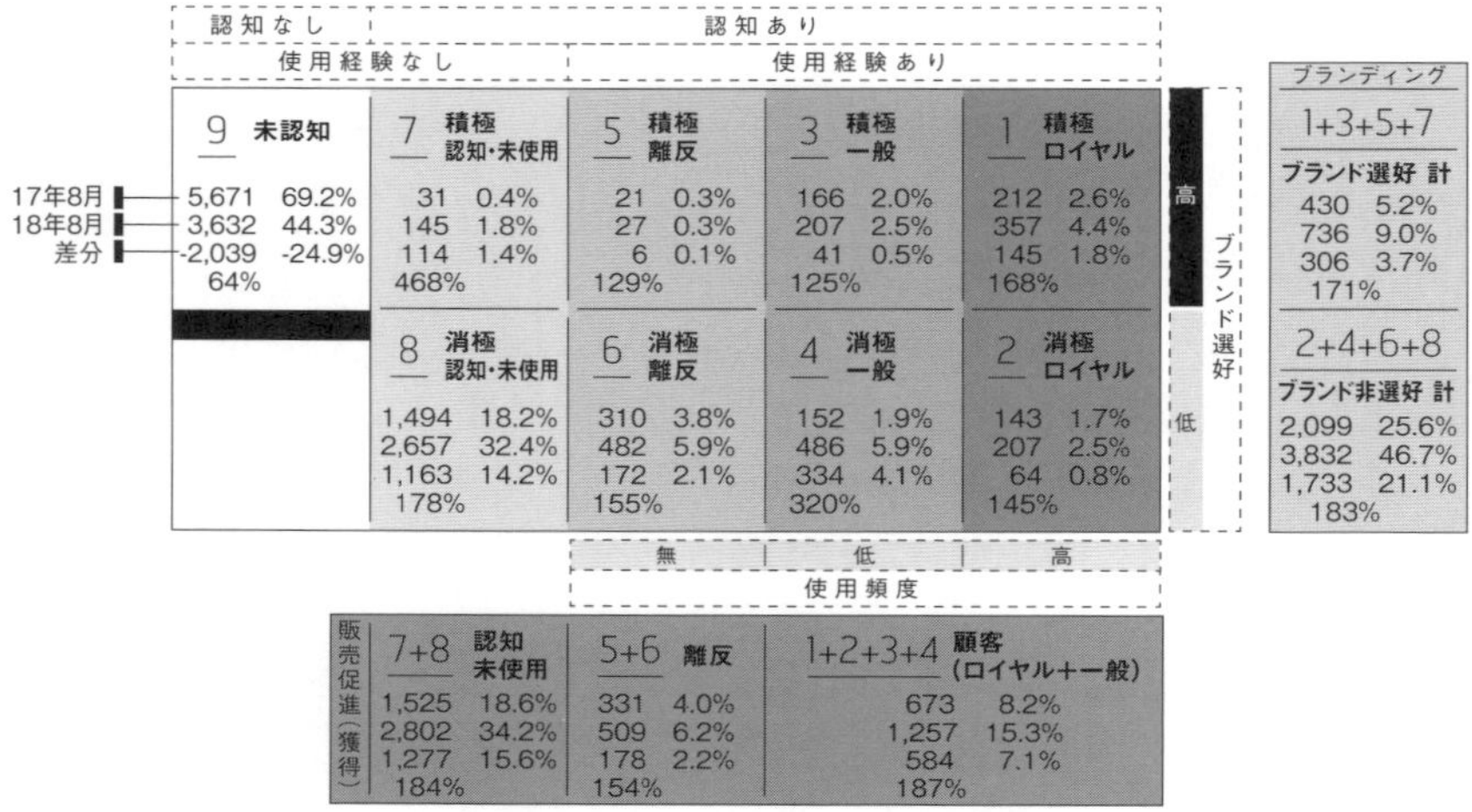

認知なし
認知あり
使用経験なし
使用経験あり
9 未認知
17年8月 5,671 69.2%
18年8月 3,632 44.3%
差分 -2,039 -24.9%
64%
7 積極 認知・未使用
31 0.4%
145 1.8%
114 1.4%
468%
5 積極 離反
21 0.3%
27 0.3%
6 0.1%
129%
3 積極 一般
166 2.0%
207 2.5%
41 0.5%
125%
1 積極 ロイヤル
212 2.6%
357 4.4%
145 1.8%
168%
8 消極 認知・未使用
1,494 18.2%
2,657 32.4%
1,163 14.2%
178%
6 消極 離反
310 3.8%
482 5.9%
172 2.1%
155%
4 消極 一般
152 1.9%
486 5.9%
334 4.1%
320%
2 消極 ロイヤル
143 1.7%
207 2.5%
64 0.8%
145%
高
低
ブランド選好
ブランディング
1+3+5+7
ブランド選好 計
430 5.2%
736 9.0%
306 3.7%
171%
2+4+6+8
ブランド非選好 計
2,099 25.6%
3,832 46.7%
1,733 21.1%
183%
無
低
高
使用頻度
販売促進（獲得）
7+8 認知 未使用
1,525 18.6%
2,802 34.2%
1,277 15.6%
184%
5+6 離反
331 4.0%
509 6.2%
178 2.2%
154%
1+2+3+4 顧客（ロイヤル＋一般）
673 8.2%
1,257 15.3%
584 7.1%
187%

＊枠内左列 -人口推計8,200（万人）を母数とした概算　右列 - 対母数割合

図4-17 競合Aの9セグマップの推移

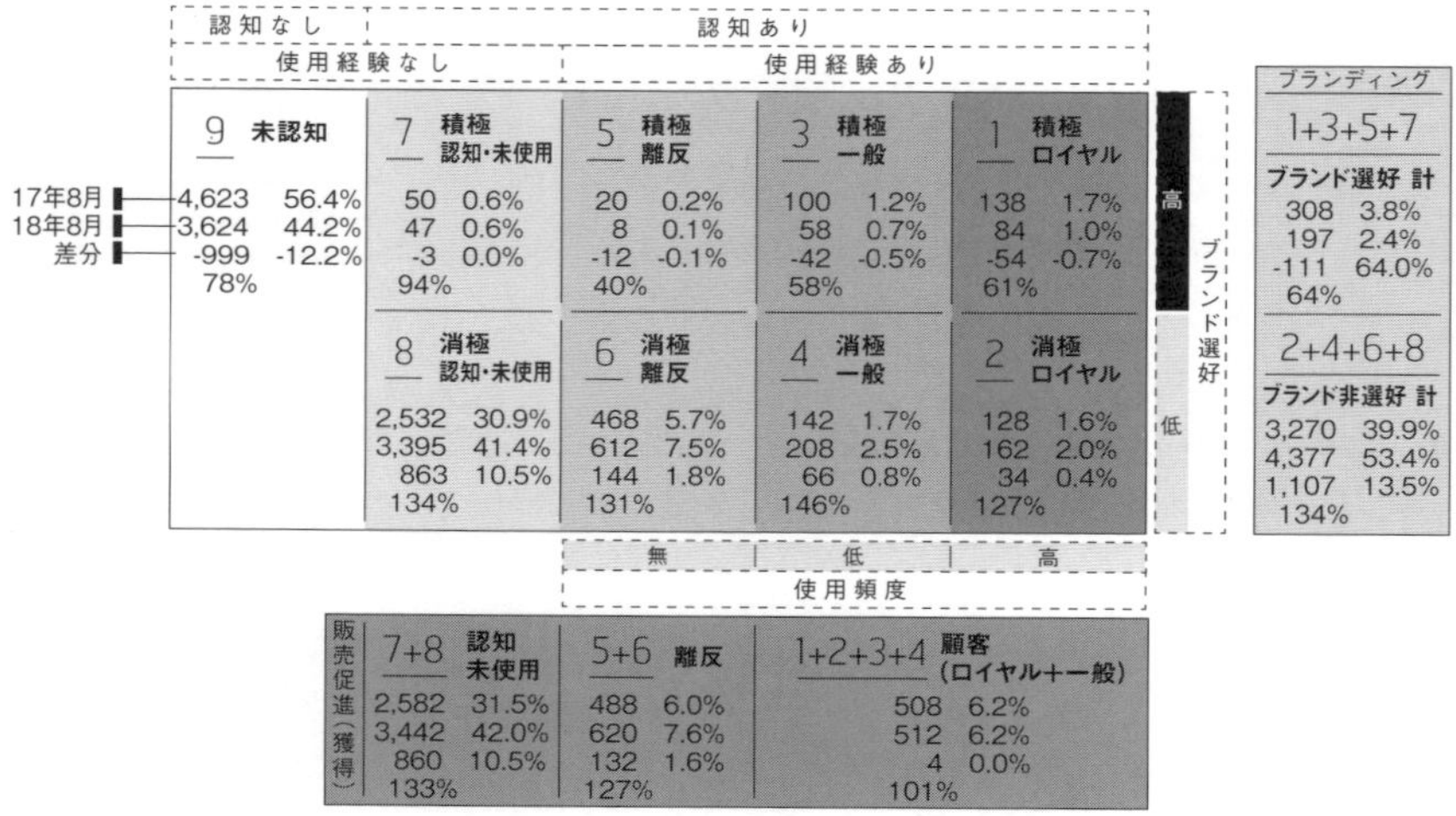

認知なし
認知あり
使用経験なし
使用経験あり
9 未認知
17年8月 4,623 56.4%
18年8月 3,624 44.2%
差分 -999 -12.2%
78%
7 積極 認知・未使用
50 0.6%
47 0.6%
-3 0.0%
94%
5 積極 離反
20 0.2%
8 0.1%
-12 -0.1%
40%
3 積極 一般
100 1.2%
58 0.7%
-42 -0.5%
58%
1 積極 ロイヤル
138 1.7%
84 1.0%
-54 -0.7%
61%
8 消極 認知・未使用
2,532 30.9%
3,395 41.4%
863 10.5%
134%
6 消極 離反
468 5.7%
612 7.5%
144 1.8%
131%
4 消極 一般
142 1.7%
208 2.5%
66 0.8%
146%
2 消極 ロイヤル
128 1.6%
162 2.0%
34 0.4%
127%
高
低
ブランド選好
ブランディング
1+3+5+7
ブランド選好 計
308 3.8%
197 2.4%
-111 64.0%
64%
2+4+6+8
ブランド非選好 計
3,270 39.9%
4,377 53.4%
1,107 13.5%
134%
無
低
高
使用頻度
販売促進（獲得）
7+8 認知 未使用
2,582 31.5%
3,442 42.0%
860 10.5%
133%
5+6 離反
488 6.0%
620 7.6%
132 1.6%
127%
1+2+3+4 顧客（ロイヤル＋一般）
508 6.2%
512 6.2%
4 0.0%
101%

＊枠内左列 -人口推計8,200（万人）を母数とした概算　右列 - 対母数割合

図4-18 両ブランドの9セグマップの比較

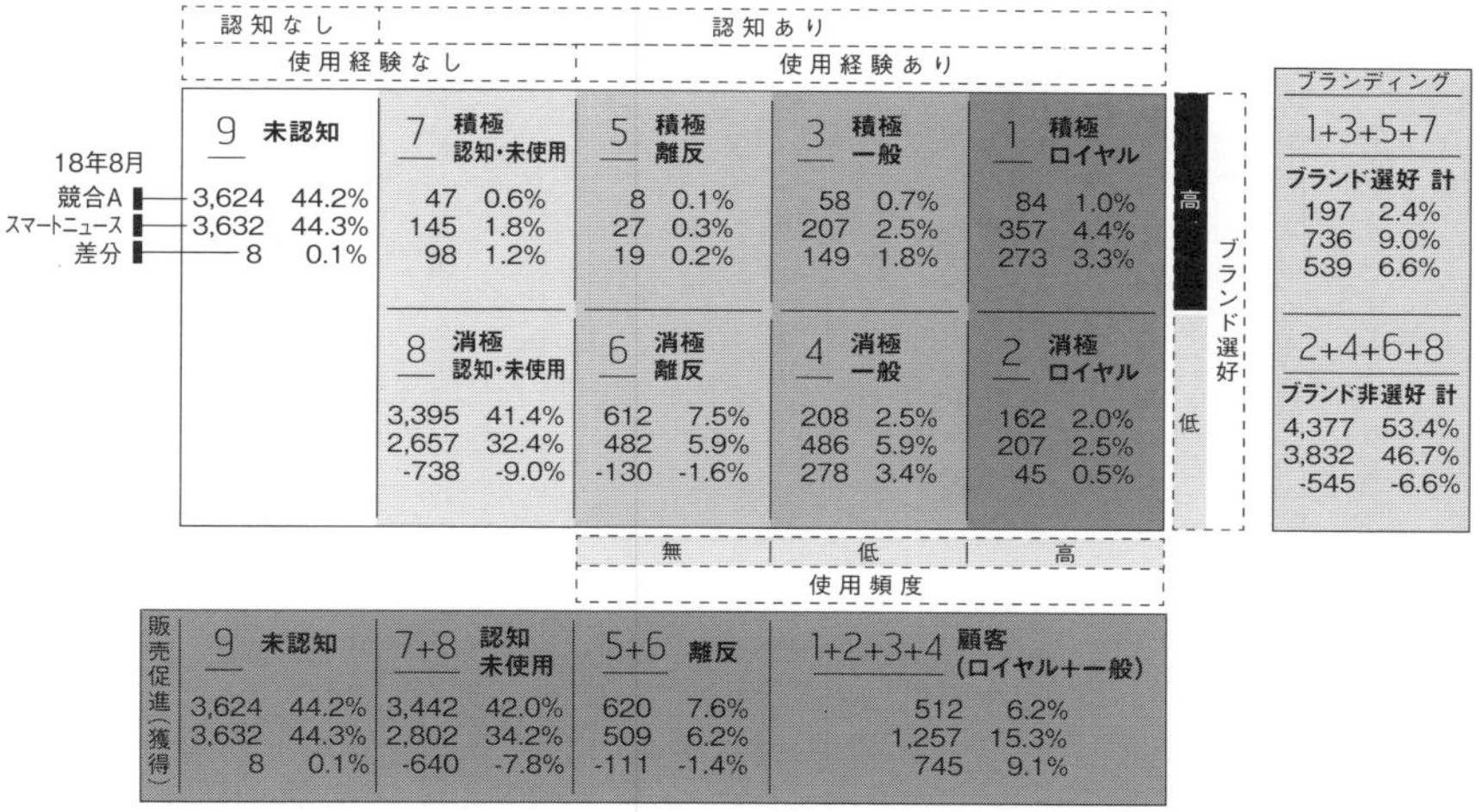

認知なし
認知あり
使用経験なし
使用経験あり
18年8月
競合A
スマートニュース
差分
9 未認知
3,624 44.2%
3,632 44.3%
8 0.1%
7 積極 認知・未使用
47 0.6%
145 1.8%
98 1.2%
5 積極 離反
8 0.1%
27 0.3%
19 0.2%
3 積極 一般
58 0.7%
207 2.5%
149 1.8%
1 積極 ロイヤル
84 1.0%
357 4.4%
273 3.3%
8 消極 認知・未使用
3,395 41.4%
2,657 32.4%
-738 -9.0%
6 消極 離反
612 7.5%
482 5.9%
-130 -1.6%
4 消極 一般
208 2.5%
486 5.9%
278 3.4%
2 消極 ロイヤル
162 2.0%
207 2.5%
45 0.5%
高
低
ブランド選好
ブランディング
1+3+5+7
ブランド選好 計
197 2.4%
736 9.0%
539 6.6%
2+4+6+8
ブランド非選好 計
4,377 53.4%
3,832 46.7%
-545 -6.6%
無
低
高
使用頻度
販売促進（獲得）
9 未認知
3,624 44.2%
3,632 44.3%
8 0.1%
7+8 認知 未使用
3,442 42.0%
2,802 34.2%
-640 -7.8%
5+6 離反
620 7.6%
509 6.2%
-111 -1.4%
1+2+3+4 顧客（ロイヤル＋一般）
512 6.2%
1,257 15.3%
745 9.1%

＊枠内左列 -人口推計8,200（万人）を母数とした概算　右列 - 対母数割合

9セグマップで見ると、販売促進軸（横軸の獲得数）でスマートニュースの現在の顧客数（積極ロイヤル＋消極ロイヤル＋積極一般＋消極一般の合計）が＋87%、ブランディング（縦軸の獲得数）でブランド選好者が＋71%、非選好者が＋83%（主に未認知セグメントからの移行）となっています。スマートニュースの現在の顧客数が激増し、ブランド選好者の数も増加したことは非常に喜ばしいですが、消極ロイヤル層、消極一般層も増加しているので、この2層のブランド選好向上が継続的な新規顧客獲得とともに今後のマーケティング課題と言えます。この時期のスマートニュース、競合Aの9セグマップの変化と比較も掲載しますので、ぜひ分析してみてください（図4−16、17、18）。

ここまで紹介したスマートニュースのマーケティングは、顧客一人から一定期間に得られる累計利益を計算し（LTV）、それを元にマーケティング投資を行っています。具体的に言い替えると、LTVを超えない範囲までの新規インストール一人あたりのマーケティングコスト（CPI＝Cost per Install）を投資の制約条件とした、新規顧客の獲得です。

第3章で紹介したように、ブランド認知とブランド選好が向上すればCPIは下がります。そこで、オフラインのテレビCMで認知と選好を上げながら、かつテレビCMから即時の新規顧客の獲得を最大化すると同時に、ブランド認知と選好を持った未インストール層（9セグマップの7番目である積極・認知・未使用顧客）を拡大して、オンライン広告を使って低いCPIで獲得してきたのです。テレビCM投資は非常に高価ですので、テレビCMから直接獲得できる顧客数と、後にオンライン広告で獲得できた顧客数を合わせた総数と、全体のマーケティング費用が制約条件に合うように設計し、運用しています。

さらに幸運なことに、テレビCMでのブランド選好の構築を通じて、離反顧客数を減少させ、離反顧客の復帰数を増加させて、顧客全体のロイヤル化にも貢献しました。

ここまで4章で紹介してきた、5セグマップと9セグマップの作成、N1分析からの複数の「アイデア」創出、そしてコンセプトテストで定量化して複数のテレビCMを製作し、さらにテストを繰り返した目的は、この統合的なマーケティングプランを組み立てるために行ったのです。およその要点を次頁にまとめましたので、参考にしてください。

スマートニュースはその後のマーケティング活動、プロダクト改善もあり、2018年にニュース専門アプリとしては日本最大となりました。また、米国においても、同様なフレームワークを活用して顧客起点のマーケティングを開始しており、日米合算で月間使用者数は1000万人を超え

・投資制約条件：

LTV（一定期間で得られる顧客一人あたりからの累計利益）

＞　新規顧客獲得コスト ＝ 一人あたりへのマーケティング投資額（CPI）

＊LTV×総顧客数（新規獲得数＋既存顧客数※）

＝　一定期間内の総利益

＊ロイヤル顧客層のLTV　＞　一般顧客層のLTV

※既存顧客数＝継続顧客数＋離反層からの復帰数－現在顧客からの離反数

・統合マーケティング目標：

1　総顧客数の増加 ＝ 投資制約条件内での新規獲得の顧客数
＝ ①テレビCM投資からの直接顧客獲得数
＋ ②オンライン広告からの新規顧客の獲得数
（テレビCM投資によるブランド認知とブランド選好の向上によるオンライン広告の顧客獲得コスト効率上昇を反映）
＋ ③既存顧客の維持数
（ブランド選好向上で、既存顧客の離反率を減少させ、離反顧客を復帰させる）

2　ロイヤル顧客割合の増加 ＝ ブランド選好の向上による既存顧客のロイヤル化
（使用頻度・時間の増加）

＊ブランド認知が伸びないとオンライン広告およびPR投資の新規顧客獲得へのコスト効率は伸びないので、投資可能な上限ができてしまう

ています。この内容と結果に関しては、また機会があれば報告させていただきたいと思います。

【第4章のまとめ】

1 「プロダクトアイデア」の強みでマーケティングすることが重要
2 N1起点の「アイデア」のポテンシャルはコンセプトテストで検証できる
3 テレビCMもオンラインマーケティング同様にPDCAで効果を最大化できる

column
4

顧客の理解が浅かった失敗事例

ケーススタディの章以外にも、本書ではいくつかの成功事例に触れましたが、実際にはたくさんの失敗経験もあります。むしろ失敗を糧に、本書でのフレームワークを確立してきました。

顧客起点のマーケティングがうまくいかないパターンの典型は、〝N1〟を絞りきれず、マス思考に囚われてしまい、誰にも深く響かないケースでしょう。他にも「プロダクトアイデア」がしっかり「コミュニケーションアイデア」に落とし込めていない、マーケティングの過程で「プロダクトアイデア」が揺らいでしまう、「コミュニケーションアイデア」に逃げてしまう、などが挙げられます。

もう少し複雑な失敗例を、具体的に紹介します。これは、「プロダクトアイデア」が実際の商品使用場面と乖離してしまった例です。2008年、ロート製薬で「バスパス ボディオイル」という商品を発売しました。お風呂上がりに体を拭く前に、浴室内で塗布する保湿用のオイルです。今では〝インバストリートメント〟という浴室を出る前の濡れた状態でのケアが浸透しつつありますが、その先駆けの商品で、市場には先行商品はありませんでした。

ボディケアの観点で切っても切れないのは、保湿です。皮脂を洗い流してタオルドライした直後から肌はどんどん乾燥していくので、お風呂上がりの肌をすぐに保湿することが大切だというのが当時のメーカーサイドの常識でした。乾燥を放置すると、かゆみが発生しやすくなりますが、「保湿を怠るとかゆみになる」ことは意外と知られていません。かゆみに対しては、ロート製薬では医薬部外品のかゆみ止めクリームなどがすでに市場シェアを獲得していたので、むしろ、かゆみが発生する前にアプローチする保湿商材を開発できないかと検討したのが発端でした。

*

当時は明確な顧客ピラミッドまでは作りませんでしたが、まず女性のボディケア市場を調査し、大まかなセグメント分類を行っていました。保湿ケア商品は子どもの乾燥対策という購買理由も大きいので、家族で使用する人も対象として、保湿を求める顧客が最も多くいるのはどこか、という点から探ろうとしたのです。

開発担当者と一緒に、毎日丁寧に保湿しているロイヤル層と他の層の違いを分析すると、一般層やそれ以下では「乾燥肌を放置するとかゆみになる」ことの認知が低く、保湿をしないままで乾燥の季節にかゆみが発生し、いきなりかゆみ止めクリームなどを買う方が多くいました。逆にロイヤル層は「体を拭いた瞬間から乾燥していく」と感じていて、「拭いた直後に急いで保湿している」という行動が目立ち、オイルやクリームが使われていました。ただし不満もあり、「理想の肌はタオルドライ直前の濡れた状態」「もっと保湿したい」というインサイトがつかめました。

そこに大きなプロダクトギャップ、つまりニーズを満たす商品の欠如があるとわかったので、乾燥のメカニズムからも効果の見込める「浴室内の濡れた状態の肌をシーリングするオイル」というコンセプトにたどり着きました。「プロダクトアイデア」の独自性は「浴室内で使うボディオイル」、便益は「閉じ込める保湿」です。実際にコンセプトテストや試作品のモニター評価でも「ぜひ欲しい」と好評で、開発メンバーも何度も試して使用感を改善していきました。

ここまでは、強い手応えを感じていました。新規性の高い商品ですが、保湿を切実に求める層には支持されると確信していました。市場投入後も一定層から高い評価は得たのですが、結果としてはリピートが想定より少なく定番化せず、後に終売となってしまいました。頑張ってくれた仲間には非常に申し訳ない気持ちでした。

リピートされなかった理由を分析すると、実際の使用場面を深く理解できていなかったことを痛感しました。まず、オイルの扱いがクリームなどより難しく、浴室の床に垂れて汚れる、滑って危ない、という点。特に子どもに塗る人には、この観点が大事だということが抜けていました。2つめは、オイルを塗ってから体を拭くとタオルが汚れる気がする、毎日洗わなければと思うので面倒、という点です。実際にはボディシャンプーや入浴剤も多少タオルに成分が移るのですが、このオイルは洗い流さずに上がるため、拭き取ることが心理的な負担になっていたのです。

発売前に自分たちで試したときには、自分たちは正しい扱い方がわかっていましたし、圧倒的に保湿力があるいい商品だというバイアスがあったので、この懸念はほとんど持っていませんでした。圧倒的な保湿力があるから大丈夫だろうと、あとから考えれば、開発者目線を捨てきれていなかったのです。事前のモニター調査でも、商品の満足度ばかりを聞き、使用場面で何が起こっていたかは聞いていませんでした。子どもに塗布するお母様層をモニターに含めなかったのも、オイルの扱いにくさに気づけなかった理由かもしれません。その後のインバストリートメント市場の拡大を見ても、今でも着眼自体が悪かったとは思っていませんが、その「プロダクトアイデア」を提供者視点ではなく顧客視点で捉え、顧客の生活と使用場面を含めて必要な機能をつかみ、備えなければいけませんでした。

マーケターとして、社内外の多くの方と協力して市場に投入した商品やサービスを失敗だったと結論づけるのは、当たり前ですが身を切られる思いがします。できることは、その経験から可能な限り多くを学び、次に活かすことしかありません。これ以降は、商品ありきではなく必ずN1の生活ありきで、「プロダクトアイデア」の受容性の検討を入念に行うようになりました。

第5章

デジタル時代の顧客分析の重要性

最後の章では、顧客の生活環境が激変し、物理的世界とデジタルの世界が混在する今、ベンチャー企業がどのように新しい「プロダクトアイデア」を創出し、破壊的イノベーションを起こしているかを紹介します。多くの既存ビジネスの再定義が進む中、破壊されるのを待つのではなく、みずから破壊し再定義することが必要です。

5-1 デジタル社会に生きる顧客を捉える

フレームワーク運用の先にある理想像

デジタル技術がますます進化する現代のビジネス環境を見ると、デジタルで繋がる顧客行動の多くはリアルタイム計測が可能になり、マーケティングの自動化はさらに進んでいます。その商品やサービスが持つ「プロダクトアイデア」に価値を感じる潜在的な顧客のすべてに認知を促し、購買の機会を提供するという、マーケティング最適化のほとんどが自動化されつつあるのです。筆者が関わっているデジタルアプリのビジネスにおいては、この実現は、急速に進んでいます。

N1分析でしか把握できない顧客の心理状態など、デジタルで繋がっていないオフライン領域は、まだ自動化に時間はかかると思います。しかしIoTで世の中のモノが繋がり、ウェアラブル機器のような人体のデジタル接続技術が進めば、遠くない将来、心理状態の分析も一定の自動化ができるようになります。本書が対象としている顧客の行動と心理の変化も、いずれ9種類のセグメント以上の詳細セグメントでの分析が可能になり、最終的には無限セグメントで1オン1でのマーケティング活動の自動化に向かうでしょう。

妄想のように聞こえるかもしれませんが、それは、まさにレイ・カーツワイルが、著書『Singularity Is Near』（Penguin Books）で2045年に登場すると予想した「シンギュラリティ」の実現であり、社会のデジタル化はますます加速しています。その時期がいつなのかの予想は専門書に譲るとして、この項では、顧客起点マーケティングで注目する〝顧客〟の〝今〟を捉えるために、現在のデジタル技術の発展が、ビジネス環境をどのように変えつつあるかを考察したいと思います。

現在のデジタル変化のメカニズム

現在と今後を捉える上では、はじめに、この10年間でのスマートフォンの急激な浸透の背景にあるデジタル技術の連鎖を理解する必要があります。最近はAIやVRが話題になることが多いですが、実は、ロボティクス、バイオテクノロジー分野の研究技術も同じ技術連鎖で急加速しています。重要な連鎖は、2000年代後半からの、AWS（Amazon Web Service）ビジネスの拡大に象徴されるクラウドサービスの登場、そしてスマホの登場、ブロードバンドやLTE、Wi-Fiでの大量データ通信の高速化と一般化です。

まず、クラウドの登場によって、それまで自社管理運用（オンプレミス）で抱えていたサーバー負担がなくなり、次いで様々な開発ツールがクラウドで手に入ることになりました。これにより、デジタルサービスの開発と運営、データ蓄積と分析が手軽になり、コストが劇的に減りました。以前は潤沢な資本のある大手企業しかできなかったサービス開発やプログラム開発が、誰にでも可能になったことが重要な変化であったと考えます。

このクラウドの登場は、その後のＡＩの急激な発展にも繋がり、またデジタル領域における様々なベンチャーを生み出しており、これまでの大企業のビジネスを急激に脅かすようになったのです。「プロダクトアイデア」さえあれば、資本がなくても個人であっても、新しいビジネスを世に問うことができるようになりました。

そこにスマホが登場し、クラウドサービスを活用して、様々な企業やベンチャーが大量かつ多様なアプリを開発して安価に提供していきました。スマホの大量生産によって、その中に使われる各種のセンサーや部品のコストが劇的に下がったことも、様々なベンチャーを生み出した要因です。最初は、それまでＰＣ向けだったＷｅｂ上のサービスやゲームの移行が中心でしたが、その後にスマホ専用のアプリが増え始め、急激にアプリマーケットが成長しました。さらに大量データの高速通信環境の４Ｇが２０１２年に登場しWi-Fiも広がることで、ネットにアクセスするスピードが一気に上がり、場所を選ばず、映像や動画のようなリッチコンテンツも問題なく使えるようになり、スマホの浸透が一気に加速しました。

ここから、Amazonに代表されるＥＣを中心に、アナログで物理的な世界にあったサービスをスマホ内に取り込むサービス提案が増え、マスメディアの一部もスマホからアクセスできるようになりました。筆者が現在参画しているスマートニュースも２０１２年に誕生しています。ちなみに、

図5-1 複数の領域で技術発展が連鎖している

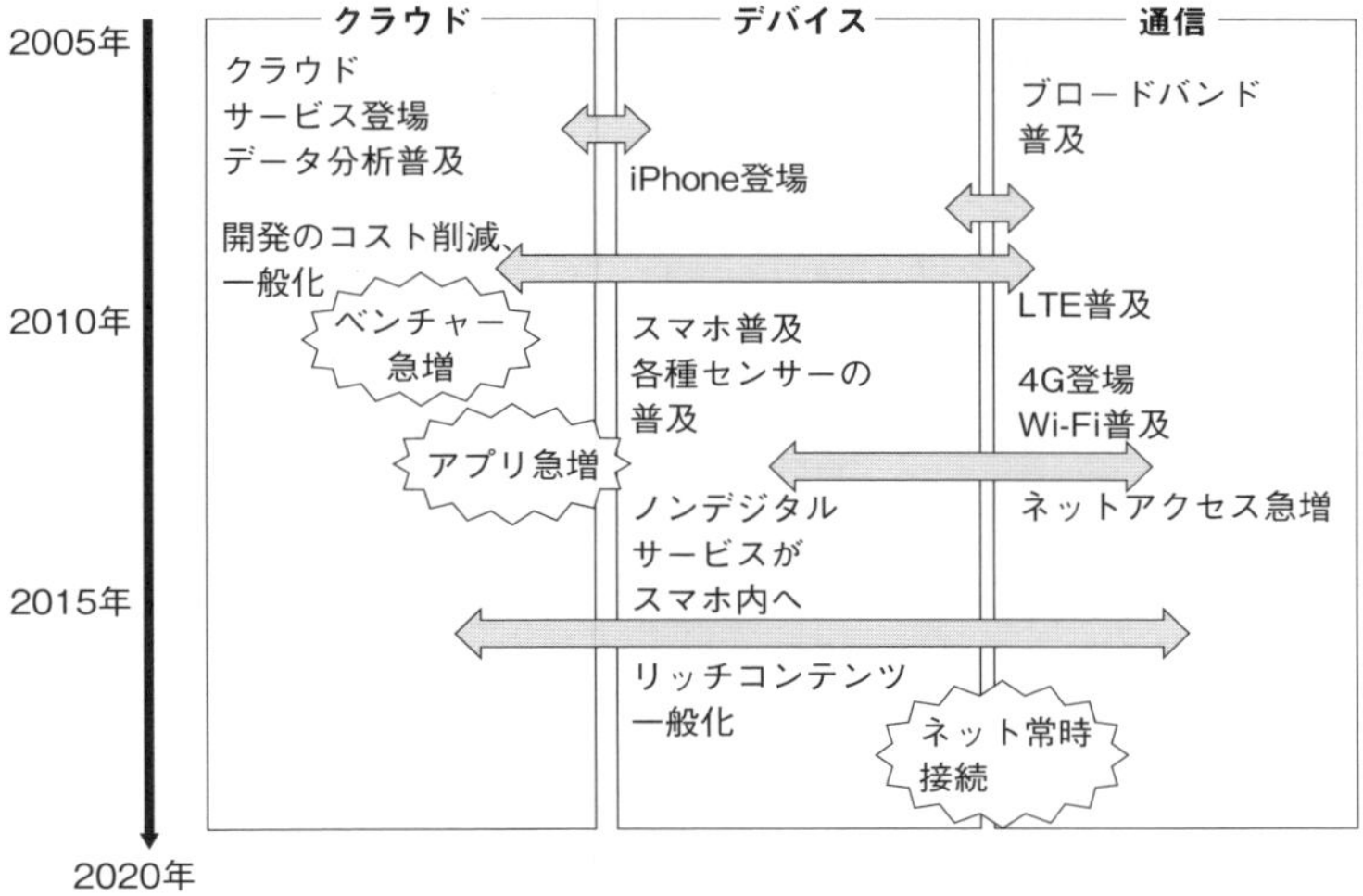

LINEは2011年、メルカリは2013年に登場し、ここ5年で一気に浸透しています。異なるデジタル技術が連鎖することで、スマホを通じて、個人が時間や場所を選ばずインターネットを利用できるようになり、あらゆる情報とメディア面への無限のアクセスを手にすることになったのです（図5－1）。

一連の変化が、PCや携帯電話の浸透のインパクトとまったく異なっている点は、その用途範囲と使用場面です。アプリサービスが発達し、リアルな世界でなければ手に入らないサービスがむしろ見つからないくらいに広がっていますし、また、よほどの山奥や海洋上でもない限り、使用場面の限定もなくなりました。

世界は「パラレルワールド」に

平成30年版の総務省の情報通信白書を見れば、日本でのスマホ保有率は、２０１０年の９・７％から２０１７年には75・１％に激増しています（※１）。これは携帯電話浸透の２倍速です。年代別では、13－19歳で79・５％、20代で94・５％、30代で91・７％、40代で85・５％、50代で72・７％、60代で44・６％（※２）。年代別のインターネット利用時間を見ると平日１日あたり、13－19歳で１２８・８分、20代で１６１・４分、30代で１２０・４分、40代で１０８・３分、50代で77・１分、60代で38・１分であり、40代－50代を境に、大きな差があります（※３）。

また、デジタルアーツの調査によると（※４）、高校生の平均利用時間は女子で６・１時間、男子で４・８時間です。授業やクラブの時間を除いて、起きている時間のほとんどでスマホ利用しているということです。

ここから、若年層を中心としたスマホ世代は、これまで私たちが生活をしてきた物理的な世界とは異なる〝ネット世界〟で長い時間を過ごし、物理的な世界で得られる情報とは異なる情報にアクセスしていることがわかります。スマホを通じて個々人がインターネットに直接、常時繋がることで、これまでの過去延長に存在する物理的でアナログな世界とは分断された新しい世界がネット内に出現し、急速に拡大しています。スマホにより世界は分断され、パラレルワールドが生まれているのです。

図5-2 「新リアルワールド」と「旧リアルワールド」

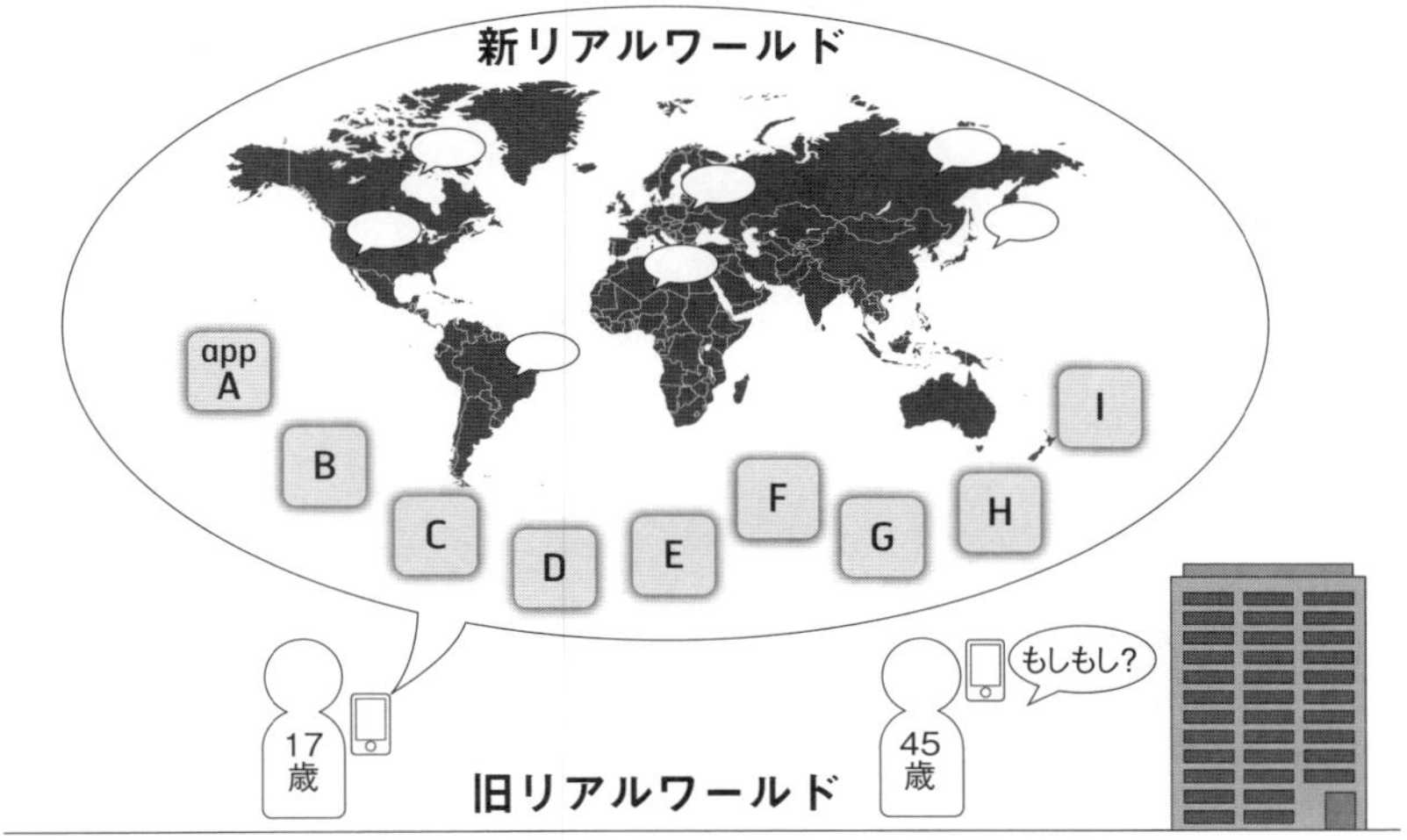

分断された一方の世界は、スマホを1日に6、7時間も使う若い子たちの「新リアルワールド」。そしてもう一方は、スマホは連絡手段に使う40代以上が暮らす「旧リアルワールド」です。渋谷の交差点にいる17歳の若者と45歳のビジネスパーソンは、物理的には同じ空間にいながら、見えている世界、住んでいる世界はまったく異なっています（図5－2）。

〝新リアル〟世代は、もはやスマホの中に住み始めているとも言えます。しかしながら、これまで長年、ビジネス界を牽引してきた中高年齢層を中心とした非スマホ世代にこの新しい世界は見えておらず、特に日本においてそのインパクトは過小評価される傾向があります。

その理由は、日本では相対的に、スマホネイティブである若年層の人口構成が少ないことです。スマホ保有は全世代に広がっていますが、スマホネイティブと呼ばれる10－20代は、30代－60

代に比べて世代人口が2分の1以下です。人数構成が少ないので、マクロでの消費行動の変化は他の世代に比べて見えにくくなっています。特に歴史ある大手企業は、自社のビジネス顧客の大半が世代人口の多い40－60代に軸足があるため、その増減の方に気を取られ、どうしてもスマホ世代への意識は低くなりがちです。

スマホ世代の若年層が、ずっとスマホで誰かと繋がっていて、友達や情報を通して世の中を捉えている一方で、上の世代の人たちにとってスマホは電話の延長であり、連絡手段でしかありません。2つの世界が互いに見えないまま「パラレルワールド」として共存する中で、スマホの世界はどんどん拡大しています。同じ物理空間に生活しながらも、まったく異なる情報と興味を持つ2層を抱き込んで、急速にデジタルワールドが拡大している過程が現在です。その変化は、過去100年200年のような直線的変化ではなく、倍々で広がっていく幾何級数的な変化であると捉えることが重要です。

「パラレルワールド」から「ゼロフリクションワールド」へ

では、この「パラレルワールド」は、どこに向かっているのでしょうか？　クラウド、スマホ、通信スピードの高速化を起点に、AI、ディープラーニング、IoT、ビッグデータ、さらに、GPU（画像処理半導体）、5G（第五世代移動通信システム）、スマートグラスのような様々なウェアラブルデバイス登場が合算されることで、2016年にダボス会議で取り上げられた「第四次産業革

図5-3　パラレルワールドから ゼロフリクションワールドへ

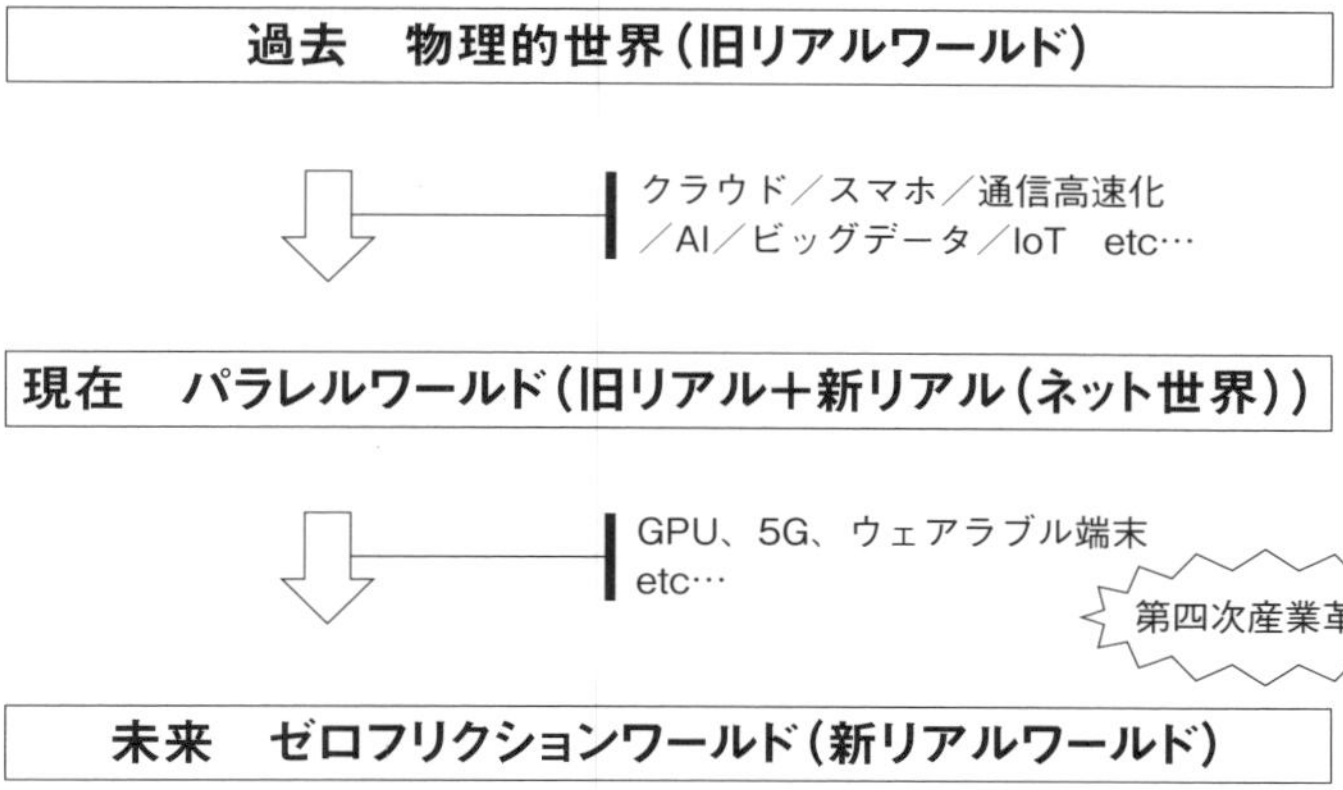

命」が起こりつつあります。これを端的に表すと、「ゼロフリクションワールド」とも言える世界が実現しつつあると考えています。

それは、生きる上で必要だった物理的な作業や時間的な手間、それにまつわる心理的な負担や不満であるフリクション（摩擦）がすべてゼロになる世界です。現在は、その途上にあると言えます（図5－3）。

生活の中に存在するフリクションとは、噛み砕いて言うと、より幸福な生活を得るために必要だった物理的な移動や作業、時間や心理的負担のことです。今、それが一つずつ消滅しつつあります。

例えば、物理的に移動するために必要だったフリクション＝切符を買う、料金を払う、料金を払うためにＩＣカードやスマホやスマートウォッチをかざす、電車の時刻表を調べる、乗り換えを調べる、行き先掲示板をみる、階段を降りる、待つ、並ぶ、タクシーを探す、電話やスマホで予約する、行き先を告げる、寒ければ温度を上げてもらうようにドライバーに頼む……など、物理的な作業や時間的な無駄を思い浮かべると、その多くがすでに解消されていることが理解できると思います。さらに言えば、「移動しなければならない」といった理由そのものがフリクションとして捉えられ、高速通信やホログラム技術などのデジタル技術で解決され、移動の必要性自体がなくなっていっています。

「新リアルワールド」マーケティング

改めて、顧客起点マーケティングの実践に立ち戻ります。我々マーケターが向き合っているのは、「デジタルか？　マスか？」という問いではありません。前述の「新リアルワールド」が急速に拡大し、「ゼロフリクションワールド」へ向かう過程として旧リアルと新リアルに分断されていく顧客そのものです。効果のあるマーケティング戦略および事業戦略を構築するには、手段や手法ではなく、急速に変化し続ける今の顧客の事実を把握し、次の変化を早期に洞察するしかないのです。ここに、本書が顧客起点のマーケティングを提案する意味があります。

若年層が暮らしている「新リアルワールド」でのマーケティングを考えた場合、まずスマホの中に、その事業やビジネスに関して何らかの情報発信はあるのかどうか、そして実際にターゲットに届いているのかどうかが大きな課題になります。今、親子の会話や友人との会話、移動中に目にする広告や、新聞やテレビなどのメディアまでもが、スマホで繋がる「新リアルワールド」に移行しています。そこに情報接触がなければ、若年層にとってその事業やビジネスは、存在すらしていません。このままでは「旧リアルワールド」の縮小とともに、ビジネスは衰退していきます。

さらに重要なのは、スマホ経由のネットアクセスは、個人の情報取得が自発的であり、テレビのように受け身でないことです。スマホは画面が小さいこともあり、90年代や2000年代のPCを通じたWeb主流の時代よりも、はるかに情報の取捨選択が速くなっています。

マスメディア中心の時代は、企業側のコミュニケーションもシンプルかつ一方通行的に提供でき、主導権は情報を発信する企業側にありました。しかし、スマホ経由の「新リアルワールド」は、情報は誰かに与えられるものではなく、主導権は個人に移動し、みずから瞬時に取捨選択するものになっています。

広告も、瞬時に見る・見ないが判断されています。テレビであれば、興味がないCMでも受動的に見てしまうことがあっても、スマホ上ではあり得ません。つまり広告一つとっても、スマホはテレビに代表されるマスメディアの単純な置き換えにはならないのです。

また、スマホ経由で取得する情報やアクセスするメディアは多種多様です。個々人の興味に応じて、それぞれがアクセスするサイトやメディアはどんどん変わっていきます。SNSですら、個人の趣味や嗜好ごとに小さなコミュニティをたくさん抱えています。今、人々が何を見ていて何に興味を持っているかを把握することは、ほぼ不可能になりました。

マーケターは、こうした以前との違いを顧客起点で把握し、変化を先読みして戦略を変え続ける柔軟性がますます求められています。

顧客を取り巻くデジタル環境では、時間的・空間的な枠組みを超えて、膨大な情報量と選択肢が広がっています。もはやAI以外、誰もその全体像を把握できません。マスメディアという林の中では際立つことができた美しい木も、林が森に広がり、森がジャングルになり、ジャングルが世界を覆い尽くしつつある現在では、単なる美しい木は誰の視界にも入らないのです。

世代間のギャップを認識する

多くの50－60代の経営幹部の成功体験は、若かりしころに「旧リアルワールド」で実行したビジネスやマーケティングに立脚しており、この成功体験自体が、「新リアルワールド」に身を置きつつある現場の若手との間に意識のギャップを生み出しています。お客様に一番近いはずのマーケティング組織内においても、世代間で大きな温度差があります。

留意すべきは、マーケットが「パラレルワールド」に分断され、過去の成功体験と非連続になっていることです。40－60代、もしくはその上の世代だけをターゲットにしているビジネス業種ならば、それでいいかもしれません。ただし、生産人口に「新リアルワールド」の顧客が入ってくることで、これまでとはまったく異なる潮流が生まれていることは明白だと思います。

スマホをただの電話としてしか使わないようなベテラン経営幹部の方には、常にスマホでインターネットに繋がっている10代の世界観も感覚もわかるはずがありません。彼らが住むネットの世界には、統制された情報はなく、興味と好みに応じて世界中のどんなニッチな情報も手に入ります。

好き嫌いにかかわらず、スマホでの「新リアルワールド」拡大で大きく変質する顧客にどう対応するかは、旧来の顧客層への対応とは大きく違っています。かつての成功体験に基づいたマーケティング手法は不十分であり、経営戦略とマーケティング戦略の再設計が必要になっているのです。

新リアルワールドは、データなしに把握できない

インターネット自体がそもそも、冷戦下でのサバイバビリティの高いコミュニケーションネットワークを求めて作られた分散型ネットワークなのですが、スマホで個人が繋がることで、生活者自身が分散型ネットワークになっているとも言えます。

分散型ゆえに、この新しい世界で生活者が何を見ているのか、何をしているのかは、旧来の世界でビジネスを行う企業では把握できません。かつてはテレビの視聴率や雑誌の発行部数などで知り得たマーケット状況も、現在は常に変化、拡大し続けており、国境も時差もまたいでいるため、全体をつかみようがないのです。

それができるのは取りも直さずGoogle、Facebook、Amazon、中国であればAlibabaやTencentのようなネットの巨人たちです。「新リアルワールド」の生活者の行動や興味やネットワークのデータは、こうしたプレーヤーに独占されつつあります。

顧客データベースの構築は、いまだに多くの企業で手付かずのまま、もしくは大規模な投資を行って巨大なデータベースを作ったものの、その活用方法が見出せずビジネス結果に結びつけられていません。仮にデータベースが構築できても、次の問題は、それを活用するフレームワークが存在しないことです。

本書で紹介している顧客の行動データと心理データの蓄積と分析は、巨大なデータベースを構築しなくても活用できます。企業の規模に関わらず、明日からでもできることです。ぜひ顧客ピラミッドの構築、できれば9セグマップの構築とN1分析を通して、分断された「パラレルワールド」からゼロフリクションに向かう顧客をリアルタイムで理解し、新しい「プロダクトアイデア」「コミュニケーションアイデア」の創出に取り組んでいただきたいです。

※1　平成30年版情報通信白書　情報通信機器の世帯保有率の推移
http://www.soumu.go.jp/johotsusintokei/whitepaper/ja/h30/html/nd252110.html

※2　同白書　スマートフォンの個人保有率の推移
http://www.soumu.go.jp/johotsusintokei/whitepaper/ja/h30/html/nd142110.html

※3　同白書　ネット利用時間（平日）
http://www.soumu.go.jp/johotsusintokei/whitepaper/ja/h30/html/nd252510.html

※4　デジタルアーツ　未成年の携帯電話・スマートフォン利用実態調査
http://www.daj.jp/company/release/2017/0301_01/

5-2 デジタルベンチャーが起こす破壊的イノベーション

アプリビジネスの急拡大と台頭

最後のパートとして、スマホを通じて広がる「新リアルワールド」のアプリビジネスについて解説します。アプリビジネスの分析ツールを提供しているApp Annieによると、2018年の全世界のアプリダウンロード数は1940億件、スマホユーザーの平均的ユーザーの1日利用時間は3時間、モバイルを中心に据えている企業のIPOの平均評価額がそうでない企業の4倍近くに上昇しています（「モバイル市場年鑑2019」2019年1月発表）。筆者自身、スマートニュースに参画するまで、アプリのビジネスがここまで急拡大しているとの認識はありませんでした。

アプリのビジネスの特徴は、組織の多くがエンジニアで構成され、ユーザーの行動データがリアルタイムで可視化されていることです。当然、プロダクトの改善と進化はリアルタイムで行われます。「旧リアルワールド」からきた筆者にとって、それは驚くべき透明性とスピードであり、同時になぜデジタルビジネスが短期間で巨大化するのかが理解できました。デジタルのマーケティングへの応用に大きな可能性を感じるとともに、旧来のビジネスがデジタルを取り込まないリスクが、いかに致命的であるかを強く認識しています。

アプリのビジネスモデル「AARRモデル」

基礎編で活用したカスタマージャーニーは、近年では様々な企業が注目し、取り入れています。顧客がどのように商品と接点を持ち、認知し、購入し、継続使用するのかという道筋を旅にたとえて、時系列的に可視化してマーケティングに活用することを意味する概念ですが、デジタルの世界では、これが日常業務として定着しています。

アプリのビジネスで用いられるビジネスモデルに「AARRR（アー）モデル」というものがあります（図5－4）。ユーザー行動を、A（Acquisition ユーザー獲得）、A（Activation 商品使用とユーザー活動の活性化）、R（Retention 継続使用）、R（Referral 他者への紹介や推奨）、R（Revenue 収益化）の5段階に分けて、リアルタイムデータで可視化・分析し、「プロダクトアイデア」自体を様々な〝変数〟の組み合わせとして捉えるモデルです。利用継続ユーザーからの紹介や、得た収益を再投資することで、次の新規獲得を実現します。「プロダクトアイデア」自体の完成を前提とせず、「プロダクトアイデア」そのものを磨き上げるためにユーザー行動のデータを使用しているところが、「旧リアルワールド」のビジネスにはない発想です。対象とするアプリに関して、このサイクルを連続的に回して、高い収益化を達成することを目的としています。

図5-4 AARRRモデル

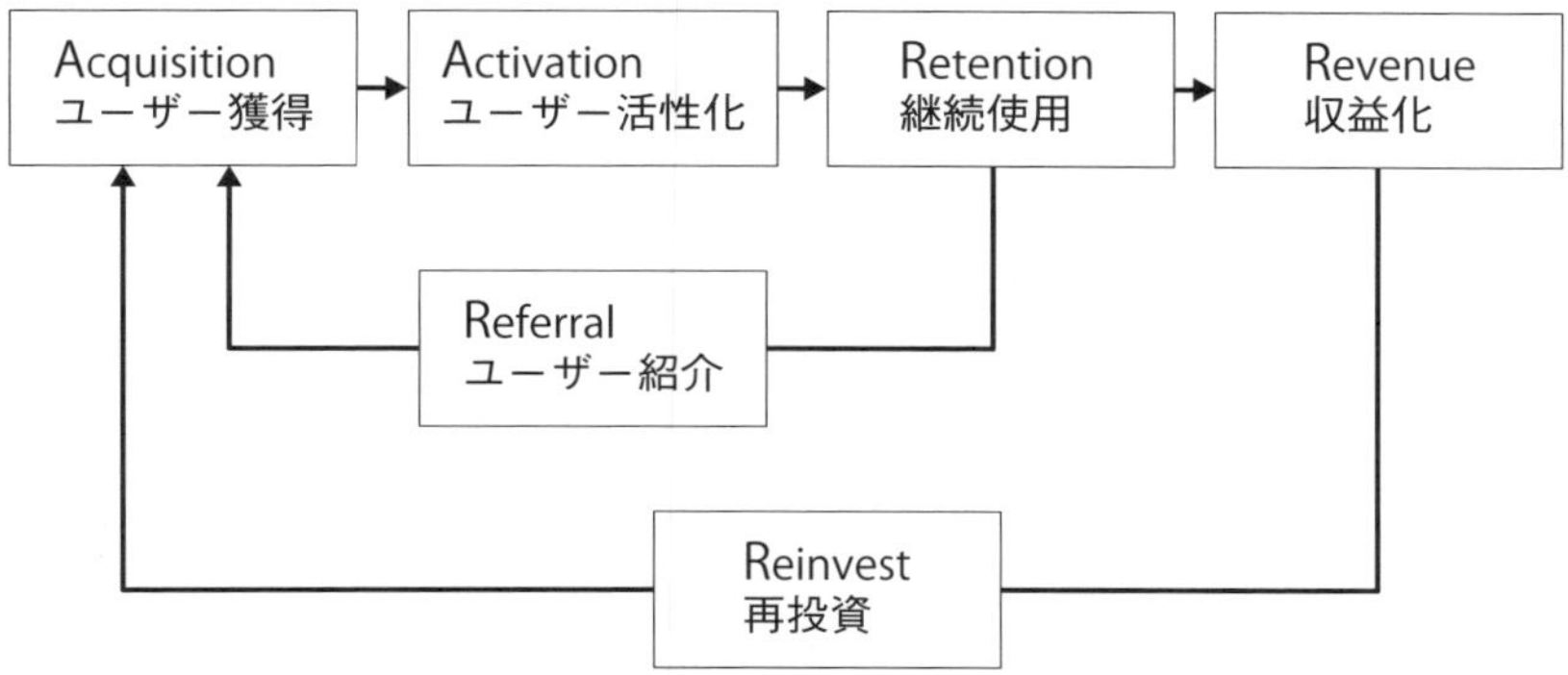

ニーズがないところに無駄な投資をしないように、最初にアクティベーションを行って、最後にアクイジションを入れたARRRA（アーラ）モデルが良いとの議論もありますが、ここで適用するのは「プロダクトアイデア」の有効性を確認した上での投資モデルなので、アクイジションから始めるAARRR（アー）モデルで説明します。

ゲームアプリにおけるAARRRモデルの運用例

ゲームのアプリを例に、このモデルが具体的にどのように運用されているかを紹介します。まず、どんなメディアや情報をきっかけにアプリに興味を持ったかを把握し、ユーザー獲得（Acquisition）のためのマーケティング活動をリアルタイムで最適化していきます。獲得したユーザーがゲームのどこで行き詰まっているか、どこで離脱したかも可視化されるので、ペインポイントと言われる問題のある場所を見極めて、ゲームの内容自体を変えたり、再度使用したくなるきっかけやインセンティブを開発したりします。

ボーナスポイントの付与やイベントの発生、難題を解決するためのヒントの提供や難易度自体を変えたりすることで、ユーザーを活性化（Activation）し、継続使用の期間（Retention）を最大化していきます。ユーザーのモチベーションが高まっているポイントやロイヤルティが伸長しているポイントもデータから読み取り、課金の場所や課金額を判断できます。

ユーザーが、どの段階でどのように推奨（Referral）しているかもわかるので、口コミを最大化するためのマーケティング活動を行います。推奨しやすくなるようなインセンティブやイベントを企画して、プロダクト自体に実装することで、それらの費用を最小化して、ユーザー数を増やしていきます。

当然、それぞれの試行錯誤では、解決方法の仮説を複数立ててＡＢテストとして比較検討し、より効果のある解決策を模索し続けます。これをリアルタイムで24時間繰り返すことで、収益（Revenue）が大きくなり、ユーザーの平均ＬＴＶを最大化し、大きな広告投資を行っても十分に収益見込みが立つビジネスモデルが完成するのです。これ以上投資しても収益が大きくならないと判断すれば、そこで開発を中止して、新しいアイデアへ投資を振り向けていきます。

アプリビジネスの統合マーケティング

４章のスマートニュースのケースで活用したマーケティングは、アプリのマーケティングモデルであるＡＡＲＲＲモデルにブランド認知とブランド選好を加味した統合マーケティングモデルで

図5-5　アプリの統合マーケティング

Step.1　オフラインとオンラインを統合した投資

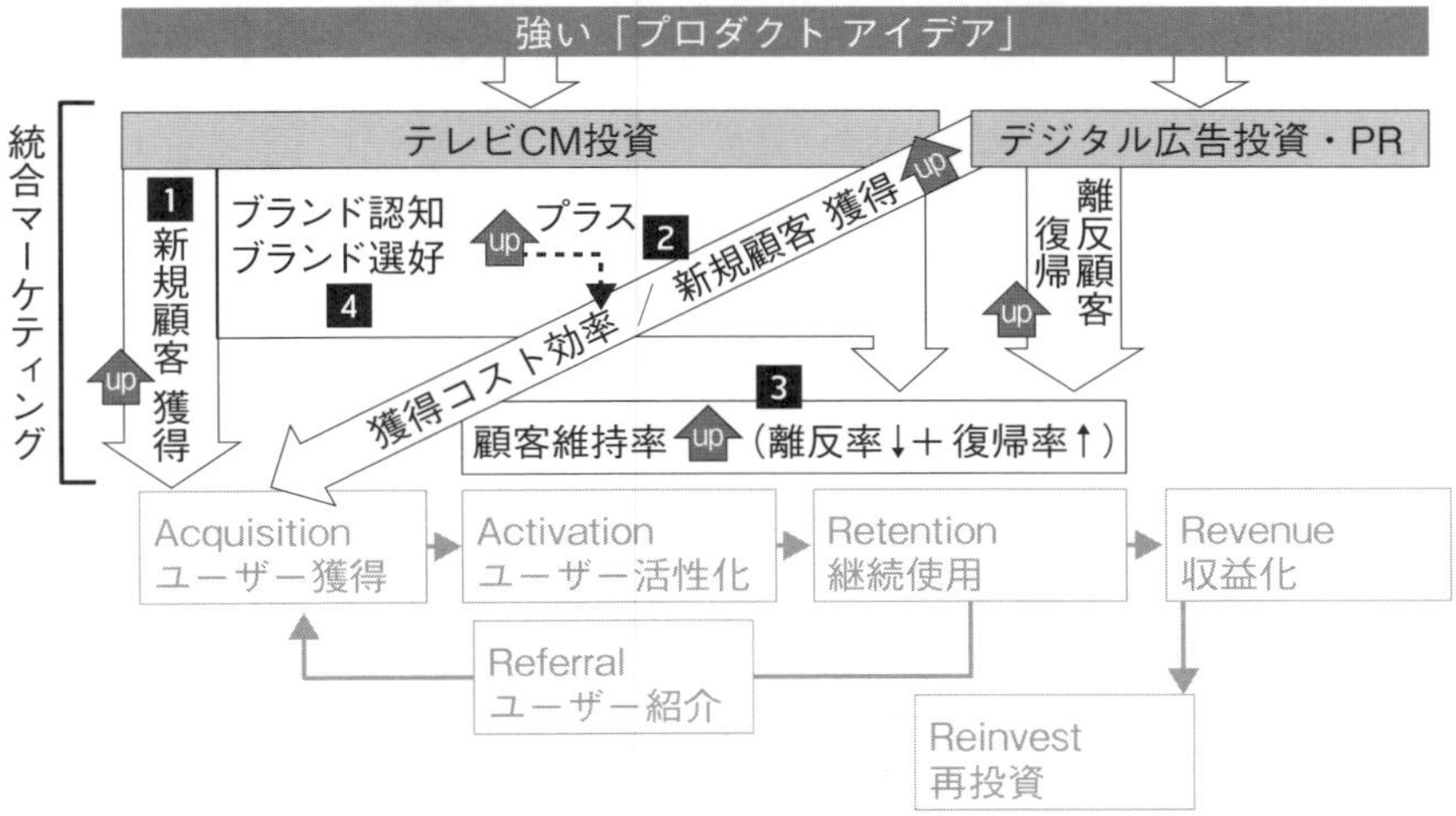

Step.2　AARRRモデルへの接続とPDCA

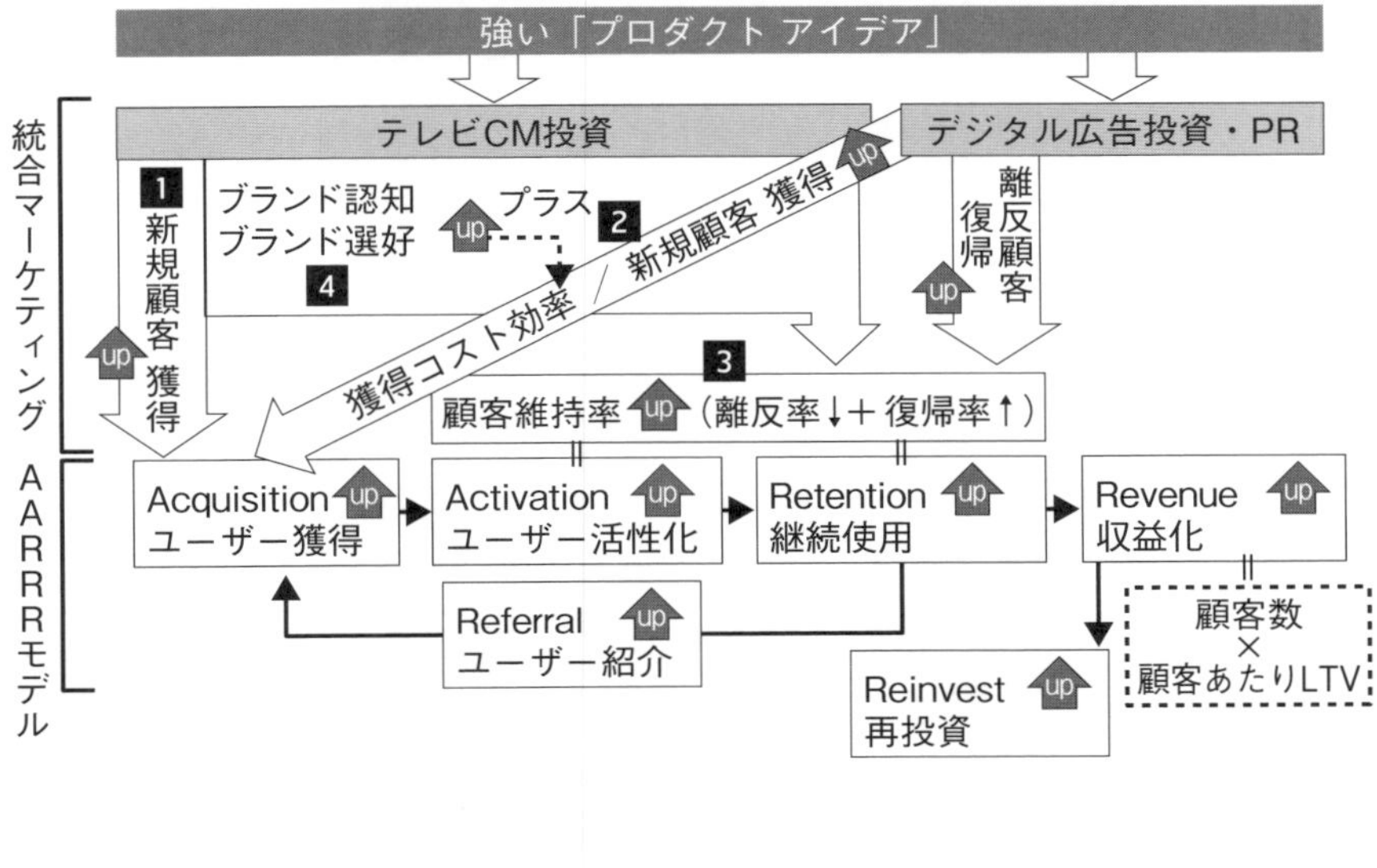

す。ここで簡単に紹介します。

アプリのマーケティングは、長期かつ継続的な利益最大化を目的として、総顧客数の増加とロイヤル化を達成するために、新規顧客の獲得、既存顧客のロイヤル化、離反顧客数の減少、離反顧客の復帰に関して短中長期で優先順位を設定して活動することです。この実行のためにＡＡＲＲモデルがあるのですが、ここにブランド認知、ブランド選好の向上を加えて、投資効果を最大化するためにオンラインとオフラインすべてを活用するのがアプリビジネスの統合マーケティングです。

具体的には、ＡＡＲＲモデルに、**1** テレビＣＭ投資から直接の新規顧客の獲得、**2** デジタル広告・ＰＲによる新規顧客の獲得＋テレビＣＭ投資でブランド認知とブランド選好が向上したことによる獲得コスト効率向上、**3** ブランド選好の向上による既存顧客の離反率の減少と離反顧客の復帰促進、さらに **4** 既存顧客のロイヤル化促進、を統合し可視化したモデルです（図５－５）。

重要なポイントは、強い「プロダクトアイデア」をベースにしてブランド認知とブランド選好を向上させることです。それにより、デジタル広告による新規顧客の獲得コスト効率が向上し（低いＣＰＩで獲得できるターゲット顧客層が増えるため）、デジタル広告の投資可能額の上限が上がり、規模拡大することができるのです。この統合マーケティングモデルにより、ＡＡＲＲモデルが拡大循環し、収益拡大し、さらに拡大循環させるためのマーケティング投資が可能になるのです。

図5-6　一気にスケールするデジタルビジネス

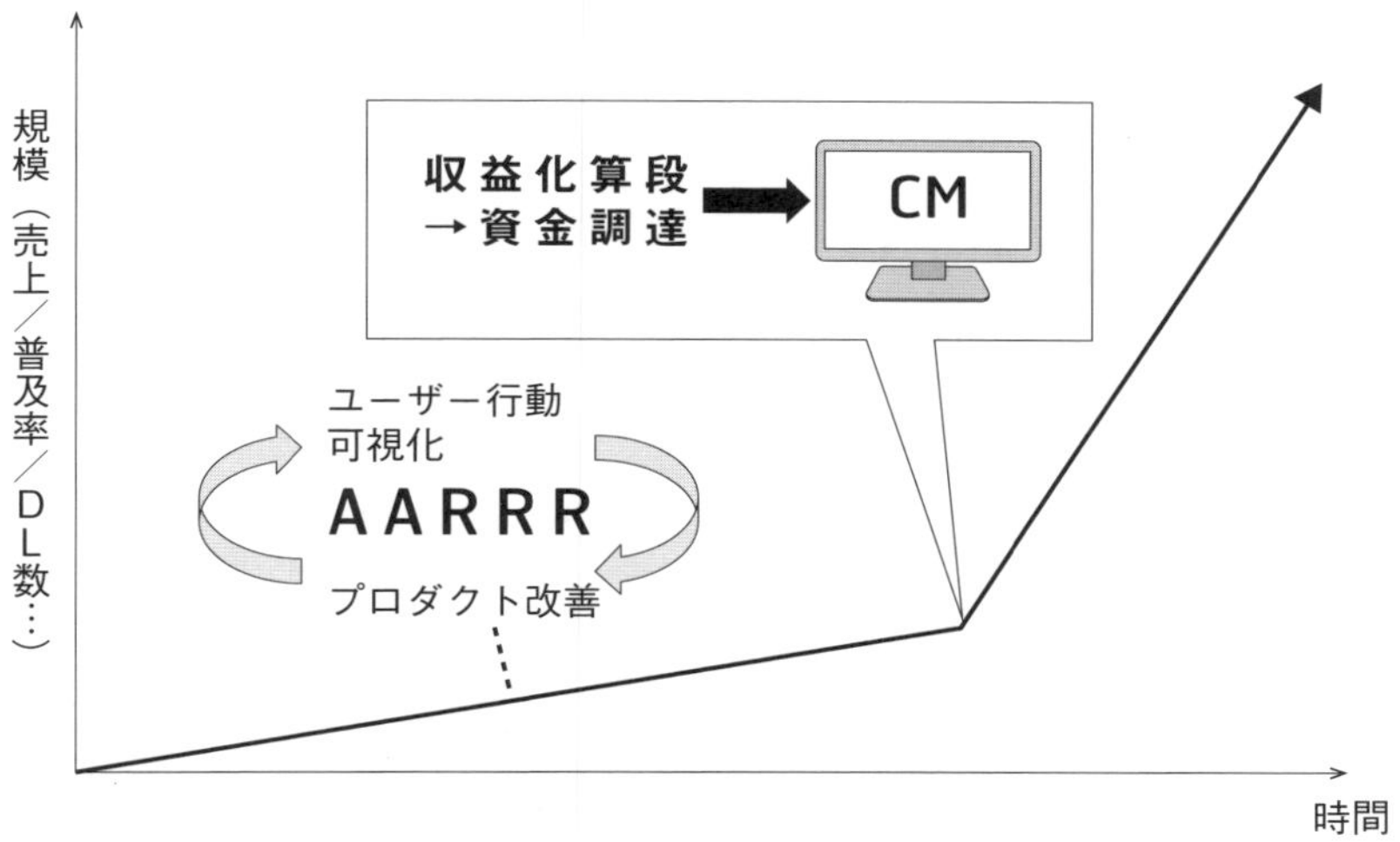

デジタルビジネスのスケール化と脅威

前述のAARRRモデルが、聞いたこともないデジタルベンチャーの新ビジネスが突如として世に現れ、短期間にユーザーを一気に増やす理由です。ユーザー行動をデータ化し、リアルタイムで可視化して、小さな試行錯誤を24時間365日繰り返して「プロダクトアイデア」を磨き続け、収益化が算段できた瞬間に一気に投資して認知拡大していくモデルです。その結果、彼らは巨大なビジネスを創出していきます（図5−6）。

資金調達の際に、巨大な投資ファンドが関与することも多いですが、「プロダクトアイデア」を磨き上げたベンチャーには、こういったビジネスモデルを熟知した起業経験のあるベンチャー投資家が早い段階から関わっています。彼らのアドバイスも含めて、ネット上で情報交換が活発に行われ、まさに「旧リアルワールド」からは見えない「新リアルワールド」で、続々と新しい「プロダクトアイデア」が創出されているのです。

もちろん、「プロダクトアイデア」の独自性が出発点ですが、便益が生み出せるかどうかを気にしなくても活路があります。プロダクトを開発しながらユーザーの行動データの可視化、分析、大量のＡＢテストによる変更と改善を繰り返すことで、ユーザー心理を知らずとも便益を発見したり、もしくは徐々に作り上げたりできるからです。日々の開発の過程でユーザーのフィードバックを生かし、ユーザーから支持されて収益の見込みが確認できる独自性と便益の組み合わせ＝「プロダクトアイデア」を完成させていくのです。

さらに、商品を〝完成〟させず、行動データを元にして永遠に「プロダクトアイデア」を進化させる強い便益を探り続けることも可能です。アップルがiPhoneで、発売開始後も自動アップデートやサービスの追加・修正を繰り返したのも、プロダクトを開発しながら「プロダクトアイデア」を進化させることで収益基盤の拡大を構築したと言えます。

これは筆者が現在取り組んでいるスマートニュースのビジネスに関しても同様であり、またアプリビジネスに限らず、デジタルを基盤としたビジネス全般に共通するモデルです。「旧リアルワールド」のビジネスとの決定的な差はここにあります。ただしデジタル業界では総じて、ユーザーの心理分析やインサイト分析を元にした新しい提案や企画の創出は苦手なので、先ほど紹介した統合マーケティングモデルは活用されていません。これはデジタルビジネスの弱点でもあり、さらなる成長の機会とも言えます。

「旧リアルワールド」からは、このような動きは見えませんし、自社ビジネスへの影響も判断できません。また、そのデジタルビジネスの「プロダクトアイデア」が優れているかどうかを検証する術もありません。ただし確実に言えるのは、それがマーケットに出現し、大きな投資でユーザー獲得や認知形成に注力し始めた時点で、手遅れになっているということです。このようにして、旧来のビジネスはデジタルビジネスに再定義され、奪われていくのです。目に見えないデジタルによる破壊的イノベーションを「旧リアルワールド」から察知するためにも、9セグマップの動きを注視し、顧客セグメントごとのN1分析で現れる小さな兆し＝自社の商品やサービスの消費に対して代替性を持ったデジタルサービスや商品の登場をいち早く見つけ、そのインパクトを評価し、事業買収をも視野に入れた戦略構築が必要不可欠になります。

「プロダクトアイデア」の独自性が最重要

マーケターであれば誰もが知るＡＩＳＡＳですが、これは２００７年に当時電通の秋山隆平さんが『情報大爆発 コミュニケーション・デザインはどう変わるか』（宣伝会議）で提唱された消費者の購買モデルです。この時点で、秋山さんは「新リアルワールド」の出現を予見されていたのですが、その後のスマホ登場での急速な変化は、想定以上だったのではないかと思います。当時、秋山さんと会食する機会があり、「旧リアルワールド」の住民だった筆者は非常に多くの学びをいただきました。

AISASでは非常に重要な洞察が概念化されているのですが、実務者として感じているのは、A（Attention）の難しさです。スマホの登場でメディアが分断され、多種多様な無数のデジタルメディアが登場する中で、認知を獲得する難易度とコストは年々上がっており、広告代理店にお願いするインパクトのある〝バズる〟広告だけで解決できるものではありません。

すべてのビジネスは、商品やサービス＝「プロダクトアイデア」の独自化を突き詰めなければなりません。商品開発自体をマーケティング責務として取り込んで、「プロダクトアイデア」の開発時点から圧倒的な独自性と便益との連動を作り、「コミュニケーションアイデア」の開発も同時に行うべきです。「コミュニケーションアイデア」を並行して考えることで、「プロダクトアイデア」自体に、世に問うべき独自性があるのか、明確な便益が本当にあるのかを問い直すことが可能になります。独自性の弱い「プロダクトアイデア」をそのままに、「コミュニケーションアイデア」にすべての責任を負わせる、旧型のコミュニケーション偏重マーケティングは避けるべきです。

課題は、劇的に拡大したデジタルメディアと情報量の中で、いかに自社の情報を際立たせ、最初の認知獲得に到達し、購買意志の喚起に繋ぐことができるかです。首尾良くブランド認知から購買喚起までたどり着いたとしても、日々接する情報が継続的に膨大なので、せっかく勝ち取った興味の相対的な価値はあっという間に下がります。秋山さんが指摘されていたクリエイティブ、本書における「コミュニケーションアイデア」の忘却曲線が、さらに短くなっているということです。

以前は情報入手経路や情報量が限られていたため、「アイデア」がマスメディアを通して伝われば商品やサービスが売れ、それなりにビジネスが成り立っていました。それを、大雑把に「マスマーケティング」と呼んでおり、振り返れば楽な時代だったとも言えますが、今は当時のノウハウが生きない時代に突入しているのです。

今後はますます、「プロダクトアイデア」に圧倒的な独自性があるかどうかが成功を左右していきます。顧客理解を起点とし、独自性を追求した「プロダクトアイデア」の開発と、伝えるための「コミュニケーションアイデア」の開発、そして認知獲得から購買行動に繋げるまでの統合的なマーケティング設計が重要です。そしてその実行には、開発や広報・宣伝、営業などの部門を超えて組織横断で連携した、タイムラグのない顧客起点マーケティングを実行していかねばなりません。そのためにも、顧客ピラミッドや9セグマップで自社ブランドと競合状況を顧客起点で分析していただきたいです。

【第5章のまとめ】

1 テクノロジーの進化に囚われるのではなく、顧客の行動と心理をみる

2 デジタルが「旧ワールド」ビジネスを再定義し創造的に破壊する

3 代替性のない圧倒的な「プロダクトアイデア」構築が最重要な時代に

column 5

新リアルワールドに住んでみた

スマートニュースというデジタルベンチャービジネスに関わって、この2年間で見えてきたことや雑感を少し紹介します。デジタル業界の概要をビジネス的に言えば、そこで展開されていたのが、5章で紹介した「フリクション」をゼロにするビジネスでした。しかし、これまでの世の中にまったくなかった新規ビジネスモデルというケースは実は多くなく、ほとんどが「旧リアルワールド」に存在するビジネスを新しく置き換えたものです。

デジタル業界でお会いするベンチャー企業経営者、エンジニア、エンジェル投資家の多くの方々が、言葉にせずとも共通して目指しているのは、単なる一攫千金ではありません。それはフリクションが多く存在する「旧リアルワールド」の再構築であり、非・デジタルワールドのデジタル化であり、言い替えれば「ゼロフリクション」の実現、世界のデジタル化そのものだと感じました。レイ・カーツワイルが予想した「シンギュラリティ」は、「ゼロフリクション」ワールドそのものであり、ここ数年のＡＩとディープラーニングの発展を見るにつけ、当時の予想を上回る速さで進んでいるように思います。Amazonがスタンダード化した、個人の行動履歴と検索履歴を元にしたレコメンデーションシステムは、ＡＩによって今ではすべての産業で応用されつつあります。

２０１８年11月時点で、Amazonは自社のレコメンドシステムであるＡＩ機能のサービスとしての販売を発表しています。行き着く先は、自分が欲しいものや次にすべきことはＡＩが予測し、先回りして提案してくれる、フリクションをゼロにしていく世界でしょう。驚くことに、Amazonは、顧客が発注する前に必要な商品を予測して配送する特許をすでに２０１２年に出願しています。

＊

さて、スマートニュースに参画し、それまでよく見えていなかったデジタルワールド＝「新リアルワールド」に住んでみました。この2年は、新聞も取っておらず、スマホにはどっぷり浸かっていて、意識せずともいつの間にかテレビも雑誌もほとんど見ない生活になりました。実際のビジネスも、画面が小さいという不都合はありますが、ＰＣすら使わずにほぼスマホだけで完結できます。働く場所も選ばず、見える世界観も大きく変わったと実感しています。

デジタルビジネスでは使用する言葉も特殊であり、ビジネスの考え方も、マーケティングの考え方も違っています。そもそも、マーケティングの必要性すら感じておられない方々がほとんどです。

私自身、情報を取得するメディアも交流する方々も大きく変化しました。ベンチャー企業向けカンファレンスのIndustry Co-Creation（ＩＣＣ）や、Infinity Ventures Summit（ＩＶＳ）、スタートアップイベントのSlush Tokyoなどにも初めて参加してみました。ここでお会いする方々は、以前のビジネスでお会いする方々とはまったく異なり、まさにパラレルワールドです。一方で、海外のこの手のイベントにはレガシー系「旧リアルワールド」の企業幹部がこぞって参加しており、セッションに登壇して自社の取り組みや魅力などを発信し、また自社のビジネスに活用できるデジタル技術やパートナーや人材の確保に積極的に活動しています。

デジタルのビジネスでお会いするベンチャー経営者やエンジェル投資家、機関投資家は、20－40代の方々がほとんどです。海外でのビジネス経験者や海外在住の方も多く、日本人や英語圏以外の人でも英語の使用は当たり前で、「旧リアルワールド」には見られない、日本という国境を超えたエコシステムが成立していることを実感します。

もちろん、旧リアル出身の〝ベテラン〟で、豊富なビジネス経験をもってデジタルビジネスに切り込んでいる方もおられますが、多くの方々が、これまでの常識や成功体験では太刀打ちできない世界が生まれていると認識しながらも、手をこまねいている状態だと思います。

この本を読んで、少しでも、この「新リアルワールド」の脅威とチャンスを感じていただけたなら、「新リアルワールド」の住民に直接会い、彼らが何を考え何をしているのか、話を聞くことを勧めます。「旧リアルワールド」に住んだままでは、その世界を理解することはできません。現状に留まったまま彼らと出会うときがあったとしたら、それはおそらく、彼らが旧リアルのビジネスをデジタルで再定義した後です。

そうなる前に、まずはデジタル業界やベンチャー業界のカンファレンスなどにみずから参加し、そこで議論されていることを知り、どんな「アイデア」が出現しているかを体感して、「新リアルワールド」を目指す方々の思考に触れる機会を作っていただければと思います。

おわりに

最後まで、お読みいただいてありがとうございます。27年以上マーケティングや経営に関わってきた実務家として、皆さんの実務に少しでもお役に立てたら嬉しいです。

実は、本書も具体的なN1を設定して書きました。1997年にP&Gでブランドマネージャー3年目を迎えた、29歳の筆者自身です。20代に学んできたマーケティング理論と量的データ分析を徹底的に追求して戦略を構築し、市場導入した日本初の新ブランドが、わずか半年で鳴かず飛ばずとなり、それまでに経験したことのない大きな挫折を感じていました。何度もデータとロジックを再検証しましたが決定的なミスは見つからず、結果、打開策も見つけることができず、ブランドを諦めることになってしまいました。そこまで一緒に頑張ってくれた部下や仲間に申し訳ない気持ちでいっぱいで、マーケターとしてのキャリアも終わったと諦めましたが、ありがたいことに、最後のチャンスとして次に担当させてもらったヘアケアブランドを短期間で伸張させることができ、なんとかその後のキャリアに繋ぐことができました。

これが最後、と腹を括って取り組んだヘアケアブランドでは、調査やデータでのロジックの組み立てを行いませんでした。まずは、筆者自身がユーザーとして小売店を回り、商品棚を触り、様々な商品を購入し、使用し、自分が面白いと思うことを追求しました。ユーザーをよく知るヘアスタイリストさんと直接話をして、スタイリスト研修会にまで顔を出したりして、具体的な「誰か」から強い反応があることだけを頼りに「アイデア」を考え、そこからマーケティング戦略を逆算し、量的調査で確認するという逆のアプローチを実践したのです。

その理由は、結果的に失敗してしまったブランドを担当していた際に、「頭で考えるのではなく心で感じることを頼りにしなさい」、「ユーザーを対象物として見てはいけない、その気持ちに共感し〝自分ごと化〟しないといけない」という先輩からのアドバイスを思い出したからでした。当時は、その意味がわからなかったのです。データ的にも論理的に正しいのだから、このようなアナログなアドバイスをもらっても困る、とまで思っていました。その意味の深さを当時理解できていれば、大きく結果は変わったと思います。

この本で紹介したフレームワークや内容は、これらの経験とアドバイスを起点に、筆者自身が足りないと感じていた理想のマーケティングを見出すための試行錯誤からまとめたものです。振り返ってみると、複雑な謎解きに20年以上も没頭していたような感覚です。あのころの悩み苦しんでいた自分にこの本を手渡すことができたら、多くのお客様に喜ばれるブランドを開発し、大きく成功させることができたのではと思います。もはやそれは叶いませんが、今現在、現場で悩んでいる実務家の方に何らかのヒントを感じ取っていただければと思います。

本書で紹介した顧客起点マーケティングモデルは、筆者が関わってきた事業や様々なクライアント企業で実践してきましたが、これらをさらに手軽に活用できる方法も開発しました。顧客ピラミッド、9セグマップをベースにした分析から戦略と「アイデア」を構築するには、ある程度のマニュアル作業も発生します。そこでデジタルを活用して、これらをより効率化できないかを筆者の新たな会社で模索しています。今後、以下サイトで事例研究なども発表していきたいと思いますので、参考にしていただければと思います（https://mktgforce.com/）。

どれだけ世界が進化しデジタル化が進んでも、人の行動を左右するのはその人の心の動きです。データと論理だけでは顧客の心は理解できません。一人ひとりの顧客の心に耳を傾け、理解し、共感する姿勢を貫く限り、マーケティングは必ず結果に繋がります。マーケティングは、いつの世にも新しい価値を創っていくことができる素晴らしい仕事だと信じています。

ぜひ皆さんにも、顧客起点のマーケティングを追求し、これまでにない独自性と素晴らしい便益に満ちた新商品、新サービスをどんどん世に生み出し、広くお客様に届けていただければ幸いです。

謝辞

書き始めから1年をかけて、何度かの大幅な修正と削除を繰り返してここまでたどり着きました。すべての起点は29歳のときの挫折であったわけですが、その後も、たくさんの経験をさせていただけたP&G、ロート製薬、ロクシタングループ、スマートニュースの経営陣と同僚、コンサルタントとしてお手伝いさせていただいた多くのクライアント様に心より感謝しています。

このフレームワークで取り組めば、必ず結果は出ると自信はありましたが、そもそもマーケティングの概念もまったく違っていたスマートニュースでは、フレームワークの説明もせずに猛スピードで2年を駆け抜けました。前例がない中、成功を信じて初日から一緒に走ってくれた唯一のマーケティングメンバーの山﨑佑介。まともなオリエンテーションもない中、マーケチームへ参加し急成長を創り上げてくれた松浦茂樹、町田雄哉、谷本尚子、網谷隆志、松永美咲、久松容子、湯川のどか、松岡宗嗣、雫石夏子、宮本由貴子。それから、もはや社員レベルのコミットメントで日夜サポートし続けてくれた電通チームの皆さん、宮川憲治さん、月川拓馬さん、清水福主さん、山口達也さん、黎明さん、鈴木聖良さん、岡野草平さん、辻中輝さん、伊勢田世山さん、澤田桃子さん、石橋眞澄さん、松岡文吾さん、吉田彩夏さん、工藤豪介さん、飯野朝美さん。コンサルタントの内山光司さん。そして効果的なデジタルマーケティング運用を一気に拡大してくれたサイバーゼットチームの皆さん、本当にありがとうございました。全員が常に顧客を起点にし、すべての意識を顧客に集中してきたからこそ結果が出たと思います。

また、週末や深夜に偏る執筆・編集作業であっても、常に並走し最後までサポートしていただいた編集者の高島知子さん、翔泳社の皆さん、暖かく応援し続けてくれた家族の佐和子と舞花に、心から感謝です。ありがとうございました。

2019年4月　西口一希

参考文献

■マーケティング

『マーケティング・マネジメント 競争的戦略時代の発想と展開』フィリップ・コトラー［著］、村田昭治［監修］、小坂恕、疋田聰、三村優美子［訳］、プレジデント社

『マーケティング原理 戦略的アプローチ』フィリップ・コトラー［著］、村田昭治［監修］、和田充夫・上原征彦［訳］、ダイヤモンド社

『ソーシャル・マーケティング 行動変革のための戦略』フィリップ・コトラー、エデュアルド・L・ロベルト［著］、井関利明［監訳］、ダイヤモンド社

『コトラーのマーケティング3.0 ソーシャル・メディア時代の新法則』フィリップ・コトラー、ヘルマワン・カルタジャヤ、イワン・セティアワン［著］、恩藏直人［監訳］、藤井清美［訳］、朝日新聞出版

『コトラーのマーケティング4.0 スマートフォン時代の究極法則』フィリップ・コトラー、ヘルマワン・カルタジャヤ、イワン・セティアワン［著］、恩藏直人［監修］、藤井清美［訳］、朝日新聞出版

『マーケティング脳 vs マネジメント脳 なぜ現場と経営層では話がかみ合わないのか？』アル・ライズ、ローラ・ライズ［著］、黒輪篤嗣［訳］、翔泳社

『実践ペルソナ・マーケティング 製品・サービス開発の新しい常識』高井紳二［編］、日本経済新聞出版社

『はじめてのカスタマージャーニーマップワークショップ「顧客視点」で考えるビジネスの課題と可能性』加藤希尊［著］、翔泳社

『グローバル企業に学ぶ ブランド・マーケティング90の項目』鈴木寛曉［著］、SIC

『本当のブランド理念について語ろう「志の高さ」を成長に変えた世界のトップ企業50』ジム・ステンゲル［著］、川名周［解説］、池村千秋［訳］、CCCメディアハウス

『ブランド論 無形の差別化を作る20の基本原則』デービッド・アーカー［著］、阿久津聡［訳］、ダイヤモンド社

『エッセンシャル戦略的ブランド・マネジメント第４版』ケビン・レーン・ケラー［著］、恩藏直人［訳］、東急エージェンシー

『ブランディング 7つの原則【改訂版】成長企業の世界標準ノウハウ』インターブランドジャパン［編著］、日本経済新聞出版社

『マーケティングとは「組織革命」である。個人も会社も劇的に成長する森岡メソッド』森岡毅［著］、日経BP社

『なぜ「それ」が買われるのか？ 情報爆発時代に「選ばれる」商品の法則（朝日新書）』博報堂買物研究所［著］、朝日新聞出版

『ポジショニング戦略［新版］』アル・ライズ、ジャック・トラウト［著］、フィリップ・コトラー［序文］、川上純子［訳］、海と月社

『ブランディング22の法則』アル・ライズ、ローラ・ライズ［著］、片平秀貴［監訳］、東急エージェンシー出版部

『Playing to Win: How Strategy Really Works』A.G. Lafley, Roger L. Martin［著］、Harvard Business Review Press

『すべては、消費者のために。 P&Gのマーケティングで学んだこと。』和田浩子［著］、トランスワールドジャパン

『デジタル時代の基礎知識「商品企画」「インサイト」で多様化するニーズに届ける新しいルール（MarkeZine BOOKS）』富永朋信［著］、翔泳社

『なぜ「戦略」で差がつくのか。 戦略思考でマーケティングは強くなる』音部大輔［著］、宣伝会議

『ブランディングの科学 誰も知らないマーケティングの法則11』バイロン・シャープ［著］、前平謙二［訳］、加藤巧［監］、朝日新聞出版

『競争の戦略』M・E・ポーター［著］、土岐坤、中辻万治、服部照夫［訳］、ダイヤモンド社

『コトラー＆ケラーのマーケティング・マネジメント 第12版』フィリップ・コトラー、ケビン・レーン・ケラー［著］、恩藏直人［監修］、月谷真紀［訳］、丸善出版
『ブランド・エクイティ戦略 競争優位をつくりだす名前、シンボル、スローガン』D・A・アーカー［著］、陶山計介、中田善啓、尾崎久仁博、小林哲［訳］、ダイヤモンド社
『コモディティ化市場のマーケティング論理』恩蔵直人［著］、有斐閣
『ブランド・ポートフォリオ戦略』D・A・アーカー［著］、阿久津聡［訳］、ダイヤモンド社
『ネット・プロモーター経営 顧客ロイヤルティ指標NPSで「利益ある成長」を実現する』ベイン・アンド・カンパニー フレッド・ライクヘルド、ロブ・マーキー［著］、森光威文、大越一樹［監訳］、渡部典子［訳］、プレジデント社
『統計学が最強の学問である データ社会を生き抜くための武器と教養』西内啓［著］、ダイヤモンド社
『半径3メートルの「行動観察」から大ヒットを生む方法（SB新書）』髙橋広嗣［著］、SBクリエイティブ
『企業を高めるブランド戦略（講談社現代新書）』田中洋［著］、講談社
『CRM 顧客はそこにいる［増補改訂版］』アクセンチュア、村山徹、三谷宏治、CRMグループ、戦略グループ［著］、東洋経済新報社
『売上につながる「顧客ロイヤルティ戦略」入門』遠藤直紀、武井由紀子［著］、日本実業出版社
『顧客体験の教科書 収益を生み出すロイヤルカスタマーの作り方』ジョン・グッドマン［著］、畑中伸介［訳］、東洋経済新報社
『売上の8割を占める 優良顧客を逃さない方法 利益を伸ばすリテンションマーケティング入門』大坂祐希枝［著］、ダイヤモンド社
『デジタル時代の基礎知識「マーケティング」「顧客ファースト」の時代を生き抜く新しいルール（MarkeZine BOOKS）』逸見光次郎［著］、翔泳社
『新しいマーケティングの実際』佐川幸三郎［著］、プレジデント社
『ネット広告＆通販の第一人者が明かす 100％確実に売上がアップする最強の仕組み』加藤公一レオ［著］、ダイヤモンド社

■アイデア・クリエイティブ・広告

『ブランドは広告でつくれない 広告vsPR』アル・ライズ、ローラ・ライズ［著］、共同PR株式会社［訳監修］、翔泳社
『「売る」広告［新訳］』デイヴィッド・オグルヴィ［著］、山内あゆ子［訳］、海と月社
『ハイコンセプト「新しいこと」を考え出す人の時代 富を約束する「6つの感性」の磨き方』ダニエル・ピンク［著］、大前研一［訳］、三笠書房
『イノベーションのジレンマ 増補改訂版 技術革新が巨大企業を滅ぼすとき（Harvard Business School Press）』クレイトン・クリステンセン［著］、玉田俊平太［監修］、伊豆原弓［訳］、翔泳社
『キャズム Ver.2 増補改訂版 新商品をブレイクさせる「超」マーケティング理論』ジェフリー・ムーア［著］、川又政治［訳］、翔泳社
『日本の歴史的広告クリエイティブ100選 江戸時代～戦前戦後～現代まで』岡田芳郎［著］、宣伝会議
『情報大爆発 コミュニケーション・デザインはどう変わるか』秋山隆平［著］、宣伝会議
『クリエイティブ・マインドセット 想像力・好奇心・勇気が目覚める驚異の思考法』トム・ケリー、デイヴィッド・ケリー［著］、千葉敏生［訳］、日経BP社
『クリエイティヴ・マインドの心理学 アーティストが創造的生活を続けるために』ジェフ・クラブトゥリー、ジュリー・クラブトゥリー［著］、斎藤あやこ［訳］、アルテスパブリッシング
『クリエイティブマインド つくるチカラを引き出す40の言葉たち』杉山恒太郎［著］、インプレス
『The End of Advertising as We Know It』Sergio Zyman, Armin A. Brott［著］、Wiley
『広告の魔術 レスポンスを増やす6人の伝説的マーケターの教え』クレイグ・シンプソン、ブライアン・カーツ［著］、大間知知子［訳］、ダイレクト出版
『ここらで広告コピーの本当の話をします。』小霜和也［著］、宣伝会議

『CM』小田桐昭、岡康道〔著〕、宣伝会議
『ブランド』岡康道、吉田望〔著〕、宣伝会議
『アイデアの直前 タグボート岡康道の昨日・今日・明日』岡康道〔著〕、河出書房新社
『アイデアの発見 杉山恒太郎が目撃した、世界を変えた広告50選』杉山恒太郎〔著〕、インプレス
『勝率2割の仕事論 ヒットは「臆病」から生まれる（光文社新書）』岡康道〔著〕、光文社
『TUGBOAT 10 Years』TUGBOAT〔著〕、美術出版社
『Lovemarks: the future beyond brands』Kevin Roberts, A.G. Lafley〔著〕、Power House Books
『永遠に愛されるブランド ラブマークの誕生』ケビン・ロバーツ〔著〕、岡部真里、椎野淳、森尚子〔訳〕、ランダムハウス講談社
『みんなに好かれようとして、みんなに嫌われる。勝つ広告のぜんぶ』仲畑貴志〔著〕、宣伝会議
『発想する会社！ 世界最高のデザイン・ファームIDEOに学ぶイノベーションの技法』トム・ケリー、ジョナサン・リットマン〔著〕、鈴木主税、秀岡尚子〔訳〕、早川書房
『デザイン思考が世界を変える（ハヤカワ・ノンフィクション文庫）』ティム・ブラウン〔著〕、千葉敏生〔訳〕、早川書房
『プロパガンダ 広告・政治宣伝のからくりを見抜く』A・プラトカニス、E・アロンソン〔著〕、社会行動研究会〔訳〕、誠信書房
『アイデアのつくり方』ジェームス・W・ヤング〔著〕、今井茂雄〔訳〕、竹内均〔解説〕、CCCメディアハウス
『ザ・コピーライティング 心の琴線にふれる言葉の法則』ジョン・ケープルズ〔著〕、神田昌典〔監訳〕、齋藤慎子、依田卓巳〔訳〕、ダイヤモンド社
『マクドナルド、P&G、ヘンケルで学んだ圧倒的な成果を生み出す「劇薬」の仕事術』足立光〔著〕、ダイヤモンド社

■脳科学・心理学
『右脳思考 ロジカルシンキングの限界を超える観・感・勘のススメ』内田和成〔著〕、東洋経済新報社
『感じる脳 情動と感情の脳科学 よみがえるスピノザ』アントニオ・R・ダマシオ〔著〕、田中三彦〔訳〕、ダイヤモンド社
『無意識の脳 自己意識の脳 身体と情動と感情の神秘』アントニオ・R・ダマシオ〔著〕、田中三彦〔訳〕、講談社
『意識はいつ生まれるのか 脳の謎に挑む統合情報理論』ジュリオ・トノーニ、マルチェッロ・マッスィミーニ〔著〕、花本知子〔訳〕、亜紀書房
『意識は傍観者である 脳の知られざる営み（ハヤカワ・ポピュラーサイエンス）』デイヴィッド・イーグルマン〔著〕、大田直子〔訳〕、早川書房
『脳の意識 機械の意識 - 脳神経科学の挑戦（中央公論新書）』渡辺正峰〔著〕、中央公論新社
『つながる脳科学「心のしくみ」に迫る脳研究の最前線（ブルーバックス）』理化学研究所 脳科学総合研究センター〔編〕、講談社
『記憶のしくみ 上 脳の認知と記憶システム（ブルーバックス）』ラリー・R・スクワイア、エリック・R・カンデル〔著〕、小西史朗、桐野豊〔監修〕、講談社
『記憶のしくみ 下 脳の記憶貯蔵のメカニズム（ブルーバックス）』ラリー・R・スクワイア、エリック・R・カンデル〔著〕、小西史朗、桐野豊〔監修〕、講談社
『もうひとつの脳 ニューロンを支配する陰の主役「グリア細胞」（ブルーバックス）』R・ダグラス・フィールズ〔著〕、小西史朗〔監訳〕、小松佳代子〔訳〕、講談社
『脳はなぜ都合よく記憶するのか 記憶科学が教える脳と人間の不思議』ジュリア・ショウ〔著〕、服部由美〔訳〕、講談社
『脳科学は人格を変えられるか？（文春文庫）』エレーヌ・フォックス〔著〕、森内薫〔訳〕、文藝春秋
『服従の心理』スタンレー・ミルグラム〔著〕、山形浩生〔訳〕、河出書房新社
『群衆心理（講談社学術文庫）』ギュスターヴ・ル・ボン〔著〕、櫻井成夫〔訳〕、講談社

『権力と支配（講談社学術文庫）』マックス・ウェーバー［著］、濱嶋朗［訳］、講談社
『自意識（アイデンティティ）と創り出す思考』ロバート・フリッツ、ウェイン・S・アンダーセン［著］、田村洋一［監訳］、武富敏章［訳］、Evolving
『NEW POWER これからの世界の「新しい力」を手に入れろ』ジェレミー・ハイマンズ、ヘンリー・ティムズ［著］、神崎朗子［訳］、ダイヤモンド社
『組織の壁を越える「バウンダリー・スパニング」6つの実践』クリス・アーンスト、ドナ・クロボット＝メイソン［著］、三木俊哉［訳］、加藤雅則［解説］、英治出版
『ガイドツアー 複雑系の世界 サンタフェ研究所講義ノートから』メラニー・ミッチェル［著］、高橋洋［訳］、紀伊國屋書店
『夜と霧［新版］』ヴィクトール・E・フランクル［著］、池田香代子［訳］、みすず書房
『影響力の武器［第二版］なぜ、人は動かされるのか』ロバート・B・チャルディーニ［著］、社会行動研究会［訳］、誠信書房

■デジタル

『BCGデジタル経営改革 DIGITAL TRANSFORMATIONのすべて（日経ムック）』ボストン コンサルティング グループ［編］、日本経済新聞出版社
『3ステップで実現する デジタルトランスフォーメーションの実際』ベイカレント・コンサルティング［著］、日経BP社
『対デジタル・ディスラプター戦略 既存企業の戦い方』マイケル・ウェイド、ジェフ・ルークス、ジェイムズ・マコーレー、アンディ・ノロニャ［著］、根来龍之、武藤陽生、デジタルビジネス・イノベーションセンター［訳］、日本経済新聞出版社
『シェア〈共有〉からビジネスを生みだす新戦略』レイチェル・ボッツマン、ルー・ロジャース［著］、小林弘人［監修・解説］、関美和［訳］、NHK出版
『ロングテール「売れない商品」を宝の山に変える新戦略（ハヤカワ・ノンフィクション文庫）』クリス・アンダーソン［著］、篠森ゆりこ［訳］、早川書房
『フリー〈無料〉からお金を生みだす新戦略』クリス・アンダーソン［著］、小林弘人［監修・解説］、高橋則明［訳］、NHK出版
『MAKERS［メイカーズ］21世紀の産業革命が始まる』クリス・アンダーソン［著］、関美和［訳］、NHK出版
『amazon 世界最先端の戦略がわかる』成毛眞［著］、ダイヤモンド社
『UXの時代 IoTとシェアリングは産業をどう変えるのか』松島聡［著］、英治出版
『プラットフォーム革命　経済を支配するビジネスモデルはどう機能し、どう作られるのか』アレックス・モザド、ニコラス・L・ジョンソン［著］、藤原朝子［訳］、英治出版
『リーン・スタートアップ』エリック・リース［著］、伊藤穣一［解説］、井口耕二［訳］、日経BP社
『Zero to One: Notes on Start Ups, or How to Build the Future』Peter Thiel, Blake Masters［著］、Currency
『ブロックチェーン・レボリューション ビットコインを支える技術はどのようにビジネスと経済、そして世界を変えるのか』ドン・タプスコット、アレックス・タプスコット［著］、高橋璃子［訳］、ダイヤモンド社
『データ・ドリブン・マーケティング 最低限知っておくべき15の指標』マーク・ジェフリー［著］、佐藤純、矢倉純之介、内田彩香［訳］、ダイヤモンド社
『DSP/RTB オーディエンスターゲティング入門（Next Publishing）』横山隆治、菅原健一、楳田良輝［著］、インプレスR&D
『アドテクノロジーの教科書 デジタルマーケティング実践指南』広瀬信輔［著］、翔泳社
『[ザ・アドテクノロジー] データマーケティングの基礎からアトリビューションの概念まで』菅原健一、有園雄一、岡田吉弘、杉原剛［著］、MarkeZine編集部［取材・編］、翔泳社
『ハッキング・マーケティング 実験と改善の高速なサイクルがイノベーションを次々と生み出す（MarkeZine BOOKS）』スコット・ブリンカー［著］、東方雅美［訳］、翔泳社

『次世代コミュニケーションプランニング』高広伯彦［著］、SBクリエイティブ
『Google AdSense マネタイズの教科書［完全版］』のんくら（早川修）、a-ki、石田健介、染谷昌利［著］、日本実業出版社
『サブスクリプション 「顧客の成功」が収益を生む新時代のビジネスモデル』ティエン・ツォ、ゲイブ・ワイザート［著］、桑野順一郎［監修・訳］、御立英史［訳］、ダイヤモンド社
『Hacking Growth グロースハック完全読本』ショーン・エリス、モーガン・ブラウン［著］、金山裕樹［解説］、門脇弘典［訳］、日経ＢＰ社
『デジタルマーケティングで売上の壁を超える方法（MarkeZine BOOKS）』西井敏恭［著］、翔泳社
『世界最先端のマーケティング 顧客とつながる企業のチャネルシフト戦略』奥谷孝司、岩井琢磨［著］、日経BP社
『いちばんやさしいグロースハックの教本 人気講師が教える急成長マーケティング戦略』金山裕樹、梶谷健人［著］、インプレス

■未来予測

『Singularity Is Near: When Humans Transcend Biology』Ray Kurzweil［著］、Penguin Books
『ポスト・ヒューマン誕生 コンピュータが人類の知性を超えるとき』レイ・カーツワイル［著］、井上健［監訳］、小野木明恵、野中香方子、福田実［訳］、NHK出版
『シンギュラリティは近い 人類が生命を超越するとき』レイ・カーツワイル［著］、井上健［監訳］、小野木明恵、野中香方子、福田実［訳］、NHK出版
『マッキンゼーが予測する未来 近未来のビジネスは、4つの力に支配されている』リチャード・ドッブス、ジェームズ・マニーカ、ジョナサン・ウーツェル［著］、吉良直人［訳］、ダイヤモンド社
『〈インターネット〉の次に来るもの 未来を決める12の法則』ケヴィン・ケリー［著］、服部桂［訳］、NHK出版
『第四次産業革命 ダボス会議が予測する未来』クラウス・シュワブ［著］、世界経済フォーラム［訳］、日本経済新聞出版社
『第五の権力 Googleには見えている未来』エリック・シュミット、ジャレッド・コーエン［著］、櫻井祐子［訳］、ダイヤモンド社
『ネクスト・ソサエティ 歴史が見たことのない未来がはじまる』P・F・ドラッカー［著］、上田惇生［訳］、ダイヤモンド社
『明日を支配するもの 21世紀のマネジメント革命』P・F・ドラッカー［著］、上田惇生［訳］、ダイヤモンド社
『すでに起こった未来 変化を読む眼』P・F・ドラッカー［著］、上田惇生、林正、佐々木実智男、田代正美［訳］、ダイヤモンド社
『なめらかな社会とその敵 PICSY・分人民主主義・構成的社会契約論』鈴木健［著］、勁草書房
『大前研一「新・資本論」見えない経済大陸へ挑む』大前研一［著］、吉良直人［訳］、東洋経済新報社

■ビジネス・マネジメント

『マネジメント［エッセンシャル版］基本と原則』P・F・ドラッカー［著］、上田惇生［訳］、ダイヤモンド社
『イノベーションと企業家精神［エッセンシャル版］』P・F・ドラッカー［著］、上田惇生［訳］、ダイヤモンド社
『はじめて読むドラッガー【自己実現編】プロフェッショナルの条件 いかに成果をあげ、成長するか』P・F・ドラッカー［著］、上田惇生［訳］、ダイヤモンド社
『はじめて読むドラッガー【マネジメント編】チェンジ・リーダーの条件 みずから変化をつくりだせ！』P・F・ドラッカー［著］、上田惇生［訳］、ダイヤモンド社
『はじめて読むドラッガー【社会編】イノベーターの条件 社会の絆をいかに創造するか』P・F・ドラッカー［著］、上田惇生［訳］、ダイヤモンド社
『はじめて読むドラッガー【技術編】テクノロジストの条件』P・F・ドラッカー［著］、上田惇生

［訳］、ダイヤモンド社
『ライフサイクル イノベーション 成熟市場＋コモディティ化に効く14のイノベーション』ジェフリー・ムーア［著］、栗原潔［訳］、翔泳社
『知識創造企業』野中郁次郎、竹内弘高［著］、梅本勝博［訳］、東洋経済新報社
『リバース・イノベーション　新興国の名もない企業が世界市場を支配するとき』ビジャイ・ゴビンダラジャン、クリス・トリンブル［著］、渡部典子［訳］、小林喜一郎［解説］、ダイヤモンド社
『[新版] ブルー・オーシャン戦略 競争のない世界を創造する（Harvard Business Review Press)』W・チャン・キム、レネ・モボルニュ［著］、入山章栄［監訳］、有賀裕子［訳］、ダイヤモンド社
『ジョブ理論 イノベーションを予測可能にする消費のメカニズム』クレイトン・M・クリステンセン他［著］、依田光江［訳］、ハーパーコリンズ・ジャパン
『イシューからはじめよ 知的生産の「シンプルな本質」』安宅和人［著］、英治出版
『論理思考は万能ではない 異なる価値観の調和から創造的な仮説が生まれる』松丘啓司［著］、ファーストプレス
『仮説思考 BCG流 問題発見・解決の発想法』内田和成［著］、東洋経済新報社
『戦略「脳」を鍛える BCG流 戦略発想の技術』御立尚資［著］、東洋経済新報社
『ブレイクスルー ひらめきはロジックから生まれる』木村健太郎、磯部光毅［著］、宣伝会議
『戦略策定概論 企業戦略立案の理論と実際』波頭亮［著］、産能大出版部
『現場論「非凡な現場」をつくる論理と実践』遠藤功［著］、東洋経済新報社
『見える化 強い企業をつくる「見える」仕組み』遠藤功［著］、東洋経済新報社
『入門 考える技術・書く技術 日本人のロジカルシンキング実践法』山崎康司［著］、ダイヤモンド社
『星野リゾートの教科書 サービスと利益 両立の法則』中沢康彦［著］、日経トップリーダー［編］、日経BP社
『ランチェスター弱者必勝の戦略 強者に勝つ15の原則（サンマーク文庫)』竹田陽一［著］、サンマーク出版
『稲盛和夫の実学 経営と会計』稲盛和夫［著］、日本経済新聞社
『ザ・ゴール 企業の究極の目的とは何か』エリヤフ・ゴールドラット［著］、三本木亮［訳］、稲垣公夫［解説］、ダイヤモンド社
『ザ・プロフィット 利益はどのようにして生まれるのか』エイドリアン・J・スライウォツキー［著］、中川治子［訳］、ダイヤモンド社
『ファイナンス思考 日本企業を蝕む病と、再生の戦略論』朝倉祐介［著］、ダイヤモンド社
『Good to Great Why Some Companies Make the Leap...And Others Don't』Jim Collins［著］、HaperBusiness
『世界最高のチーム グーグル流「最少の人数」で「最大の成果」を生み出す方法』ピョートル・フェリクス・グジバチ［著］、朝日新聞出版
『ビジネスモデル思考法 ストーリーで読む「儲ける仕組み」のつくり方』川上昌直［著］、ダイヤモンド社
『Who Moved My Cheese?』Spencer Johnson［著］、Vermilion
『人生を変える スティーブジョブズスピーチ ～人生の教訓はすべてここにある～』国際文化研究室［編］、ゴマブックス
『ビジョナリー・カンパニー③ 衰退の五段階』ジム・コリンズ［著］、山岡洋一［訳］、日経BP社
『エクセレント・カンパニー』トム・ピーターズ、ロバート・ウォーターマン［著］、大前研一［訳］、英知出版
『Built to Last: Successful Habits of Visionary Companies（Harper Business Essentials)』Jim Collins, Jerry I. Porras［著］、Harper Business

読者特典（会員特典）ダウンロードデータについて

本書では、内容をより読者の皆様にお役立ていただくため、以下のダウンロードデータを用意しました。Excelシートは、実際に数字を入れてお使いいただけます。

1. 本書掲載の全図版
2. 特別版Excelシート

●ダウンロード方法

読者特典（会員特典）データは、以下のサイトから、翔泳社が運営する無料の会員制度「SHOEISHA iD」に登録することで入手いただけます。
https://www.shoeisha.co.jp/book/present/9784798160078

以下の本書公式ページからもリンクしています。
https://www.shoeisha.co.jp/book/campaign/kokyaku

＊データのファイルは圧縮されています。ダウンロードしたファイルをダブルクリックすると、ファイルが解凍され、利用いただけます。

●注意事項

＊本データに関する権利は、著者および株式会社翔泳社が所有しています。画像に関しては必ず(c)表記を入れた状態でご利用下さい。ご不明な点は、以下の問い合わせ先窓口までご連絡下さい。
＊読者向けの資料のため、第三者へのデータ送付やWebサイトへの転載、商用利用はお控え下さい。
＊本データの提供は予告なく終了することがあります。あらかじめご了承下さい。

本書に関するお問い合わせ

正誤表　https://www.shoeisha.co.jp/book/errata

刊行物Q&A　https://www.shoeisha.co.jp/book/qa/

郵便物送付先およびFAX番号
送付先住所　〒160-0006　東京都新宿区舟町5
FAX番号　03-5362-3818
宛先　（株）翔泳社 愛読者サービスセンター

●免責事項

＊本書に記載されたURL等は予告なく変更される場合があります。
＊本書の出版および読者特典データの提供にあたっては正確な記述に努めましたが、著者や出版社などのいずれも、各内容に対して何らかの保証をするものではなく、内容やサンプルに基づくいかなる運用結果に関しても一切の責任を負いません。
＊本書および読者特典データに記載の会社名、製品名はそれぞれ各社の商標および登録商標です。

西口一希　Kazuki Nishiguchi

Strategy Partners 代表取締役

1990年大阪大学経済学部卒業後、P&Gジャパンに入社。マーケティング本部に所属、ブランドマネージャー、マーケティングディレクターを歴任し、パンパース、パンテーン、プリングルズ、ヴィダルサスーン等を担当。2006年ロート製薬に入社、執行役員マーケティング本部長としてスキンケア商品の肌ラボを日本一の販売数量の化粧水に育成、男性用ボディケアブランドのデ・オウを開発、発売し1年で男性用全身洗浄料市場でNo.1に育成するなど、スキンケア、医薬品、目薬など60以上のブランドを担当。2015年ロクシタンジャポン代表取締役。2016年にロクシタングループ過去最高利益達成に貢献し、アジア人初のグローバル エグゼクティブ コミッティ メンバーに選出、その後ロクシタン社外取締役 戦略顧問。2017年にスマートニュースへ日本および米国のマーケティング担当 執行役員として参画し、累計ダウンロード数5,000万、月間使用者数2,000万人を達成。2019年8月に、企業評価金額が10億ドル（約1,000億円）を超える国内3社目のユニコーン企業にまで急成長。2019年9月スマートニュースを退社し、マーケティング戦略顧問に就任。Strategy Partnersの代表取締役およびM-Forceの共同創業者としてビジネスコンサルタント、投資活動に従事している。

https://strategy-ps.com/

https://mforce.jp/

ブックデザイン	小口翔平＋山之口正和＋保延みなみ（tobufune）
DTP	BUCH⁺
編集	高島知子
帯 撮影	関口達朗
校正	翔泳社 校閲課
プロデュース	押久保 剛（翔泳社 MarkeZine編集長）

たった一人の分析から事業は成長する

実践 顧客起点マーケティング（MarkeZine BOOKS《マーケジンブックス》）

2019年4月 8 日　初版第1刷発行

2021年9月10日　初版第7刷発行

著　者	西口《にしぐち》一《かず》希《き》
発行人	佐々木幹夫
発行所	株式会社翔泳社（https://www.shoeisha.co.jp）
印刷・製本	大日本印刷株式会社

＊本書へのお問い合わせについては、p239に記載の内容をお読みください。

＊落丁・乱丁はお取り替えいたします。03-5362-3705までご連絡ください。

ISBN978-4-7981-6007-8　Printed in Japan